共和国重大历史事件回顾

GONGYEXUEDAQING

工业学大庆始末

宋连生◎著

九州出版社
JIUZHOUPRESS

图书在版编目（CIP）数据

工业学大庆始末/宋连生著．—北京：九州出版社，2011.7

ISBN 978-7-5108-0970-5

Ⅰ.①工…　Ⅱ.①宋…　Ⅲ.①工业学大庆—史料
Ⅳ.①D652

中国版本图书馆 CIP 数据核字（2011）第 085680 号

工业学大庆始末

作　　者　宋连生　著
出版发行　九州出版社
出 版 人　徐尚定
地　　址　北京市西城区阜外大街甲 35 号（100037）
发行电话　（010）68992190/2/3/5/6
网　　址　www. jiuzhoupress. com
电子信箱　jiuzhou@jiuzhoupress. com
印　　刷　北京通州佳明伟业印务有限公司
开　　本　710 毫米×1000 毫米　16 开
印　　张　17
字　　数　252 千字
版　　次　2011 年 7 月第 1 版
印　　次　2011 年 7 月第 1 次印刷
书　　号　ISBN 978-7-5108-0970-5
定　　价　30.00 元

目录

c o n t e n t s

序章

中国『贫油』吗？

1. 艰难起步

石油，按照业内人士的话来说，是存在于地下岩石孔隙中的可燃有机质，由各种碳氢化合物与少量杂质组成的液态可燃矿物。石油，在今天已经深入到人类社会的各个领域，被誉为工业的血液。从石油中提炼的汽油、煤油、柴油是汽车、拖拉机、飞机、轮船的优质动力燃料；火箭、导弹、飞船等航空器的燃料也离不开石油产品；化学工业利用石油作为基础原料已经提炼出 7000 多种产品，广泛应用于医药、农药、塑料、纺织等领域。

中国是世界上最早认识并使用石油的国家之一。据《汉书·地理志》记载，早在公元前一、二世纪，中国的古代居民就在陕西延长一带发现了石油。当时人们将石油称之为“可燃之水”。继《汉书》之后，对石油作进一步记载的是晋人张华的《博物志》，这本书对石油形态作了详细而准确的记述。据从魏晋到唐宋年间的史籍记载，不仅陕西，而且甘肃酒泉、新疆库车以及准噶尔盆地南缘，都在很早就发现了石油。在北宋沈括的著作《梦溪笔谈》中，第一次出现了“石油”一词。从那时起，“石油”这一名称一直沿用至今，已有近 900 年的历史了。

中国古人不仅对石油认识，利用石油也早，而且相当广泛。大约距今两千年前，在中国西北地区的人们就将漂浮在水面的石油收集起来盛入容器，用来点灯。北魏时期人们开始用石油做润滑剂。唐宋以来发展到用石油制作“石烛”和墨。北宋时，京城开封出现了炼制“猛火油”的作坊，所产猛火油主要用于军事。元代以来，又有将石油用于医药并作为一种税赋上缴的记载。

▶ 中国古代钻井图

此外，中国古人还最早发现并使用了天然气，发明了当时世界上最先进的钻井技术。

但是到了近现代，中国的石油工业却远远落在西方人的后面，当美国、法国和英国人在他们的本土和海外领地已经发展起了规模庞大的现代石油工业的时候，我们却还停留在古老的“淘油”阶段。

1861 年，我国台湾苗栗发现石油，当地人用土法开采。1877 年，清政府两江总督沈葆祯去台湾巡视，与福建巡抚丁日昌合议，拟将此地油矿收归官办，并于当年奏请朝廷批准。他们在 1878 年从美国聘请了两名钻井技师，购进了一套石油钻井机械，组成了中国近代石油史上的第一支钻井队，在苗栗钻了第一口井。该井约 120 米深，大约日产 750 公斤原油。这是中国使用近代顿钻打成的第一口油井。清朝在台湾设省后，1887 年台湾省还成立了矿油局。1895 年以后，台湾为日本侵占，台湾的民族石油工业也落入日本人之手。

中国内地最早的油矿是陕西省的延长油矿。延长的石油露头早为世人所知。1903 年，德国人汉纳根以旅游为名，到陕北私自勘查石油。查得结果以后，他与德商世昌洋行共同商议，要开办延长油矿。他们的行为引起了陕北民众的反抗。清政府也担心引发流血事件，便阻止了德国人的开发计划。

1904年11月，陕西巡抚曹鸿勋上书朝廷，要求创办陕西延长石油矿。朝廷很快批准了这一要求。曹于是拨出屯垦白银8万1千两，任命候补知县洪寅为“总办”，在1905年筹办起“延长石油官厂”。那时中国还没有开采石油方面的专门人才，洪寅从延长取了油样，到汉口请日本化学博士稻田辛吉与他的助手化验，化验的结果是：延长的石油“胜于东洋，能敌美产”。有了这样的结果，洪寅放心了。1907年，他从日本新鸿购买了钻机和炼油设备，聘请了7个日本人做技师技工，于当年6月在延长县城西门外勘定了井位，开始凿延长一号井。该井于9月完成，井深80多米，日产原油1吨多。这是中国内地开凿的第一口油井。

到了辛亥革命，日本技师回国去了，延长的油井没人管，停产了。

1914年，美国的美孚洋行也看中了延长，准备投资办油矿。当时正是袁世凯任中华民国大总统，袁与美孚签订了《中美合办油矿条约》。美孚与陕西省政府联合，成立了陕北中美合作油矿公司，袁世凯派他的第一任内阁总理熊希龄兼任“筹办全国煤油矿事宜处”督办。督办公署设在北京，熊希龄从来没有去过陕北。在此后的三年中，中美合作油矿公司的14名美、华技师组织了地质测量队，向美孚洋行购买了4台3600升汽动顿钻，在延长及周边几县共钻了7口井，效果都不理想。美国人由此断言陕北一带的油层是石灰系，没有开采价值，遂于1916年3月与中国方面解除

◂ 延长油矿一号井

了《中美合办油矿条约》。在消耗了270万资金以后，美孚带着全部设备和资料黯然而去。陕北的石油从此就只有民间零星地开采。到1934年，延长只剩下一口油井仍在出油，每天出150公斤。这点油，连工人的工资都不够。

陕北的地下到底是否有工业开采价值的石油？此事牵动着许多关心中国石油工业的仁人志士之心。1932年，民国中研院地质调查所所长翁文灏派地质师王竹泉、潘忠祥到陕北进行过一次地质调查，发现永坪、延长的地质有储油构造。王、潘二人对那里的三个层面作了重新划分，并在延长、永坪定了20多个井位。

1934年，已经担任民国政府国防设计委员会秘书长的翁文灏又派孙越崎赴陕北调查地质资源情况。孙越崎等人在陕北高原上调查了半个月，行程800多公里，发现几乎每个县都有油苗。翁文灏接到汇报后，下决心开采延长的石油。

当年夏天，孙越崎等人采用人抬、牲畜驮的方式，将200马力的柴油机和两套汽顿钻机、发动机等设备运到延长，并组成了一支一百多人的钻井队伍。

孙越崎等人开始在延长定位钻井，并很快打出了油井，生产出了石油。这是中国内地开发的第一个油矿，虽然产量不高，却揭开了中国现代石油工业的序篇。到1935年，延长油矿逐渐发展，钻井队伍扩大了，分成两个队。严爽担任第一队队长，侯宝政任第二队队长。

1935年以后，陕北红军解放了延长，在油矿的基础上，成立了延长石油厂。从1935年至1946年，在中国共产党的管理下，延长石油厂共钻井20口，有16口见油，其中旺油井6口。特别是1940年钻凿的七里村一号井，日产石油曾达96吨，一时轰动了全边区。延长石油厂为边区提供了为数不少的汽油、煤油、柴油、机油和蜡烛等产品，为陕甘宁抗日根据地的建设和军需民用作出了重要贡献。1944年，石油厂的厂长陈振夏被评为边区工业战线特等劳动模范，毛泽东为他写了“埋头苦干”的题词，边区政府为他颁发了“苦心经营，成绩卓著”的奖状。

2. 玉门找油

旧中国投入开发规模最大、产量最高的油田是玉门油矿。中国老一辈的地质家和矢志开发祖国石油资源的仁人志士，为兴办玉门油矿倾注了极大的热忱，付出了艰苦的劳动。

距今1600多年前的西晋初年，人们已经发现玉门有石油。到了唐朝，李吉甫的《元和郡县志》也记述过玉门的石油。

从19世纪末期，中外地质家已经开始重视玉门一带的油苗。1892年，俄国地质、地理学家奥勃鲁契夫来到中国，专门去调查酒泉、玉门的地质情况。1905年，比利时人林辅臣从玉门取来油样到上海化验，结果显示“油质甚佳”。于是他雄心勃勃地向甘肃当局提出开发申请。这一年，甘肃洋务总局为开采玉门石油，改为矿务局，正式聘用林辅臣为公司总办，双方签订了共同开发玉门石油的合同。没想到，此后林辅臣去世，开发玉门石油的事也就不了了之。

1920年底，西北地区发生8.5级的强烈地震。地质学家翁文灏到甘肃一带作地质调查。第二年，他和谢家荣又一起调查了玉门的石油地质情况，并写下了《甘肃玉门石油报告》，刊于《湖南实业杂志》第54号上。1928年地质学家张人鉴对赤金堡、白杨河的石油也进行过调查。玉门有石油，这已经是当时地质学界的共识，而且这一共识也已经被当时的中央政府所接受。但是，玉门距离中国经济文化中心遥远，气候条件恶劣，自然环境艰苦，社会开发程度太低。加上中国经济落后，中央政府没有力量，地方政府更没有力量来开发一个正规的大油矿。这就使得玉门石油资源的开发与利用又拖了下来。

1935年7月，顾维钧等五人旧事重提，他们向国民政府实业部呈请特许专探专采甘肃、新疆、青海三省石油。当时担任实业部部长的陈公博将此呈及条款报告了蒋介石。8月7日，蒋介石电复陈公博："原则同意。"并要求："油矿开采必须全用华资"，"遵照中央政府颁布之法令，各种运输方法皆须先得政府核准"等。陈公博于8月中旬向行政院写了提案，行政院8月28日第226次会议作出决议："交内政、外交、军政、财政、实业五部，并函请全国经济委员会暨军事委员会会同审查。"这样的处置不可谓不重视，可是后来由于国库拿不出相应的资金，无力经营，开发玉门油矿的提案再度搁浅。

1937年6月，在民国政府中央地质调查所任职的地质学家孙健初与美国石油地质专家马文·韦勒博士、萨顿工程师一行，从上海出发奔赴大西北。他们经兰州，过酒泉，一路跋涉，于10月到达甘肃玉门的老君庙。在这里，孙健初等人认真考察了石油河两岸地层的断裂情况，发现了干油泉。随后，他们联名写出了一份《甘青两省石油地质调查报告》，对玉门石油开发作出了明确的论证。

抗日战争爆发以后，为了抵抗日本侵略者，国民政府不得不加紧寻找油矿，力图在国内解决油源。当时国内有四个地方有原油流出地面，即：甘肃玉门、新疆独山子、青海柴达木和陕北延长。其中开采价值最大的就是玉门。于是，玉门的开发又一次受到关注。

1937年到1938年，应煤矿探矿公司邀请，受美孚石油公司派遣，美国地质学家约翰和威廉在中国地质学家孙健初的陪同下，考察了玉门、西安以及青海东南部和甘南卜楞一带。他们考察的结果是"玉门一带地质条件非常好"。

此时，我国沿海地区相继被日本侵略军占领，已经迁都重庆的国民党政府被断了"洋油"的来路。抗日后方出现了严重的油荒。有人形容当时的情况是"一滴汽油一滴血"。不少汽车、轮船改烧酒精、天然气、木炭。为应付困难局面还不得不建起了一些从植物油中提炼石油产品的工厂。

已经担任国民政府资源委员会主任委员的翁文灏，对玉门石油的开发起了关键性作用。他早年曾参加过对玉门的地质调查，如今又听取了孙健初勘探玉门后的开发提议，遂于1938年6月，在汉口成立了甘肃油矿筹备处，由参与创办延长油矿的严爽任筹备处主任。当时严爽正在美国学习石油工程，筹备处由张心田任代理主任。

筹备处一成立，首要的任务就是解决开发油田的机器设备。向国外购买的话，一无资金，二无渠道，远水不解近渴。比较之下，资源委员会决定拆运陕北延长的机器。

翁文灏在汉口找到共产党驻汉口代表周恩来，说明开发玉门油矿需拆运延长油矿的两部钻机，希望能得到共产党的支持。

周恩来听了翁文灏的话，非常爽快地回答道："这是关系支援抗战的大事，开发大后方石油，我们一定全力支持，翁先生尽管放心，可以尽快派人去调运。"周恩来并且主动提出办油矿需要特殊工程技术人才，延长油矿的工程技术人员也可以去开发玉门油矿。周恩来当即派钱之光负责接洽此事。为了防止出现意外，周恩来还同时给西安八路军办事处和在延安的中共中央发了电报，请有关人员协助资源委员会调运钻机。

甘肃油矿筹备处代主任张心田随即赶赴陕北。在延安，高岗、萧劲光、高自立等中共领导人先后会见了他。这些中共高层领导对开发玉门油田都很支持。他们对张心田说，有什么困难尽管提出来，一定帮助解决。边区政府第三局和八路军后勤部军工局派出熟练技工共同拆装机器设备。在拆迁过程中，边区政府帮助解决了很多具体困难，从钻机到原动力，从钻头到钻具，全部配齐，使之一到玉门即可安装开钻。延长的两台钻机准备好以后，国民政府派不出车来运输，张心田又打电报给李强，请求中共派车帮助运输。尽管当时边区的车辆十分紧张，但八路军总部还是先后派出13辆汽车，把两台钻机及其配件运到了咸阳。在装运中，由于钻机不在公路旁，边区政府动员了很多群众，把钻机搬到公路边，装到汽车上。

延长的这两台钻机运到玉门后，油矿筹备处就是用它们一连试打了6眼"发现井"，证明了玉门油田具有工业开采价值。

国共合作开发玉门油矿应当说是非常成功的。1962年，周恩来到大庆油田视察。在与大庆人谈话时他还很有感情地追述了发生在20多年前的那段往事。

3. 在老君庙

严爽回国后，于 1938 年 12 月和孙健初等人，骑着骆驼，带着仪器、资料、帐篷、行李和一些简单的生活用品向玉门进发。年底他们到了老君庙。

老君庙，当时只是一座孤零零的小庙，残垣败瓦，金粉斑驳。小庙内供的老君神像，经年忍受着荒野中寂寞和戈壁上的酷暑严寒，几乎享受不到一点儿香火。小庙的坡下有一条小河，是祁连山上的雪水冲流而成。老君庙地处海拔 2400 米的荒原上，水源枯竭，若没有这条小河，玉门油矿完全无法开发，所以后来人们称这条小河为“石油河”。

第二年 2 月，甘肃油矿筹备处又向玉门加派了测量人员，从四川油矿调的职工和其他办矿人员、民夫和工人等相继来到玉门。3 月，根据孙建初所确定的井位正式开始钻探 1 井。1 井位于石油河东岸，距老君庙仅 15 米。到了 8 月中旬，钻到 115 米时开始大量涌现石油。随后，老君庙的 2、3、4、5 井都先后开钻。

1941 年 3 月，甘肃油矿局在重庆成立，隶属于资源委员会。孙越崎被任命为总经理。孙越崎走马上任后，迅即在重庆招兵买马，筹备物资。各项准备工作大致就绪后，孙越崎率甘肃油矿局重庆各部门的负责人西行来到玉门的老君庙矿区。

在战争期间，在远离重庆 2500 公里的沙漠上创办一个大型油矿，其困难非常人所能想象。为了大规模开发玉门油矿，孙越崎制定了建立现代化大型油矿的计划。为完成这个计划，资源委员会第一次向国外采购大批钻井、采油、

炼油和其他设备。这些设备原定运到越南海防，但不久海防被日军占领，一部分机器只好运到仰光。不料，仰光仓库又被炸，机器损失很大，后来几经周折，4500吨重的机器运到玉门以后，只剩下350吨，仅能拼凑出三套半钻机。而向美国订购的其他炼油设备则一点儿也没能运到玉门油矿。

为了开发油矿，生产石油，支持神圣的抗战大业，玉门油矿的开发者们决心靠自己的力量来制造开矿所需的各种机械设备。

制造采油炼油设备，最困难的是没有钢材。在战争年代，钢材奇缺。为了寻找钢材，孙越崎等人想了很多办法。有一次，他们打听到重庆附近的长江里有一些沉船，便马上组织人去打捞。打捞上来以后，再把船上的钢板切割下来。重庆还有一些内地迁来的工厂里堆放着一些废钢铁，他们也搜集起来加以利用。

开发油矿需要设备器材，石油工人需要吃饭穿衣，生产出的石油产品需要外运销售。要生存，要生产，一切都离不开运输。玉门油矿远离城市，地处戈壁，生产设备一般要从重庆、昆明转运，生活给养也要从酒泉、张掖一带运入。为了保证油矿开发建设，他们成立了自己的运输队伍。甘肃油矿共有540辆汽车，这在当时是一支相当庞大的运输力量。但由于战争的影响，汽车配件奇缺，待料停修的汽车常有半数左右，又加上国民党军队经常征扣车辆，油田运输力量仍感不足。当时的运输线路，南起昆明，北达新疆乌苏，跨越西南、川陕、西北、新疆四大公路，干线5000公里，运输任务十分繁重。为了增加运力，特别是将油田生产的石油制品运往重庆，支援抗战，他们又采用羊皮筏运输，即用360只羊皮胎编组成羊皮筏，每个筏子上可装168桶汽油，合24吨。一般用四个人驾驶，先用汽车把油品运到广元，上船经涪江、嘉陵江运到重庆。

油矿初建时期，生活条件极其艰苦。老君庙在没有开发之前，唯一可以称得上房屋的就是那座老君小庙。油矿最早的先行者到达后将蒙古包搭在小庙边上，人们住在蒙古包里，借用小庙埋锅做饭。后来用泥土和芨芨草在山坡上搭起矮矮的土屋。员工食于此，居于此。早期，这些房子十分简陋，密密地排在东岗脚下。

老君庙地处祁连山北麓，不但纬度高，海拔也高，一年中有半年冰雪封冻。随着生产的发展，宿舍和办公处所的建设迫在眉睫。但是戈壁滩上的沙质土，根本不能烧砖瓦，盖房子全靠“干打垒”。

玉门油矿孤悬于荒漠中，最初的食品是靠牛车、骆驼车运，后来才有了汽车。西北沙漠，公路简陋，运输成本很高。因此，油矿开始只能努力保证员工的粮食供应，新鲜蔬菜、瓜果根本无法运到。

中国第一代石油工人就是在这样艰难困苦的条件下，开发、建设了玉门油田，为中华民族的抗战大业作了杰出的贡献。

玉门油田是当时中国最大的油田，也是世界上开发最早的非海相油田之一。1939 年至 1948 年的 10 年中，玉门油矿共钻井 44 口，总进尺 2.2 万米，生产原油 45.5 万吨，约占旧中国 1904 年至 1948 年 45 年天然原油产量总和的 72.3%。到 1949 年，玉门油矿已成为一个具有地质勘探、钻井、采油、炼油、机修、运输等生产部门和一些比较先进的工艺技术、装备的综合性石油企业，原油年生产能力 8 万吨，原油年加工能力 10 万吨，能生产 12 种油品。

玉门油矿的开发、建设，为中国培养了能够掌握近代技术的石油工人和技术干部。但是，从全国总体上来讲，中国的石油工业规模很小，水平很低。据有关资料记载，除台湾和新疆独山子油矿外，从 1907 年至 1948 年的 42 年中，全国共钻井 169 口，总进尺 6.7 万米。在辽阔的国土上，作过石油地质调查的仅有陕西、甘肃、新疆、四川、贵州、黑龙江、辽宁、浙江和台湾等几个省、区的部分地区。1948 年，全国投入开发的只有台湾出磺坑、陕西延长、新疆独山子、甘肃玉门 4 个小油田和四川自流井、石油沟、圣灯山和台湾锦水、竹东、牛山、六重溪等 7 个气田和东北地区几个人造油厂。旧中国原油产量最高的年份是 1943 年，年产量 32 万多吨。到 1948 年，中国内地原油年产量只有 8.9 万吨。从 1904 年至 1948 年的 45 年中，全国共生产原油 278.5 万吨，而在这期间中国共进口“洋油”2800 万吨。外国石油公司的油品倾销中国市场，民族石油工业岌岌可危。1949 年，全国石油职工总数为 16000 人，其中油田职工约 6000 余人；各级各类工程技术人员 623 人，而地质勘探、钻井、采油技术人员只有 172 人。由此可见，中国石油工业的基础非常薄弱。

4. 挑战“贫油”论

与中国脆弱的石油工业相伴随的，还有一个西方石油地质界强加于中国的“贫油”理论。

石油深藏于地下。为了找到油，世界各国的科学家很早就开始研究石油的成因问题。1864 年，加拿大著名石油地质学家亨特第一次提出了石油成因理论。他详细阐明了低等海洋生物可能是石油的原始母质，在北美古代岩石中，曾产生沥青的有机物质或是由海洋植物衍生而来，或是由海洋动物的残余物衍生而来。此后，绝大多数西方石油地质学家都认为，几乎所有石油都产生于海相沉积物中。他们认为，海相沉积盆地易于生油，而陆相沉积盆地不易生油，因为陆地森林更易生成煤层。

这种海相生油的理论就把中国划在了贫油的圈子里。由于中国大地构造大都属于陆相沉积，于是许多西方学者便认定中国的陆相沉积环境不可能形成大油田，由陆相贫油推导出中国贫油的结论。

最早提出中国“贫油”理论的是两个到延长油田考察的美国人，他们的中文名字分别叫马栋臣和王国栋。此后，美国美孚石油公司组织地质专家，对我国山东、河南、陕西、甘肃、河北、东北和内蒙古部分地区进行为期一年半的石油调查勘探，并钻井 7 口，结论是：“从整体来看，石炭纪以后的地层，主要是陆相成因，绝大部分地层缺乏能够生成大量石油的富含有机质的页岩，适当盖层很少，因为以沙盖为主的地层易于造成石油的散失，而不利于石油的聚集。”通俗些说，就是中国的地质构造不会有大油田。这一结论对世界影响很大，它更印证了中国贫油的理论。

20世纪20年代初，美国地质学家、斯坦福大学教授勃拉克·韦尔德也到中国进行石油地质调查。1922年2月，他在美国矿冶工程学会举行的年会上发表题为《中国和西伯利亚的石油资源》的论文，认为“中国东北地区也和华北地区一样，不会大量含油”。

与中国的仁人志士坚持不懈地发展民族石油工业几乎同时，一些中国的地质学家也向中国贫油理论发起了一轮又一轮的挑战。1923年，中国石油地质学家王竹泉去陕北进行石油地质调查，他根据采到的鱼化石，纠正了美国地质师马栋臣对地层划分的错误。1931年，王竹泉又与潘钟祥等调查侏罗系与三叠系的接触关系，次年继续在绥德、清涧、延川、延安等地进行地质普查，其调查成果成为后来潘钟祥创立陆相生油理论的基础。1928年，中国地质学家李四光也批驳了“陆相无油”和“中国贫油”的理论，他说：“美孚的失败并不能证明中国没有油田可办，中国西北出油希望虽然最大，然而还有许多地方并非没有希望。”以后，他又提出了“华北平原和松辽平原的‘摸索’工作是值得进行的”，“通过深钻和地震的方法，可以揭露出有重要经济价值的沉积物”等论点。

1941年，潘钟祥根据西北和四川发现的油气情况，并参考了莱亭格尔论文中关于美国科罗拉多西北部的泡德瓦胥油田石油产自陆相始新统砂岩中的实例，发表了《中国陕北和四川白垩系的非海相石油》一文。文中明确提出了“陆相生油”学说，指出：“石油不仅来自海相，也来自淡水沉积物。”1947年，阮维周在《东北石油资料及石油工业》一文中，分析日伪找油失败的原因后认为，在东北是能够找到石油的。1948年，翁文灏在《中国石油地质概论》中，又把松辽盆地列为具有含石油远景的地区。

中国地质学家的上述研究成果，初步探讨了陆相生油的机理和石油分布规律，为陆相生油理论的最后确定和发展奠定了基础。但是，这些研究成果并没有能够真正推翻中国贫油的结论，直到1950年美国出版的《石油事实与数据》统计中，还把我国同日本、澳大利亚、土耳其等国，一并列为石油远景最差的国家。

中国是否贫油，这不仅是一个理论问题，更是一个实践的问题。只有找出广大的石油储量并最终从地下搞出大量的石油，中国人才能真正摘掉“贫油”的帽子。

5. 翻开历史新篇章

新中国成立前夕，斯大林派苏共中央政治局委员米高扬来到中共中央所在地河北省西柏坡。在谈到未来新中国的经济建设时，米高扬对中共中央领导人讲过这样的话：斯大林认为，根据第二次世界大战的经验，有两个东西很重要，一个是橡胶，一个是石油。

新中国成立后，中共中央领导层高度重视石油工业的恢复和发展。中央人民政府成立之初，就设置了燃料工业部，主管煤矿、电业、石油等方面的工作，由陈郁任部长。陈郁在解放战争时期，曾担任东北人民政府工业部部长。那时，他以很大的精力，领导和组织东北地区煤炭、电力和石油工业的恢复工作。在担任新中国第一任燃料工业部长后，他和部里的其他领导人一起，很快组建起燃料工业部机关，以及有关的专业工业机构。

1950 年 4 月，燃料工业部在北京召开了全国石油工业会议，研究部署石油工业在国民经济恢复时期的任务。为加强对石油工业的领导，决定组建石油管理总局，由徐今强任代局长，唐克、刘放、严爽等为副局长。当时，中国的天然石油生产集中于西北，而且产量很少，全国的资源情况不明，亟待进一步勘探。第一次全国石油工业会议分析了当时的形势，按照国家关于经济上重点恢复的要求，确定石油工业的基本方针是："在三年内恢复已有的基础，发挥现有设备的效能，提高产量，有步骤、有重点地进行勘探与建设工作，以适应国防、交通、工业与民生的需要。"

旧中国在大陆共建立了甘肃玉门、新疆独山子、陕西延长三个油矿。经过三年的恢复和发展生产，至 1952 年，三个油矿的年产量达到了 19.54

万吨原油。

1950 年 3 月，燃料工业部邀请国内各方面的 30 多位地质专家进行座谈，就中国石油资源的前景和勘探方向征询意见。与会的专家提出：除已知陕、甘、青、新、川的油、气资源外，东北、西南、中南和华北广大地区，都可能蕴藏石油，值得进行勘察。考虑到国家财力、物力的实际情况，应该把原有工作基础较好的地区作为钻探重点，同时，有计划地进行广泛的地质调查和地球物理勘探工作。燃料工业部充分考虑了专家的意见，确定集中主要力量，以过去有一定工作基础和已发现油田的陕、甘地区为勘探重点，在甘肃河西走廊和陕西、四川、新疆的部分地区开展地质调查、地球物理勘探和钻探工作。

国家对开发西北的石油工业十分关心。1952 年，陈云、李富春给中共中央西北局书记习仲勋写信，信中说，积极地大力开发西北天然石油，并将石油工业的建设放在今后国家工业建设的主要地位是必须的。请他对陕北和甘肃河西地区的石油勘探开发予以支持和重视。

▶ 最早进入塔克拉玛干沙漠的勘探队

在各级领导的重视和各方面的支持下，西北地区的石油勘探取得了明显成效。在 1950 至 1952 年的三年间，共普查面积 2 万多平方公里，发现适于储油的构造 50 个，并在老君庙及延长两个老油田的外围，即陕北的四郎庙、永坪，酒泉盆地的石油沟、青草湾，潮水盆地的窖水等 7 个构造上进行了钻

探，扩大了老君庙油田的含油面积，增加了地质储量，探明了永坪油田。同时，在新疆准噶尔盆地南缘的天山山前凹陷区和南疆的喀什及库车地区进行了地质、地球物理调查及钻探，在准噶尔盆地西北缘的克拉玛依地区进行了少量的地质调查及电法勘探，并在浅井中见到了油、气显示。

为了壮大石油职工队伍，建立石油产业大军的基础，党和政府采取了一系列重要措施。一是从中国人民解放军和老解放区抽调了大批干部，接管或参加石油厂矿的工作；二是对旧中国从事石油生产、技术工作或管理工作的石油工作者和新中国成立初期从国外归来的爱国知识分子，采取政治上信任、工作上重用和生活上照顾的政策；三是将许多大、中专毕业生分配到石油厂矿担任技术干部。特别是 1952 年 2 月，毛泽东主席签发命令，批准中国人民解放军第十九军第五十七师转为石油工程第一师。师长张复振、政委张文彬带领 7747 名指战员，响应党的号召，积极投入石油工业建设。经过专业培训、学习和生产实践，他们成为新中国第一代石油职工队伍的骨干力量。特别是他们把中国共产党和人民解放军的优良传统和革命精神带进了石油工业队伍，为建设一支具有严格组织纪律性、高度献身精神、能够艰苦创业的石油产业大军打下了良好的基础。

6. 石油拖了国家建设的后腿

1953 年，我国开始执行第一个五年计划。这年 1 月，康世恩被任命为燃料工业部石油管理总局局长。康世恩曾是清华大学地质专业学生，解放战争时期在第一野战军做政治工作。1949 年 9 月，国民党西北军政长官公署余部于酒泉宣布起义。奉中央军委和彭德怀司令员之命，第一野战军第三军军长黄新亭率领装甲部队日夜兼程到达玉门油矿。在此之前，中央曾指示第一野战军选派得力干部去玉门油矿当军事总代表。当时，康世恩正在第三军九师担任政治部主任。经王震将军推荐，朱德总司令批准，解放军总部决定由康世恩出任玉门油矿军事总代表。

在当时国家工业的诸多部门当中，石油工业是最薄弱的环节。1952 年国内石油产品只能满足生产和生活需要的大约四分之一，进口石油产品花费外汇已上升为进口项目的第一位。石油工业已经成为制约国民经济发展的“瓶颈”之一。康世恩走马上任不长时间，朱德总司令在一次谈话中对他讲：“现代战争打的就是钢铁和石油。有了这两样，打起仗来就有了物资保障。没有石油，飞机、坦克、大炮不如一根打狗棍。我要求产一吨钢铁，就产一吨石油，一点不能少。康世恩同志，你要完成石油供应的任务。这是给你的命令。”

1953 年 12 月，毛泽东、周恩来在中南海菊香书屋召见地质部长李四光，向他询问中国石油发展的前景。毛泽东说，要进行建设，石油是不可缺少的，天上飞的，地上跑的，没有石油都转不动。李四光根据新华夏系沉降带理论，认为在中国辽阔的领域内，天然石油的蕴藏量应当是丰富的，关键是要抓紧做地质勘探工作。李四光的观点，同燃料工业部与国内其他方面的许多地质专家的意见是一致的。周恩来后来在一次会议上谈到同李四光谈话的情况时说：“地质部长很乐观，对我们说，石油地下蕴藏量很大，很有希望。”

中央有关部门领导分析了各方面的情况，认为天然石油的潜在资源丰富，生产成本低，只是勘探周期较长，投资较多。而像中国这样的大国，要长远地、根本地解决石油问题，只有大量开发天然石油才有可能。因此，在第一个五年计划中，明确提出：“石油工业在我国特别落后，不但产量很低、设备能力很小，而且是资源情况不明。因此，要求我们大力地勘察天然石油的资源，同时发展人造石油，长期地积极地努力发展石油工业。

第一个五年计划中所讲到的人造石油是在第二次世界大战前，由石油资源贫乏的德国人发明的，它主要是通过化学方法，以煤为原料生产石油，所需费用昂贵。日军侵华时，在东北勘探石油一无所获的情况下，在锦州和抚顺建立了合成油厂和页岩油厂。新中国成立后，我国的人造油大都出自东北地区。1952 年，全国石油总产量为 43.5 万吨，其中天然油

19.5万吨，人造油24万吨。人造油占了石油总产量的多半壁江山。

为了查明地下资源，毛泽东多次指示，要加强地质勘探工作。他说："在国民经济建设中，地质工作必须先行。"他还用军事术语形象地说："普查是战术，勘探是战役，区域调查是战略。""我们只要有人，又有资源，什么人间奇迹都可以创造出来！"

为了贯彻落实毛泽东主席的指示和国家"一五"计划确定的方针，大力加强石油普查、勘探工作，国务院于1954年12月决定，从1955年起，除由燃料工业部石油管理总局继续负责石油的勘探、开发外，还由地质部、中国科学院分别承担石油资源的普查和科学研究工作。1955年7月30日，第一届全国人民代表大会第二次会议决定：撤销燃料工业部，成立石油工业部、煤炭工业部和电力工业部。毛泽东主席任命解放军后勤学院院长李聚奎担当石油工业部部长，周恩来总理任命李范一、李人俊、周文龙为石油部副部长，康世恩、徐今强、刘放、黄凯为部长助理。9月1日，中华人民共和国石油工业部的牌子正式挂出。

从1953年起，第一个五年计划的头3年时间里，由于石油工业的装备落后，经验很少，三分之二以上的勘探力量集中在酒泉、潮水、民和、准噶尔、吐鲁番、柴达木等盆地的局部地区，只有少数队伍在四川及其他一些地区工作。在此期间，只在甘肃发现了白杨河、石油河两个小油田，在青海油泉子构造和新疆克拉玛依地区各有一口井出油，勘探效果不理想。

1955年9月5日，石油工业部李聚奎部长主持第一次部务会议，决定派出以周文龙和康世恩任团长的两个石油代表团，分赴东欧和苏联考察。两人领命后即组团出行。第二年1月，石油工业部在北京召开第一届全国石油勘探会议。正在苏联考察的康世恩给大会寄来一份题为《在中国如何寻找石油》的长信，提出要将全国含油地区作出全面规划，从解决根本问题着手，有步骤地进行勘探。他说，根据苏联的经验，小盆地和构造复杂地区不易找到大油田，应集中力量在大盆地和地台上展开区域勘探，把勘探重点从山前凹陷及山间小盆地移向大盆地，果断地从围着山根转走向盆地中央的地台，采取打区域大剖面和基准井的勘探方法，利用多种勘探手段，进行全面系统的区域勘探。大会接受了康世恩的建议，李聚奎在信上批示："康世恩同志所提问题均好，许多具体方法应加以研究执行。"

1956年4月，康世恩从苏联回国后到克拉玛依作调查，按照石油工业部的部署，把新疆石油勘探的重点转向盆地西北缘，采取"撒大网，捕大鱼"的做法，部署了10条东西向大剖面。当年7月，就有10口探井喷油，年底已控制了55平方公里的含油面积。成为我们当时最大的油区，新中国石油勘探出现了第一次突破。这也是新中国开发建设的第一个较大的油田。以后，在全国各方面支援下逐步扩大勘探，到1959年，已探明含油面积200多平方公里。

经过第一个五年计划的建设，新中国的石油工业克服了资金缺乏、技术水平低下、材料设备靠进口等一系列困难，有了较大的发展。1957年，全国石油产量达到145.7万吨，其中天然油86万吨，人造油59.7万吨，比1949年增长了11倍多；石油职工总数增加到14.1万人，其中石油勘探方面的工人、干部、技术人员有4.6万人，比1949年增加了8倍多；技术装备水平也有了提高，开始形成了一支石油产业大军。天然石油勘探，结束了"打一枪换一个地方"的状况，有了前进的阵地。

在这段时期，中国的石油地质理论研究也取得了突破性进展。1951年，潘钟祥在《略论中国石油》一文中，提出了中国石油大多生于沉积盆地之中的"盆地理论"；1953年，谢家荣在《探矿基本知识与我国地下资源发现》一书中指出：从我国大地构造角度来预测探矿方向，华北、松辽两大平原下面，都可能有石油蕴藏；1954年，李四光在《从大地构造看我国石油远景》一文中进一步肯定，在华北与松辽平原摸底工作是值得进行的。随后，李四光在向石油部机关干部和地质技术人员作的"从大地构造看我国石油资源的勘探"的报告中，以他自己创立的地质力学研究成果为基础，认为中国石油勘探远景最大的区域有三个：一是青、康、滇、缅大地槽；二是阿拉善——陕北盆地；三是东北平原——华北平原。

所有上述成果，都为我国石油工业在更大范围内布局发展提供了理论上的支持。

1957年是我国第一个五年计划的最后一年，党中央、国务院对发展石油工业非常重视。朱德、邓小平、陈云、叶剑英等中央领导人先后到第一

个天然石油基地玉门油矿考察。朱德在玉门鸭儿峡油田视察时，油井喷的原油沾满了他银灰色中山装的前襟，他兴致勃勃地欣然赋诗："玉门新建石油城，全国示范作典型。六亿人民齐跃进，力争上游比光荣。"陈云是国务院主管石油工业的副总理，他视察玉门后对康世恩说："看了玉门我才明白，你们是埋管子大王，人家的管子是横着埋，你们是竖着也埋。"康世恩说："竖着埋的套管跟不上需要，因国内还不能生产。"陈云回京后告诉外贸部部长叶季壮，今后头一年就要把第二年石油部所需的管子订够，并决定拨给石油部700台大卡车，解决原油东运紧张问题。

第一个五年计划结束时，中国的石油工业虽然取得了巨大的成就，但与国民经济迅速发展的需要之间还存在着很大的差距。当时面临的主要问题是：油田分布不均衡，探明的石油资源太少，石油产量满足不了国家的需要。当时，已经发现的油田都集中在人烟稀少、经济落后、交通不便的西北地区，有油也很难运出来，"远水解不了近渴"。而经济较为发达、人口众多、消费量大的东部地区，除东北几个人造油厂外，没有一个油田。全国探明的天然石油工业储量只有0.56亿吨，实在少得可怜。1957年在全国很低的石油消费总量中，国产油只占38%，进口油高达62%。当年为进口石油花了1.34亿美元，占国家进口用汇总额的7%。特别是石油工业没有完成第一个五年计划，是国民经济各部门中唯一没有完成"一五"计划的单位。石油工业成为严重制约国民经济和社会发展的"瓶颈"。这也使得石油系统从上到下都感到压力很大，脸上没有光彩。有的石油劳模说，走过天安门，头都抬不起来，见人都矮三分！

第一章

发现大庆油田

1. 向毛泽东汇报

1956年，在共和国的历史上是不平凡的一年。随着苏联经济建设和社会发展中的一些问题的逐步暴露，毛泽东提出“以苏为鉴”，要探索中国自己的经济建设道路。为了从中国的实际国情出发，正确指导即将全面展开的社会主义建设事业，从1955年12月起，刘少奇开始分别约请中央和国务院有关部门的主要负责人座谈，听取他们的汇报，详细了解经济领域以及其他方面的具体情况和实际问题。毛泽东很赞赏刘少奇的这一做法，从1956年2月中旬到4月底，毛泽东也先后听取国务院34个部委的汇报。

按照日程安排，2月16日毛泽东要听取石油工业部的汇报。上午9时，石油工业部部长李聚奎准时来到丰泽园颐年堂向毛泽东汇报工作。同时听取汇报的还有国务院副总理李富春和薄一波。

毛泽东听得很仔细，不断提出问题，追根问底。中午没休息，让炊事员给每人做了一大碗面条，边吃边谈。李聚奎当石油部长还不到半年，有些问题回答不上来，感到不太好意思。毛泽东看了看李聚奎，笑着说：“你谈得不错嘛！才去了5个月，有些情况不知道，不能怪你，时间太短了嘛!”下午散会后，毛泽东意犹未尽，决定安排时间再谈一次。李聚奎请示说：“下次再来汇报，让我们的部长助理康世恩一起来好不好?”毛泽东点头同意了。

2月26日，李聚奎带领康世恩再次向毛泽东汇报石油工业情况。毛泽东这次在中南海勤政殿听取汇报。同时听取汇报的还有刘少奇、周恩来、邓小平、李富春、李先念、薄一波等。

为了这次汇报，康世恩是做了充分准备的。春节前夕他从苏联考察回国，刚进家门就接到李聚奎要他向毛泽东汇报的通知。康世恩听说有些部门已经汇报过了，便打电话给水电部部长刘澜波和国家计委副主任孙志远，问他们应该如何汇报。刘澜波是在2月15日，也就是李聚奎汇报的前一天向毛泽东汇报的，那天他从上午9时40分开始汇报，一直汇报到中午13时左右。然后毛泽东去勤政殿会见柬埔寨客人，等到晚上19时以后又继续听他的汇报。刘澜波对康世恩说，毛主席问得很详细，曾问他电是怎么发出来的？而计委的孙志远则告诉他，从石油如何生成，是什么样的矿藏，怎么勘探、开采，直到石油发展战略，都要详细准备。于是康世恩便利用春节假日期间，抓紧准备资料。他对炼油方面有些问题不太清楚，又找来炼油化工专家侯祥麟请教。为此，他还整理了一份汇报提纲交给中央办公厅。

汇报开始后，康世恩拿出准备好的提纲念了起来，没想到刚念了开头的一段，就被毛泽东打断了。毛泽东说，你不要念了，我这里也有本本，就随便说吧。

孙志远的告诫果然有用，毛泽东开始就问康世恩地质年代如何划分，根据是什么？康世恩说，主要是根据地球发展不同时期的地质标本。毛泽东又问，那为什么叫第三纪、白垩纪、侏罗纪？康世恩解释说，这是按照世界统一的化石标本来划分。比如白垩纪的代表地点是英国出露的地层；侏罗纪由于法国和瑞士之间的侏罗山而得名；震旦纪来自中国南口的出露地层等等。毛泽东听后满意地点点头，然后又问他石油是怎么生成的？康世恩讲了世界上关于石油生成的两派学说，一是有机生成说，一是无机生成说。毛泽东问康赞成哪一种学说？康说自己赞成有机生成学说。接着毛泽东又问有机物为什么会变成石油，怎么找石油，什么叫构造等问题。康世恩拿纸边说边画，说明各种不同类型储油构造。

关于中国怎么找油的问题，康世恩着重汇报了西北地区石油勘探情况。当时新疆黑油山已有一口井出油，正在继续勘探；玉门老君庙油田是主要生产基地。毛泽东说，美国人讲中国地层老，没有石油，看起来起码新疆、甘肃这些地方是有的，怎么样，石油部你也给我们树立点希望？康

世恩汇报新疆、玉门都是戈壁、荒滩。毛泽东说，搞石油艰苦啦！看来发展石油工业还得革命加拼命。

康世恩在汇报中还介绍了苏联的石油工业情况。他说，苏联老巴库油田，已开采100多年，这个油田有几十个油层重叠在一起。毛泽东说，这是架起来的楼房啊，比单层油田更好，开起来更省钱，你们也要找几个楼房式的油田。

康世恩还汇报找油从普查、详探到开发三个阶段，我国才开始第一步的普查。毛泽东说，看来你们需要一个县发一台钻机，叫他们到处凿一凿。毛泽东的意思是要在全国广泛开展石油勘探，这对于以后在更大的范围内勘探找油起了重要作用。康世恩汇报到苏联一年打井很多，石油投资占总投资的12％。毛泽东问李富春，我们的石油投资占多大比重？李富春说只占百分之几。毛泽东说，我们全国一年要钻100万米进尺。康世恩汇报石油部成立晚，干部少。毛泽东当即插话说，调一些给他们，各部门要平衡。毛泽东还要求石油部搞区域勘探要有全面规划。

毛泽东两次专门听取石油工业部负责人的汇报，表明他对石油工业的高度重视。他提出的发展石油工业要革命加拼命的精神，成为石油系统全体干部职工的座右铭。他所期望找到的几个“楼房式的油田”，后来随着大庆油田及华北、辽河等多油层油田的发现，也已经变成了现实。

此前，刘少奇也曾专门听取石油工业部的汇报。在谈话中，刘少奇说：“搞石油的人要正确处理好人、机器和石头的关系。”要求他们充分发挥人的主观能动作用，把主观与客观很好统一起来，多打井，多找油。

毛泽东听取石油部领导的汇报后，3月6日，陈云召集李人俊、何长工、康世恩等讨论落实毛泽东的指示，研究李四光提出的关于加强石油勘探的意见。李四光把自己的地质力学理论运用到中国大地找含油构造，有很多独到的建树，他给中央领导写信，要求加强石油勘探工作。中央领导很重视他的意见，陈云还专门写信给李聚奎，并附上了李四光的信。陈云提出，要在两三年内找到一、两个广大的油区。

2. 邓小平的战略构想

由于历史上中国最早的石油开发与利用都是在西部，加上新中国成立初期各方面条件的限制，在国民经济恢复及“一五”时期，我国石油勘探、开发的重点仍集中在西部地区。这种状况虽事出必然，但由此产生的问题也是显而易见的：西部地处偏远，经济发展水平较低，交通运输很不便利。而国家经济建设的用油大头，都集中在东部经济相对发达的地区。为了适应不断发展的经济建设的需要，石油工业必须实行战略东移，即把勘探、开发的重点由西部偏远地区，转移到沿海和重工业重地的东部地区。这是国家经济建设和社会发展的现实向石油工业提出的历史性要求。

50 年代上半期，李四光等中国地质学家和一些苏联专家，曾对我国东部地区的沉积盆地作过不少研究，主张尽快展开石油勘探工作。从 1955 年起，地质部和石油工业部先后在华北平原与松辽盆地开展勘探。经过几年的勘探工作，对中国东部地区含油远景有了初步的认识。

为了加快石油工业的发展进程，党中央、国务院决定调整和充实石油工业的领导力量。

1958 年 1 月，在一次会议休息时，国务院总理周恩来将解放军总后勤部政委余秋里叫到一旁，对他说：“我们准备让你和李聚奎同志对调一下，请你出任石油工业部部长。”当时在中央高层领导中间，人们都知道石油部长是个责任重大的职务。余秋里后来回忆说：“我当时思想毫无准备，稍加考虑后说：‘总理，这个任务我可承受不了啊！’”周恩来也没有时间再多说什么，只对余秋里讲了句：“你考虑考虑，毛主席还要找你谈话。”

按照新近出版的《余秋里与石油大会战》一书披露的材料，由余秋里出任石油工业部部长是彭德怀提议的。书中介绍说：在一次由周恩来主持的国务院会议上，与会者分析了我国工业的发展形势，会议气氛很热烈。可是一谈到石油工业，会议骤然冷场。在一瞬间的沉寂之后，国务院副总理兼国防部长彭德怀突然冒出一句："我建议余秋里同志和李聚奎同志对换一下，由余秋里出任石油工业部部长。"然后他就开始介绍余秋里的情况。他讲完了，周恩来对与会者说："彭德怀同志提议余秋里同志担任石油工业部部长，同志们觉得怎么样?"大家都表示同意。于是，事情就这样定下来了。

1月下旬的一天，中央办公厅通知余秋里当天下午到毛泽东办公室开会，并特别嘱咐要早一点到，毛泽东要与他谈话。

下午，余秋里按中央办公厅的通知，准时来到毛泽东的办公室。毛泽东让他坐下以后说："总理他们提议，调你到石油部当部长，我们都赞成，总理和你谈过了吧?"余秋里说："总理和我谈过了。我考虑，我从来没有搞过工业，石油在地下，情况更复杂，这个任务我恐怕承担不了。军队中比我强的人很多，是不是另选一个人?"

毛泽东没有直接回答余的话，只是问了句："你今年多大年纪了?"余回答说："43岁。"毛哈哈一笑说："43岁，儿童团嘛!"接着毛泽东严肃地说：我过去说过，夺取全国胜利，这只是万里长征走完了第一步。我们熟悉的东西有些快要闲起来了，我们不熟悉的东西正在强迫我们去做。我们必须克服困难。我们必须学会自己不懂的东西。我们必须向一切内行的人们学经济工作。拜他们做老师，恭恭敬敬地学，老老实实地学。不懂就是不懂，不要装懂。不要摆官僚架子。钻进去，几个月，一年两年，三年五年，总可以学会的。

毛泽东稍停了停又说：我们军队的高级将领，很多都是在战争中学习战争，成了我军的优秀指挥员和政治工作干部。知识是从实践中来的。打仗、搞经济建设都是如此。毛泽东还幽默地问了余秋里一句："你是不是不愿脱军装啊?"余秋里赶紧说："不是。"毛泽东又说："部长以上干部调动，是中央决定，不是转业。你如果转业，要发一笔财呢!"

毛泽东又说：“李聚奎同志是个很好的同志，他年纪大了。你年轻，精力充沛。中央决定，你们两个换一换。”

这时，参加会议的人们陆续来到了毛泽东的办公室，谈话也该结束了。余秋里表态说：“主席，我服从中央的决定。我一定按照你的指示，在实践中去学习，努力把工作做好。”

毛泽东满意地说：“好！就这么定了。你如果缺干部，可以指名要，军以上干部你愿意选谁就选谁。”

几十年后余秋里回忆起毛泽东与他的这次谈话，记忆仍很清晰。他回忆说：“主席和我谈话的时间不长，但给了我深刻的启示，给了我信心和力量。”

1958 年 2 月 11 日，第一届全国人民代表大会第五次会议通过决定，任命余秋里为石油工业部部长。

余秋里还没有走马上任，1958 年 2 月，中共中央在成都召开的工作会议上又作出了一项与石油工业关系重大的决定，中央决定由总书记邓小平主管石油工业。邓小平从成都打电话到北京，要地质部和石油部派人到成都向他汇报四川石油勘探的情况。接到电话后，何长工和康世恩立即赶赴成都。何长工当时担任地质部副部长，康世恩已升任石油部副部长。当时地质部在川中岳池打了一口浅井，一天出油 200 至 300 公斤。何长工汇报了这口井的情况，对四川找油表示乐观。邓小平听了满意地说：“这个油找得好！比克拉玛依值钱！”邓小平所说的“值钱”，显然是说在四川找到油，距离工业重点近，使用起来更方便。

从四川开会回到北京以后，2 月 17 日、18 日，邓小平又用两个下午，在中南海居仁堂听取石油部的汇报。参加汇报的有李聚奎、余秋里、唐克、翟光明等。李聚奎此时虽已接到新的任命，但还没有离任，余秋里也还没有在石油部正式上班，唐克当时担任石油部勘探司司长，翟光明是位地质师。

会上，李聚奎汇报了石油工业的形势和基本情况，唐克汇报了各地区的勘探开发情况，重点汇报了第二个五年计划期间的石油勘探部署。邓小平听得很仔细，不时作些记录，有时提问，有时插话，对石油勘探的指导思想和发展战略，作了许多重要的指示。

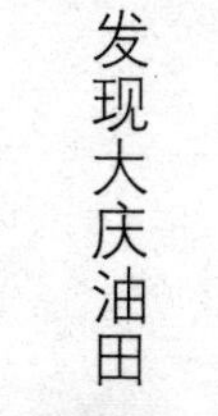

◂ 邓小平视察大庆石油化工总厂

针对石油系统长期存在的以发展天然油为主还是以发展人造油为主的讨论，邓小平提出，中国石油工业的发展，要天然油和人造油并举，以天然油为主。他说："听说你们石油工业部有搞人造油和天然油的讨论。石油工业怎样发展，我看是两条腿走路。人造油是要搞的，并且下决心搞，但中国这样大的国家，从长远看，当然要靠天然油。"

邓小平反复讲了石油勘探的战略重点和战略布局问题，提出石油勘探工作应当从战略方面来考虑，把战略、战役、战术三者结合起来。石油勘探要选择突击方向，在建设西部天然石油基地的同时，要把石油勘探的重点放到东部地区。他说："第二个五年计划期间，东北地区能够找出油来，就很好。把钱花在什么地方，是一个很重要的问题。总的来说，第一个问题是选择突击方向，不要十个指头一般平。全国如此之大，二十、三十个地方总是有的，应该选择重要的地区先突击，选择突击方向是石油勘探的第一个问题。不然的话，可能会浪费一些时间。"他强调要在经济比较发达、交通条件好的地区加快石油勘探工作。他说："就经济价值而言，华北和松辽都是一样的，主要看哪个地方先搞出来。""把真正有希望的地方，如东北、苏北和四川这三块搞出来，就很好。对这些地方，应该创造条件，在地质上创造一个打井的基础，可以 3 年搞成，也可以 5 年搞成，应该提出一个方案来。如果龙女寺钻出油来，四川石油工业就会跳到前面，东北搞出油来了也会跳到前面。”“对于松辽、苏北等地的勘探，都可以热心一些，搞出一些初步结果。苏北就是搞个玉门油田，一年 30 万吨，那也很好嘛！吐鲁番就在铁路线上，搞出油来就很好。”“柴达木地区在第二个五年计划期间还用不上，塔里木可以不忙。搞油和打仗一样，过分分散就不利。”

邓小平强调，发展中国石油工业必须立足于自己力量的基点上。他说：“第二个五年计划期间，你们打钻子加一番行不行？现在你们的地质队和地球物理队可不可以加一番？石油钻机要自己做，可以和机械工业部商量一下，你们也要促进一下。套管、钻杆应当努力设法在国内解决。”

邓小平还指示石油部门要加强科学研究工作。他说：“现在，有些事情应该走在前面：一个是打钻子，还有一个是科学研究。钻了一口井，资料就不能浪费掉，要好好地研究。”

邓小平所谈的一些重要意见，特别是他关于石油工业的重心要向经济较为发达的东部转移的战略思想，为中国石油工业的发展指明了方向。从此，中国的石油工业出现了一个新的局面。

参加完向邓小平的汇报，余秋里就开始着手新的工作安排。3 月 3 日，他第一次参加石油工业部党组会议。会议传达讨论了邓小平关于石油工业实施战略重心转移的一系列指示。此后，石油部又召开了 4 次党组会议和两次部务会议，传达邓小平的指示精神，组织制定石油工业第二个五年计划，具体研究如何把石油勘探的战略重点转移到东部地区。

通过讨论，石油部领导成员统一了思想，认为石油工业战略东移是国家对石油工业发展的要求，是我国石油工业的现状和石油地质客观情况所决定的。1958 年以前，我国石油勘探主要在西部地区进行，东部地区勘探程度很低，许多地区仍是一片空白。西部地区虽然找到了一些中小油田，但储量很少，产量很低，远远满足不了国家需要。即使有油，也很难运出来。当时，铁路只修到甘肃柳园，运输能力有限。这是制约西北地区油田勘探和原油生产的重要因素。继续偏居西北一隅，就不能改变油田不均匀的状况，不能很快发展石油工业，也就不能满足国家需要。因此，尽快在东部地区找到石油，使原油生产、加工和消费就近就地结合起来，才能较

好地适应国民经济发展和国防建设的需要。

石油部党组在讨论“二五”勘探规划时，首先讨论了指导思想和战略布局问题。李人俊认为：“目前石油储量有限，产量很少，在第二个五年计划期间，应该首先解决储量问题。只要储量解决了，把产量搞上去，就有了基础。”康世恩提出：“评价开展勘探的地区，不能单纯考虑地质条件的难易，而应将地质条件与经济地理条件并重，考虑确定进行勘探的地区。”余秋里说：“小平同志的指示，给我们明确了发展石油工业的道路、方针、布局、方法。道路，就是天然油、人造油并举，以天然油为主；方针，就是把石油勘探的战略、战役、战术结合起来，选好突击方向，实施勘探重点东移；布局，就是把地质条件与经济地理条件结合起来考虑，合理安排石油勘探的轻重缓急和先后主次；方法，就是采取科学的、革命的办法搞石油勘探，不能用旧观点、旧办法看待和解决新问题。”

3. 松辽大地勘探忙

1958 年 3 月，根据邓小平的指示精神，石油工业部把松辽盆地作为石油勘探战略东移的主战场之一。

松辽盆地是我国东北地区由大小兴安岭、长白山环绕的一个大型沉积盆地。盆地跨越黑龙江、吉林、辽宁三省，面积约 26 万平方公里，松花江和辽河从盆地中穿过。在距今 7000 万年以前的中生代侏罗纪和白垩纪，这里曾是一个大型的内陆湖盆，湖中和四周繁衍着丰富的浮游生物和其他动植物。进入新生代以后，大量的沉积物堆积下来，湖盆逐渐上升、萎缩，形成了现今广袤无际、沼泽纵横、泡泊遍布的大平原。20 世纪上半叶，美国、日本的地质工作者都曾在这一带进行过石油调查和勘探，但没有发现石油。新中国成立以后，1951 年至 1954 年，燃料工业部石油管理总局及所属东北石油管理局，曾多次派人到东北地区进行过油苗调查，发现和证实了阜新和承德的石油、扎赉诺尔和安图的沥青、依兰的油页岩等矿苗。

1955 年，地质部在松辽平原正式开始了以找油气为目的的石油勘探。当年 8 月，地质部东北地质局派出 6 个石油踏勘组，沿第二松花江、沈阳至哈尔滨铁路两侧，锦州至阜新一带进行地质线路踏勘和油苗调查，初步了解了松辽盆地东部边缘地层出露情况、地层及构造概况。

1956 年 2 月，地质部成立松辽石油普查大队。到 1957 年，除在盆地边缘进行地质概查外，还开展了大面积的重磁力普查，在吉林省部分地区进行了地质剖面详测，完成了一批浅层探井。地质部物探局 904 队在松辽盆地及其附近 40 万平方公里地区进行了航空磁测普查，112 物探队进行了重力预查和少量电测深剖面测量。通过这些工作，划出了盆地边界，勾出了盆地内部构造格局，初步建立了盆地内部的地层顺序，发现了很厚的可能生油层。

▶ 长春市东二条街 22 号，1958 年松辽石油勘探局办公大楼旧址。

1957年7月，石油工业部西安地质调查处根据石油工业部的指示，派出了一个由七人组成的地质综合研究队奔赴松辽盆地。这个队的编号为116队，邱中建任队长。该队的任务是在地质部松辽石油普查大队工作的基础上，专门搜集松辽平原地质资料，整理汇编各项综合性图幅进行研究，提出初步含油评价与下一步工作意见。经过半年多的工作，他们得出的结论是：松辽盆地是一个石油地质条件优越、含油远景极有希望、白垩纪松花江系地层生油储油条件良好的盆地。

东北地区大规模的石油勘探是从1958年开始的。这一年的4月，在西安地质调查处成立了松辽石油勘探大队，由宋世宽任大队长。5月，又成立东北石油勘探处，任命宋世宽为处长。除西安地质调查处部分人员外，还从玉门、新疆、青海、四川石油管理局抽调了一些干部，勘探处机关设在长春市。6月，石油部又决定将松辽石油勘探处改建为松辽石油勘探局，任务是开展基本地质普查，选择有利地带进行详查细测，钻探基准井并开展区域综合研究，准备可供钻探的构造。三个月内，将负责松辽盆地石油勘探的单位从组织机构上连升三级，充分显示出石油工业部实施石油勘探重点东移的决心。8月，原石油工业部劳动工资司司长李荆和走马上任，担任松辽石油勘探局局长兼党委书记。随着石油勘探事业的发展，石油工业部陆续从克拉玛依油田、青海油田和石油工业部机关，以及东北三省支援抽调一些干部和职工，充实和加强松辽石油勘探局及其所属各大队，使勘探队伍不断壮大。到1959年4月底，全局职工已经达到三千多人。

松辽石油勘探局所领导的这支勘探队伍非常年轻，技术力量十分薄弱，整个勘探局只有一名主任地质师、两名地质师和30多名地质技术人员，平均年龄不到24岁，平均工龄仅三年多。他们从西北第一次转移到东北广大的平原覆盖区搞勘探工作，缺乏经验，遇到重重困难，勘探工作在探索中进行。第一年，他们通过与地质部门的有效配合，开展了大规模的石油勘探，发现了黑龙江省大同镇等13个可能储油构造，并于1958年4月17日首次在吉林省前郭旗南17井取心发现油砂，接着在杨大城子构造南14井等30口浅井中见到了油气显示。

4. 松基 3 井出油了

按照重力勘探资料，这年 7 月，松辽石油勘探局的钻井队首先在盆地东北斜坡地区，即安达县任民镇以东 14 公里处钻了第一口基准井——松基 1 井，井深 1879 米，钻穿了白垩纪地层，到达盆地基底的古老岩层上，结果一无所获。同年 8 月，又在盆地东南部的隆起区即前郭尔罗斯蒙古族自治县登娄库构造打了松基 2 井，遇到了一套致密的下白垩系地层，仅见到了少量的油气显示。

前两口基准井出师不利，第三口基准井的井位选择就成了突出问题。9 月，石油部和地质部参加松辽勘探的技术人员联合召开会议，进行深入的讨论。经过分析利弊，达成共识，同意将松基 3 井井位定在大同镇高台子隆起上。因为这里与松基 1 井、2 井相距 90 公里以上，略成等边三角

▶ 松基 1 井于 1958 年 7 月 9 日举行隆重的开钻典礼

形，符合基准井井位分布原则。而且这里交通较为方便，靠近哈尔滨至齐齐哈尔的铁路，具备较好的经济地理条件。11 月 14 日，松辽石油勘探局向石油部呈报了松基 3 井井位图。图中说明："松基 3 井井位已定，在大同镇西北，小西屯以东 200 公尺，高台子以西 100 公尺处。"经过反复论证、修改、补充，石油部于 11 月 29 日批准了松基 3 井的井位。

1959 年 1 月，正是北京滴水成冰的季节。石油部局、厂领导干部会议却开得热气腾腾。石油部党组用三天时间，听取了松辽、华东、银川、贵州几个新区的地质勘探情况汇报，对松辽局的汇报和勘探布局最为满意。这个部署的核心是横贯松辽盆地做 4 条区域综合大剖面，开辟 2 个探区，作好 10 个构造的详查，钻探 3 口基准井。部党组批准了松辽石油勘探局 1959 年的勘探总体部署，要求他们集中力量，把这个部署落到实处，争取在 1959 年取得突破性进展。

那一年的 2 月 8 日是中国的农历春节，千家万户都在喜气洋洋地欢度这个传统节日，但石油部办公大楼会议室里却正在开会。会议的议题就是松基 3 井。会议由康世恩主持，参加会议的有石油部总地质师余伯良、副总地质师翟光明以及松辽局的李荆和、张文昭等人。他们要对松基 3 井的井位及钻探进行最后的研究部署。会议从初一开到初三。最后康世恩拍板：现在松基 3 井的井位与松基 1 井、2 井形成等边三角形，处在不同构造上，又是"坳中之隆"，位置十分理想，要尽快准备好开钻！

第二天，也就是正月初四，康世恩将松基 3 井的情况向余秋里作了汇报，然后他们又一起到地质部副部长何长工家去拜年。说是"拜年"，其实他们见面刚寒暄了几句，就开始商谈起石油勘探的事情。余秋里用手指着松辽盆地地质图做了一个斩钉截铁的手势："我们打算用 3 年时间攻下松辽！"

何长工开怀大笑："哈哈，看来我们的目标是一致的！这样吧，4 条地质综合大剖面由地质部来承担，松基 3 井等基准井的任务由石油部来完成。咱们携手并肩，团结一心，争取早日拿下松辽。"

松基 3 井的钻井施工任务是由松辽石油勘探局 32118 钻井队负责的。在缺少吊车和大型运输车辆的情况下，工人们把钻机拆成几大件，化大为小，用倒车坑、倒链、滚杠、撬杠等土办法，靠人拉肩扛装卸，依靠仅有的5台解放牌汽车，硬是把几十吨重的钻机设备运到了松基3井井位。接着，又冒严寒打好基础，安装井架设备、挖泥浆池。4月11日，松基3井正式开钻，7月份，钻至1050米时开始连续取心。钻井设计中要求取心的长度为411.76米，由于取心工具简陋，井队经验不足，只取出岩心202.51米，见到含油显示层3.15米，取出的油砂呈棕黄色，含油饱满，气味浓烈，并两次从泥浆中返出原油和气泡。现场技术人员将这些气泡收集起来，可以点燃，火焰呈蓝色，证明是石油气。中途电测资料解释，也说明井下有较好的油层。

按照原定设计，松基3井要钻完3200米井深，然后由下而上逐层试油。为了争取时间，尽快搞清松辽盆地是否有油，康世恩提议松基3井提前完钻试油，余秋里支持他的意见。为了保证固井质量，石油部还专门从玉门石油管理局调彭佐猷总工程师带着助手到松基3井组织指挥固井工作，还派出由石油部机关和北京石油学院有关人员组成的试油工作组到现场组织射孔试油。8、9月份，草原上阴雨绵绵，没有公路，交通阻绝，井上又缺少机械设备和维修力量，所有的机械工程故障和射孔试油必需的配件，都靠自己动手解决。

8月29日，松基3井固井作业完成。9月6日，第一次射孔试油。然而，这条深藏于地下的油龙睡得实在是太久了。当技术人员射开1357～1382米井段的3个薄油层后，起初井口无任何显示，液面还略有下降。

为了把原油抽出来，康世恩提出轻提深部捞水的方法。工人们不辞辛苦地奋战在井台周围，经过近20天的努力，一桶桶清水被提捞上来，直到井底的泥浆都被清除干净，沉睡在地下的油龙终于被惊醒。

1959年9月26日，是一个石破天惊的日子，松基3井终于喷出了棕褐色的原油！在场的人们情不自禁地欢呼跳跃。喜讯迅速传遍松辽盆地，传到长春、哈尔滨、北京。

松基3井是松辽盆地的第一口喷油井。这口井的喷油标志着大庆油田的发现，在我国石油工业的发展史上具有里程碑的意义。正如余秋里在他的回忆录中所说：“松基3井的喷油，松辽油田的发现，不是偶然的碰运

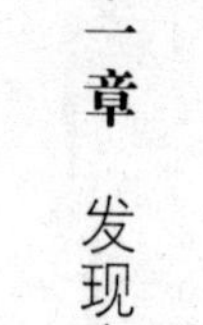

◀松基 3 井是大庆第一口喷油井

气，而是在正确的理论指导下，贯彻了正确的方针，采取了正确的方法，进行了大量艰苦工作的结果。”

松基 3 井喷油和大庆油田的发现表明，一个地区有没有油，不在于它是海相地层还是陆相地层，关键在于有没有石油生成、运移、聚集和储藏的地质条件。只要具备了这些条件，陆相地层不仅可能形成油田，而且有可能形成储量十分丰富的特大油田。至此，一场持续了几十年的所谓中国石油资源丰富还是贫乏的论战终于结束了。邓小平所提出的以天然油为重点的论述和将石油工业战略重点东移的构想，终于在实践中显示出了无比的睿智。

5. 石油部决心大干一场

余秋里在九十年代所作的回忆录中说：“松基 3 井出油以后，我有一种强烈的预感：松辽盆地可能会有大的突破。”但鉴于以往的教训，为了避免再像川中会战那样放空炮、说大话，石油部党组商定：这次松基 3 井出油，不急于对外宣传，而是先埋头苦干，扎扎实实工作。在整体工作上，也不要打乱原有的部署，首先是要稳住西北的天然油基地和东北的人造油基地建设，同时进一步加强松辽地区的勘探工作。

9 月 29 日，石油部党组向党中央和毛泽东主席报告说：“目前原油生产已处于主动，第四季度可以腾出手来，以更大精力来抓勘探。”“松辽地区目前已有一口探井出油，需要采取更快的速度把油田早日定下来。”

9 月 30 日和 10 月 3 日、5 日，石油部党组先后 3 次听取松辽局汇报，研究扩大勘探问题。会议前夕，地质部现场地质队又送来新的地震资料。这些资料进一步反映出，高台子、葡萄花、太平屯这些局部构造，在整体上被一个更大的构造带——大同镇长埂所控制。这个长达百余公里、宽十余公里的构造带，横卧在松辽盆地中央，像个大鱼盘似的，葡萄花、高台子等构造就像盘中排列的大小不一的水果。尽管地震勘探仍在进行，长垣北部的情况还不太清楚，但大致轮廓已经出来。

根据各方面的情况，石油部党组决定要加快大同镇地区的勘探。确定先布置 63 口探井井位，分两步上：第一步以高台子、葡萄花地区为重点，1959 年底前先拿下一批探井；第二步 1960 年初再铺开一批探井，扩大钻探。为此，石油部党组还决定从四川局调给松辽局一批打中深井的钻机和

井队，并指定地质司、供应局、人事司等部门共同组成钻机设备、人员调度小组，专门办理此事。到 1959 年底，松辽局的大中型钻井队已经增加到 23 个，并配备了相应的电测、固井、射孔、试油等配套队伍，地球物理勘探和地质综合研究力量也大为增强。会后，石油部党组又讨论了松辽勘探部署及组织落实问题。决定由石油科学研究院院长张俊带领翁文波、李德生、童宪章等专家组成工作组，赴松辽现场收集、分析、研究有关地质资料，协助松辽局编制整个长垣的勘探计划。他们于 1959 年 12 月下旬到达大同镇，开始了紧张的工作。

1959 年 10 月 26 日，石油部党组扩大会议在北京华侨大厦举行。参加会议的人员除石油部的领导和司局长以外，还有各石油局、厂的党政主要领导。这次会议的目的是：总结经验，提高思想，统一认识，加强团结，明确今后的方针任务，迎接 1960 年大发展。会议开始时不作报告，而是先提出问题，大家讨论，然后再作总结。预备会议以后，会议即进行分组讨论。

随着讨论的深入，在一些重大原则问题上，出现了不同的认识和激烈的争论。争论之一，就是要不要提倡全局观念，集中力量保重点？当时遇到的主要思想障碍，是本位主义，分散主义，各自为政，自行其是。为了教育大家，在会议的总结报告中，余秋里强调指出：实践证明，集中使用力量，绝不是一个暂时性措施，而是一个带有长远性指导工作的原则。经验告诉我们，如果不分主次、轻重，而平列地使用人力、物力、财力，即使是在次要的方面取得了一些成效，甚至是百分之百地完成了任务，也仍旧不能获得全局的、决定性的胜利。而只要在重点方面取得了决定性的成就，即使在其他方面发生了一些缺陷，就全局来讲，仍然是取得了决定性的胜利。

在党组扩大会议进行中间，分别穿插召开了计划、勘探、开发、基建等专业会议，在这个基础上召开了石油局、厂领导干部会议，讨论、安排了 1960 年计划和各项专业工作。与会者进一步讨论了松辽勘探问题。提出拟在松辽地区组织大的战役，并分两个阶段来打：第一阶段于 1959 年冬 1960 年春在 1000 平方公里的面积上打一批探井，1960 年 3 月打下来，找出高产区；第二阶段是根据第一阶段结果，如果情况好，再组织大规模力量突击上，大会战一场，查明面积和储量，并且搞一块开发试验区。会议确定松辽局当前的任务是勘探，要做大量的艰苦工作，把已确定的葡萄花、高台子地区第一批探井打好，做到“四快、四好”，即运输快、安装快、开钻快、钻进快，取心好、电测好、固井好、试油好。特别要重视取好资料。在工作中要抓住三个关键性问题：一是油田面积；二是油层厚度；三是采油的技术措施，保证能把油采出来。

在会议期间，余秋里就松辽地区勘探的初步设想，同各厂矿领导通了气。余秋里提出，1960 年我们拟在松辽地区组织一个大的战役，争取拿下面积，当年就生产一定数量的原油。希望大家作好大战松辽、支援松辽的思想准备。大家听了以后，情绪高昂。纷纷表示，为了大战松辽，要人给精兵强将，要设备给好的。几个石油管理局的主要领导还主动请战，表示随时听候调遣，一声令下，立即奔赴松辽。

第二章

揭开会战序幕

1. 中央批准了会战报告

12 月底，中央书记处开会讨论经济计划问题，会议由邓小平主持，刘少奇参加会议听取各方面的汇报。余秋里此时正在黑龙江省肇州县大同镇实地考察，由周文龙在会上汇报了石油工业情况。当周汇报到明年一季度拟在松辽摸出样子，上半年见个分晓，3 年内拿下松辽、四川，突破鄂尔多斯、苏北、贵州，巩固和扩大现有油田时，邓小平表态说：“这样搞完全正确。要集中力量，不要把力量分散！”邓小平还向刘少奇解释说，我们沉积岩分布面积，原说 200 万平方公里，现在是 400 万平方公里，是做了工作的。大小盆地是 200 多个，大盆地有 10 个。要建立几个经济体系，可使每个经济体系都有油。刘少奇听后满意地说：“这就很理想！”邓小平也说：“东北出油很理想！”

新年刚过，从松辽大地便接二连三地传来喜讯，部署在葡萄花构造上的葡 7 井于 1 月 7 日喷油，接着，葡 20 井、葡 11 井、葡 4 井等相继喷油。粗略计算结果，这 13 口探井控制的油田面积约 200 平方公里，地质储量约 1 亿吨以上，大体上相当于克拉玛依油田初期的规模。

1 月 7 日，余秋里到上海参加中央政治局扩大会议。在一次会议上，毛泽东问他：“余秋里同志，你那里有没有一点好消息啊？”余回答说：“从目前勘探情况来看，松辽有大油田！”毛泽东听了很高兴，说：“呵，有大油田？”余说：“是的，主席！我刚从黑龙江回来，留有余地地说，有可能找到大油田；如果不留余地，大胆地说，大油田已经找到了。我们正在加紧勘探，半年左右就有眉目了。”毛泽东高兴地说：“好哇！有可能的。能在半年内找到也好啊!”

从2月1日起，石油工业部连续8天召开党组扩大会议，余秋里、李人俊、周文龙、孙敬文、康世恩、刘放等党组全体成员和部机关部分司局长参加了会议，赴松辽专家工作组的一些成员也列席了会议。

会上首先由专家工作组的李德生、童宪章、翁文波和张俊等人汇报了大庆长垣的地质情况和勘探形势，以及下一步勘探部署和开辟生产试验区方案的意见。根据专家工作组的汇报和分析，在葡萄花构造上，最先喷油的是葡7井。这口井于1959年11月12日开钻，12月29日钻完设计井深992米。1960年1月6日射开3个油层，共厚3.8米，1月7日喷油。先后用3至7毫米油嘴试油，日产原油分别为9至39吨，明显高于松基3井。接着，葡20、葡11、葡4等井也陆续喷出工业油流。到1月底，在大庆长垣南部的高台子、葡萄花、太平屯地区，已经完成了6口井。这些井经过一个月左右的试油试采，产油情况良好。用5毫米油嘴试采，自喷日产10至24吨。估计将来油田开发以后，日产12吨是可靠的。另外还有7口探井，已经钻到油层，根据取心、电测和钻进过程中的油气显示，证明油层情况也很好。这13口井控制的油田面积是200平方公里，初步估算地质储量在1亿吨以上，也就是说相当于克拉玛依油田的规模。专家工作组还对1960年的勘探工作部署和油田开发试验等问题，提出了具体的建议。

会议经过热烈讨论，党组的几位领导成员都发了言。大家一致认为，松辽盆地石油勘探形势很好。虽然有些情况还没有完全搞清，但是，我们毕竟已经掌握了一定的可靠资源，有了进一步开展勘探的牢固阵地和必要条件，再加上油田处于富饶的东北平原，工业基础雄厚，交通发达，在勘探和开发建设速度上可以比其他地区来得快。

有了这样一个油田，怎么把它拿下来呢？在当时的历史条件下，西方国家对我们实行经济封锁，中苏关系日趋恶化，苏联撕毁合同，撤走专家，很明显依靠外援这条路走不通。只有靠我们自己，自力更生，艰苦奋斗，拿下油田。1959年，全国石油消耗量是504.9万吨，其中自产的仅205万吨，自给率只有40.6%。国家不得不耗用大量外汇进口原油和成品油。当年，国家用于进口原油和成品油的外汇为1.83亿美元，占全国进口

用汇总额的6.7%。即使如此，油品的供应情况仍然十分紧张。民用油中数量最大的煤油和柴油，商业部门年底库存量1959年比1958年分别下降15%和24%，1960年的形势更为严峻，国家对石油及其产品的需求量超过1000万吨，而国内最大的生产能力是500万吨，缺口高达500万吨。在当时的国际形势下，进口原油非常困难。到处都喊缺油，就连北京的公共汽车也背上了煤气包，空军的训练和执勤飞机因油料紧张不能正常起飞。另外，作为石油工业基础的天然石油资源，偏居西北一隅。1959年时，98%的天然原油产量和61.7%的原油加工能力在陕、甘、青、新四省区，而90%以上的消费量在东部经济较发达的地区。

面对这种情况，余秋里在会上说：我们搞石油勘探，要勇于解放思想，敢于在情况基本搞清的情况下作出决断。有充分根据而不敢作决断，就会贻误时机，就会一辈子落后。现在国家迫切需要石油，松辽资源又比较可靠，地质情况也搞得比较清楚，改变石油工业落后面貌在此一举。我们必须下定决心，背水一战，全力以赴，尽快拿下这个大油田。松辽石油会战，只能上，不能下，只能前进，不能后退，不管有天大的困难，也要硬着头皮顶住。争取以最快的速度，最高的水平，把这个大油田勘探、开发、建设好，把石油工业落后的帽子甩到太平洋里去！

大家在讨论中提出，会战中从各油田、厂矿抽调的队伍，兵要精，将要强。头等的队伍，头等的技术，头等的设备，头等的材料，都要上去。还要组织2000人的专业技术队伍，石油科学研究院、各油田的专家、老总，石油学院的教授、讲师、学生，都要到现场参加会战，搞技术攻关。不仅要打出高速度，更要打出高水平、高质量。会战的各项工作都要经得起历史检验，经得起旁人的分析和批判。同时，还要通过会战，调动广大职工的社会主义积极性，掀起你追我赶、声势浩大的群众运动，提高我们的领导水平，丰富我们的工作经验，培养锻炼出过硬的石油职工队伍。

这次会议最后决定组织松辽石油会战，由石油部党组直接领导，党组成员中，余秋里、孙敬文、康世恩到前线指挥，李人俊、周文龙、刘放主持部里日常工作，负责后方支援。部机关抽调一半干部参加会战。会战队伍由石油系统各企业事业单位抽调组成，各单位带队的主要领导干部由石油部点名指定。会议还讨论了会战的部署和任务，待向中央的报告批准后，再作安排。

2月6日，余秋里给李富春、薄一波写了封信，汇报了松辽石油勘探情况和石油部准备在松辽地区组织石油会战的设想，请求国家增加部分投资、设备、器材和劳动力。因为当时经过几年的“大跃进”，国民经济已经面临着严重的困难，各方面都在努力压缩项目，尤其是对于新铺的摊子，中央控制相当严格。李富春读过余秋里的信后找他谈话。李说，各部门都在下马，而你们却要上马，这是个大行动，要给中央书记处写报告。几天以后，余秋里和李人俊直接向邓小平汇报工作。余秋里提出，准备集中石油系统一切可以集中的力量，用打歼灭战的办法，在松辽地区开展一场勘探开发石油的大会战。邓小平当即表示同意，让他们正式给中央写一个报告。

遵照邓小平的指示，石油部党组2月13日给中央写了《关于东北松辽地区石油勘探情况和今后工作部署问题的报告》，上报周恩来、李富春、薄一波并中央。报告说：“最近，我们对东北松辽地区的石油勘探情况和今后工作部署问题，作了反复的研究和讨论。从现在已经掌握的资料来看，可以说形势很好，来头很大。目前，已经在黑龙江省肇州县大同镇地区，探明了一块200平方公里储油面积的大油田。初步估算，地质储量在1亿吨以上，大体上相当于新疆克拉玛依油田。产油情况很好，现在已经打出来的探井，经过1个多月的采油试验，平均每口井日产量在12吨左右。”“油层产油性能良好，出油稳定。而且地层松软，打井容易。总起来看，开发和建设这里的油田，有很多便利条件。”“整个大庆地区，从地质资料上看，是一个很大的适于储油的构造带，面积达2000余平方公里。现在拿到手的这块油田，仅是其中的一部分，边界尚未摸到。看来，储油面积还会有大的扩展，远景非常乐观。”“我们打算集中石油系统一切可以集中的力量，用打歼灭战的办法，来一个声势浩大的会战。从玉门、新疆、青海、四川等石油管理局和其他有关石油厂、矿、院、校，抽调几十个优秀的钻井队和必需的采油、地质及其他工种队伍，加上2000多名科学技术人员，参加这个大会战。抽调的人员都要精兵强将，在现场大搞比武竞

赛，掀起一个大规模的群众运动，一鼓作气地拿下这个地区。”

报告送上去之后，仅仅过了7天，中央就将这个报告批转给了华东局、黑龙江和其他有关省、市、自治区党委、国家计委、经委、建委、地质部和其他有关部的党组。中央在批示中指出：“中央同意石油部党组《关于东北松辽地区石油勘探情况和今后工作部署问题的报告》，现发给你们，望予支持和协助。石油部为了加快松辽地区石油勘探和开发工作，准备抽调各方面的部分力量，进行一次‘大会战’，这一办法是好的，请各地在不太妨碍本地的勘探任务的条件下，予以支援。我国的石油工业特别是石油地质勘探工作，在两年中有了较快的发展，但目前仍然是一个薄弱的方面。积极地、加快地进行松辽地区的石油勘探和开发工作，对于迅速改变我国石油工业的落后状况，有着重大的作用。”接着，周恩来就此作了具体指示和部署。于是，一场从根本上改变我国石油工业落后面貌的石油大会战拉开了序幕。

2. 茫茫荒原布战场

1960年年初，石油部党组酝酿组织会战时，曾经计算过，要搞好会战，遇到的第一个困难是人力不足。组织会战的决定作出后，周文龙副部长给中央军委总参谋长罗瑞卿写了封信，汇报松辽地区石油勘探情况和准备组织会战的打算，请求在当年安排军队转业计划时分配大庆会战3万名官兵。2月间，余秋里又将这一想法向周恩来作了汇报。周恩来说：“这个想法很好嘛！主席正在广州召开军委扩大会议，你快到广州去！”当月中旬，余秋里专程飞到广州。在那里，他首先见到了罗瑞卿。罗瑞卿风趣地说："余秋里哟，一下子就要改编我们的3万部队呀！就你想得出来！你真会找窍门啊！"随后，余秋里又向刘伯承、贺龙汇报了这件事。刘伯承说："对头嘛！打虎要靠亲兄弟，出征还得父子兵嘛！"余秋里还当面向毛泽东汇报了松辽石油勘探的新进展。毛泽东一边抽烟，一边听汇报，还不时地点头说："好嘛……好嘛……这很好嘛！"这时旁边有人插话："余秋里要在松辽搞个大会战！"余秋里接着说："正准备调克拉玛依、玉门、柴达木、四川的队伍到松辽会战。"毛泽东说："听说你们有个报告，要搞会战。好哇！准备上阵喽！"

关于这次汇报，余秋里后来回忆道："毛主席没有说多少话，从他听汇报的神态和讲话的语气，我感到他对我们的计划是同意的，寄予希望的。从毛主席住处出来，我的心情是轻松的，充满了信心。"

2月22日，中央下达了《中央决定动员3万名退伍兵给石油部》的指示，指出："为了集中力量迅速开采在东北大庆地区发现的新油田，决定从部队今年度退伍兵中动员3万人交石油部参加开采大庆地区新油田的工作。"以后，中央军委又决定给大庆分配3000名转业军官。从3月份起，转业、退伍的官兵陆续来到大庆。他们中间有不少是党团员，有的还参加过抗美援朝战争，给大庆会战增添了一支生力军。

准备搞石油大会战，困难当然很多。石油部经过反复计算，要把会战搞上去，只靠石油部自身的财力、物力是不够的，仅1960年就有2至3亿元资金和几万吨钢材设备的缺口。石油部为此又给国家计委、经委写了报告。当时，国家计划的投资和物资已经分配完了，而且在资金、物资上已经出现了严重困难，计委、经委在自己的权限内无法平衡、解决，便将报告又送到了中央书记处。邓小平问明情况后，表示同意解决。于是中央又在计划外给会战拨了2亿元投资和几万吨钢材、设备。这些无异于为会战的准备工作雪中送炭。

石油部党组为了贯彻落实党中央、国务院有关石油大会战的文件精神，从2月21日起在哈尔滨的黑龙江省委107招待所召开了大庆石油会战第一次筹备会，康世恩主持了会议，参加会议的有全国石油系统37个局、厂、院、校的主要领导。会议首先传达了党中央的指示和部党组给中央的

报告，讨论了大会战的指导思想、工作方针和主要任务，确定会战的组织机构。会议确定了石油会战的三项任务：第一，在2000平方公里的面积上甩开勘探，争取打200口左右的探井，迅速探明油田面积，找到10亿吨的可靠储量。第二，选择已经探明的有利地区，打出200口左右的生产试验井，进行油田开采试验，实行早期注水，当年生产原油50万吨，年底达到日产4000吨的水平和年产150万吨的生产能力。第三，在大庆长垣以外的附近地区，进一步开展地震勘探，完成地震细测4万公里，选择有利构造进行钻探，争取再找到一些新的油田。

为了完成这些任务，会议决定石油部党组亲临会战前线指挥，并组成了大会战领导小组，石油部副部长康世恩担任组长，勘探司司长唐克、部机关党委副书记吴星峰担任副组长，小组成员由石油部科研院及新疆、玉门、松辽、川中、青海各石油管理局主要领导干部组成。会议宣布了部党组关于全国石油系统37个局、厂、院、校由主要领导带队，组织精兵强将，自带设备参加大会战的决定。会议将参战的单位划分成5个战区：葡萄花地区，太平屯地区，萨尔图地区，杏树岗地区，高台子地区。明确了各参战单位的任务及所负责的战区。对参战单位的队伍组织、人员集结、设备材料调度等提出了具体要求。按照当时的安排，会战的重点地区是长垣南部的大同镇附近地区，在葡萄花、高台子、太平屯构造上部署了比较多的探井，油田的开发试验也准备放在葡萄花一带。

当时组织会战队伍，主要采取三种形式，康世恩赋予每种形式一个形象贴切的比喻：一是“拔萝卜”，点名抽调一些标杆队。比如，玉门的王进喜钻井队，新疆的张云清钻井队等。二是“割韭菜”，把原来的队伍成建制一个不剩地调来。三是“切西瓜”，把原来的队伍一分为二，调来一半，留下一半。在时间安排上，会议提出，3月份调动人马，4月份开始上手，5月初正式打响。各参战单位的钻井、安装队伍及指挥机关必须于3月15日前赶赴会战现场。

第一次筹备会议于3月3日结束。各单位参加会议的领导人急如星火，从哈尔滨赶回原单位，立即传达贯彻，搭班子，调队伍，拆钻机，运设备。经过层层动员，宣传教育，会战队伍迅速开赴大庆。各单位的石油工人都以能参加会战为荣，就像战士上战场一样，个个争先恐后。各路会战队伍一路上集体行动，纪律严明。在北京换车时，许多第一次到北京的人，顾不上到天安门广场拍个照片。到第一次筹备会议规定的 3 月 15 日，各单位到达大庆地区的工人已有 1000 多人，部队转业官兵 11000 多人也到达了会战现场。加上松辽局原有的 5000 余人，集结在大庆油田的会战队伍已达 17000 人。运抵安达的设备、器材已有 247 个车皮，1 万余吨。

党中央批准石油部党组关于组织松辽会战的报告后，中央书记处指示，对会战的检查督促和组织支援工作由薄一波主持，国家计委、经委、建委负责。并由三委的三位副主任组成领导小组，负责日常组织领导工作。

国家计委、经委和建委根据中央批示精神，立即组织有关部门和省市支援大庆石油会战。3 月 3 日，三委给冶金、水电、农机、外贸、交通、一机各部和上海、黑龙江省计委、经委发出电文，要求迅速调剂一批钢材、设备，支援松辽石油勘探。当时决定调剂的物资和设备有：钢材 1.8 万吨，发电机组 6000 千瓦，载重汽车 100 辆，吉普车 30 辆，45 匹马力拖

▲ 小小的萨尔图车站空前忙碌起来

拉机60台，机床50台，压路机2台，油井水泥1万吨，轴承4000至6000套，木材由黑龙江省就地调整支援。

3月9日，薄一波主持召开支援大庆石油会战的专门会议。参加会议的有：黑龙江省陈雷、吉林省肖靖、辽宁省孙洪志、余迈、东北协作区办公厅倪伟、石油部余秋里、李人俊、康世恩、地质部何长工、中央工业部于江震、国家计委安志文、董铣、国家建委柴树藩、铁道部郭鲁、水电部程明升、化工部李苏、建工部刘裕民、商业部阎顾行、冶金部王大伟、一机部李克、交通部伍坤山、邮电部赵步云、劳动部李正停、中央办公厅贾步彬以及国家经委孙志远等人。会议的中心议题是讨论关于大力支援东北松辽油田的勘探与开发问题。余秋里、康世恩汇报了大庆油田的勘探情况、会战的工作部署和需要解决的问题，陈雷汇报了黑龙江省支援油田勘探开发的情况以及从本省的角度要求国务院有关部门解决的问题。薄一波在会上讲了四点意见：一是从毛主席到党中央对大庆油田十分关心。它对于全国解决石油翻身问题具有重大意义。二是开采原油按年产2千万吨规划，修两条输油管。三是黑龙江省支援石油开发的办法很好，今后要继续照办。四是具体问题，如建设项目与投资，指定安志文负责审查提出方案；物资问题由孙志远负责研究解决。运输问题由郭鲁等人负责解决。在会议产生的纪要中指出：党中央和毛主席都很关心松辽石油会战，“中央对于开发这块油田很重视，决心很大，决定大力支援”。国家经委随后发出〔60〕31号文件，要求：“关于松辽油田大会战的进展情况，石油部每隔十天、半月要向中央和有关部委写一个报告。”

3月13日、17日，国家计委、经委、建委发出电报，督促有关单位迅速调拨钢材、汽车、水泥、拖拉机、机床、木材等设备物资，支援松辽地区的石油勘探和开发。21日，国家经委向毛泽东写报告，汇报了大庆会战部署和组织支援工作情况，正式提出增加投资2亿元、钢材3.8万吨；会战按年产2000万吨原油安排工作。

这样，大庆石油会战在党中央的亲切关怀和有力指导下，在国务院及有关部门和黑龙江省的组织和大力支持下，经过紧张的准备，迅速展开了。

3. 三口油井定乾坤

开展石油大会战，会战的主攻方向定在哪？主战场摆在哪？这是当时必须要解决的一个大问题。

1959 年 12 月中旬，东北经济协作区会议在哈尔滨举行，周恩来总理亲自参加了会议，石油工业部的领导人余秋里、李人俊也出席了会议。会后，余秋里从哈尔滨乘火车到安达，于 12 月 26 日到达大同镇，实地考察石油勘探情况。

那时的大同镇，是黑龙江省肇州县管辖的一个不足 500 户人家的小镇。镇子只有一条街，镇里大部分是“干打垒”房屋，只在临街的地方有几间砖房的小商店和饭馆。松基 3 井喷油后，黑龙江省紧急修了安达到大同镇的公路，当时刚刚通车，还没有铺上沥青路面。当时，松辽石油勘探局机关已经在大同镇设立了前线指挥部，局的主要领导都已搬到这里办公。石油部派出的专家工作组也已来到这里，他们少数人住在条件十分简陋的招待所里，大部分人住在临时腾出的民房里。这个一向平静的小镇，一下子来了这么多人，顿时出现了热气腾腾的新景象。

那时正是天寒地冻的季节，最低气温已经降到零下 30 多摄氏度。寒冷的气候给钻井工程造成了许多预想不到的困难。柴油机难以发动，钻机设备需要保温，水源供应得不到保证，不少井队不能正常钻井。

余秋里这次到大同镇，主要是了解这里的地质条件和勘探情况，了解石油资源是不是落实。围绕这个问题，余秋里和松辽局的领导、石油部专家工作组的专家以及有关地质技术人员进行了两天的座谈。大家一致认

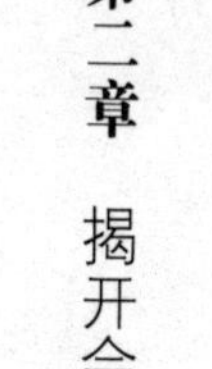

为，松辽盆地的勘探基础工作比较可靠，地下的地质构造、地层划分都搞得比较清楚。大同镇地区，松基 3 井已经稳定生产了 3 个月，正在钻进的葡 1 井、葡 7 井、葡 20 井都见到了良好的油气显示。更主要的是，这几口井打到的标准层、油层、水层，都能对比得上，证明这里的油层是稳定的，可以断定具有一定含油面积。现场的工作人员给余秋里拿来了一块刚刚从葡 20 井取出的油砂，原油的气味特别浓，用放大镜一看，质地很疏松，孔隙度和渗透率都不会小。这就是说，这里确实是一个油田。

鉴于大庆地区的地层发育稳定，在不同的井口，地层都能对比得上，岩心、地质录井和测井资料互相比较吻合，为了加快钻探速度，经过同地质技术人员讨论研究，余秋里提出在钻探部署上采取“三点合一”的办法，即把探井分为三类统筹安排：第一类井不取岩心，加速钻进，加强综合录井，搞好电测工作，取得完整资料，迅速控制含油面积；第二类井在油层部位全部取心，掌握油层特征，为计算储量取得参数；第三类井是在构造边部的探井，通过分组试油，确定油水边界。这样，把三类井中取得的录井取心、电测和试油三方面资料合在一起，互相验证，就能够大体了解和圈出含油范围和油层情况。此外，在每个构造上，还要选一口井长期试采，了解产量的递减情况。余秋里后来评价这种办法时说：“这种办法对于加快钻探速度，争取时间，尽早探明大庆油田，发挥了很大的作用。”

12 月 30 日，松辽勘探局在大同镇一个陈旧的剧场里召开了大庆地区井队、车间以上干部大会。当时剧场里很冷，哈气成霜，参加会议的人都穿着棉大衣，戴着皮帽子。可是会场的气氛却十分热烈。余秋里在会上表扬了松辽勘探局广大职工在地方的大力支援和地质部勘探队伍的密切配合下，取得了重要的勘探成果。接着，他分析了大庆地区找油的有利条件。主要是构造很多，面积很大，油层很多；含油层位比较稳定，埋藏不算深；地层比较松软，有利于钻井。他的结论是，在这里有可能找到较大面积的油田。

余秋里提出勘探工作在 1960 年的主要任务是：以大同镇为中心，在葡萄花、高台子、太平屯这几个主要构造上，或者是从萨尔图一直到扶余、大赉这条线上，打出一、二级含油面积 500 至 700 平方公里，得到三个结果：打出可靠的面积；通过试油试采搞清油田的生产能力；取得反映油层性质的一套完整的地质资料。会上，从四川局设计院出差到大庆收集资料的青年技术员王毓俊发言说，萨尔图一带可能是大庆长垣上的油气富集地带。他建议在重点勘探南部葡萄花等构造的同时，可不可以把钻探的步子向北甩得更大一些。

余秋里很欣赏这位年轻人肯动脑子、敢想敢说的作风。散会后，他找到小王，问他有什么根据。小王说，前一段他收集了地质部在长垣上打的一些浅井资料，经过对比，发现萨尔图地区的地层逐渐变浅，砂层逐渐增多。从浅部地层的变化上可以推断，萨尔图地区的油层可能比南部更多、更厚。余秋里认为这个分析有道理。在干部大会上，他表扬了王毓俊，建议大家认真研究他的建议。

余秋里和张俊及石油部工作组其他地质专家交换了看法，是不是向北部大距离地甩几口探井，侦察一家伙。这在当时是一个解放思想、打破常规的大胆设想。因为按照一般勘探程序，一个地区打出见油井后，都是采用十字剖面布井的办法，以 2 公里左右的井距依次向四周展开勘探。一方面扩大面积，一方面探明油水边界。但余秋里等人设想从南部的高台子、葡萄花地区，一家伙甩到北部的萨尔图地区，这个距离足有 70 公里。这是许多人所不敢想的。

这是一个非常形势下的非常决策。为了进一步弄清松辽平原的石油构造，选准选好会战的主攻方向和主战场，1960 年初，石油部党组将松辽一带划分为三个探区。第一探区负责敖包塔、葡萄花、高台子一带的勘探；第二探区负责杏树岗、龙虎泡地区；第三探区负责萨尔图、喇嘛甸等地区。为慎重起见，还派第三探区党委书记张文彬去看了井位。当时在松基 3 井以北的广大地区，确定了“三口关键探井”：一口是位于萨尔图构造上的萨 66 井，一口是位于杏树岗构造上的杏 66 井，一口是位于大庆长垣最北端的喇嘛甸构造上的喇 72 井。

3 月 1 日，萨 66 井在钻井过程中见到了油砂。12 日，在试油中喷出了高产油流。这标志着大庆长垣高产富集区的发现，是一个新的突破，对加速会战进程，完成会战任务有重大意义。

继萨 66 井之后，杏 66 井于 3 月 17 日开钻，30 日完钻，4 月 8 日试压

合格完井。经过试油，通过9毫米油嘴，日产原油90吨。大庆长垣最北部的喇72井，于3月28日开钻，4月18日完钻，喷油后用5毫米油嘴测试，日产油48吨。

这三口井的相继喷油，证明了大庆长垣南北140公里长，东西10多公里宽的800多平方公里的范围内都有工业性油流，令人振奋地显示出大庆油田的轮廓，而且越往北油层越厚，原油产量越高。因而，曾被誉为“三口井定乾坤”。

3月初，参加过大庆会战第一次筹备会议的康世恩由哈尔滨回到北京，向石油部党组汇报了筹备会情况和萨66井见油情况。余秋里提出，目前先按已定的部署，以高台子——葡萄花地区为重点，分5个战区来安排工作。但要密切注意萨66井试油情况，如果出油情况好，就要调整部署，调集力量，猛攻萨尔图。

过了几天，从前方传来萨66井喷出高产油流的喜讯。石油部党组在3月14日召开会议，分析了萨66井出油后的会战形势，研究调整勘探部署问题。考虑到萨尔图地区油层厚、产量高，又地处哈尔滨与齐齐哈尔之间的滨州铁路线上，对石油大会战更为有利。于是，当机立断，决定采取点面结合、先肥后瘦的方针，把石油大会战的重点从大同镇附近移往萨尔图。在萨尔图摆开主战场，这就是当初划分的第三探区。后来第一、二探区陆续撤销。

曾参与作出“挥师北上”决策的第三探区党委书记张文彬，后来谈起“三口井定乾坤”这件事时说：“勘探是有风险性的，不敢承担一定的风险是难以取得成功的。当然，对地质资料的准确研究、规律性的判断等对决定一个重要部署，也起了相当重要的作用。”

3月17日，石油部党组召开了全国石油企事业单位电话会议，康世恩在会上通报了萨尔图地区勘探的最新成果以及部党组调整大庆会战部署的决定。他以会战领导小组的名义下令，把玉门局参加会战的队伍由太平屯迁往萨尔图铁路线以南，新疆参战队伍由葡萄花北上至萨尔图地区铁路线以北，青海和四川局队伍从高台子调往杏树岗地区。所有正在搬迁的队伍、设备，一律改变方向，直接北上。这就是大庆石油会战史上有名的

"挥师北上"。当时，松嫩草原仍是严冬，广大会战职工不避艰辛，进行了百里搬迁。有的工人曾用"打油诗"来描绘当时的情景："迎面刮风沙，遍地冰雪滑；北上闹会战，艰苦算个啥!"

"三口井定乾坤"和随后的"挥师北上"，对于尽快拿下大油田起到了至关重要的作用。

4. 靠"两论"起家

大庆石油会战是在困难的时候、困难的地区、困难的条件下打上去的。当时，我国国民经济发生严重困难，石油工业的发展也面临严峻的形势。国民经济发生严重困难的一个主要原因，是 1958 年开展的"大跃进"运动。全国大炼钢铁，大办人民公社，想一下子进入共产主义。结果使国家和人民遭受重大损失。石油工业和全国各行各业一样，也搞了大跃进，参加了大炼钢铁。那个时候，我国只有一个玉门石油工业基地，克拉玛依油田正在勘探开发中，玉门油田的原油产量占全国天然原油产量的一半以上。大跃进的结果，玉门油田的自喷油井几乎全部停喷，原油产量急剧下降。当时，集中石油系统的主要力量，在四川川中地区进行了石油会战，但也未能达到预期效果。大庆石油会战是在"大跃进"、"反右倾"给国民经济发展造成严重困难的情况下开始的。

3 月 25 日至 27 日，石油部党组在哈尔滨召开了大庆会战第二次筹备会议。康世恩主持了会议，唐克在会上作了关于 4 月份工作安排的报告。出席会议的除会战领导小组成员外，还有有关石油企事业单位的领导。根据部党组调整会战部署的决定，会议着重讨论了 4 月份工作，重新划分了

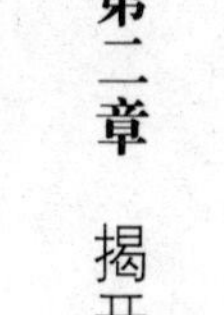

各单位会战的区域。

会议确定4月份工作方针是："全面完成准备工作，集中力量拿下萨尔图油田，打响第一炮，迎接大会战。"主要任务是全面完成会战的准备工作，继续调动队伍，调整就位，大抓钻机安装和探井开钻。要求完成20口探井，在萨尔图探明一、二级含油面积100平方公里，可供开采试验的面积50平方公里。会议要求，在以萨尔图——喇嘛甸为重点进行钻探的同时，要加快杏树岗的钻探速度，不放松葡萄花、高台子、太平屯的工作。

这次会议还宣布了石油部党组的决定：在石油部党组领导下，由部机关党委组成会战期间党的办事机构，立即迁往会战前线安达市办公。余秋里兼任书记，吴星峰、雷震为副书记，也同时到达会战前线办公。

3月底，余秋里、康世恩来到会战指挥机关临时驻地——黑龙江省安达县城。3月底至4月上旬，石油部机关党委、各司局参加会战的干部和原驻吉林省长春市的松辽石油勘探局机关先后搬到安达，会战领导机关正式办公。这时，参加石油会战的人员已达4万人，其中总工程师、总地质师、大学教授、工程师和地质师等各类工程技术干部达1000多人。同时，从全国各地运到大庆的各种器材、设备等物资已有几十万吨。开始，余秋里、康世恩等石油部领导住在原安达县政府财政局的一栋两层小办公楼。会战机关干部和科研设计技术人员，有的住民房，有的住板房和帐篷。会战一线队伍住在老百姓临时腾出的房子或者牛棚、马厩里。

4月9日，余秋里主持召开了油田开发技术座谈会。这是会战领导小组组织的第一个大型会议。根据当时的勘探情况，初步确定的开发区是大庆长垣南部的葡萄花油田。这次油田技术座谈会的一项主要内容，是讨论这个油田的开发部署和方案。在会场里，地质技术人员摆出了一张根据探井试油资料绘制的油田地质图。按照当时的做法，探井试油的不同结果要以不同的颜色标在油田地质图上，出油井标成红点，出气井标成黄点，出水井标成蓝点。这样，在这张油田地质图上就出现了许多红点点、黄点点和蓝点点。由于当时探井试油工作做得比较粗糙，所取资料不够齐全，不够准确，油田地质图上所标出的红、黄、蓝色的点很不规则。对这种情况地质技术人员也说不明白。

还在1959年12月的时候，东北协作区会议在哈尔滨召开，周恩来亲自参加了会议。当时，石油部党组正运筹着松辽石油大会战。会议期间，余秋里、李人俊在向周恩来汇报工作时说，松辽石油勘探有新的发现，石油部准备组织一次会战，迅速拿下油田。周恩来对此非常关切，对组织会战表示同意。他预见到会战将遇到种种风浪，重重困难，是一场大仗、恶仗。周恩来对余秋里等人讲，要用毛泽东思想指导大会战，用辩证唯物主义的立场、观点、方法，分析、解决会战中可能遇到的各种问题。

余秋里在石油部党组会议上传达了周恩来的这一指示。大家认为，总理的指示，为即将进行的石油会战和大庆油田的开发建设指明了方向。毛泽东思想是中国革命和建设的指导思想，只有靠毛泽东思想，才能统一人们的认识和行动；只有运用辩证唯物主义这个有力的思想武器，才能正确地认识和解决矛盾，夺取会战的胜利。

在会战开始之后，面对着种种矛盾和重重困难，余秋里等会战领导者想到了周恩来的指示。他们认为，面对错综复杂的各种矛盾和困难，从领导思想上不能就事论事，头痛医头，脚痛医脚。必须透过现象看清本质，抓住主要矛盾和矛盾的主要方面。主要矛盾解决了，其他问题就会迎刃而解。为此，他们决定组织全体会战队伍认真学习毛泽东的《实践论》和《矛盾论》。

《实践论》、《矛盾论》是毛泽东哲学思想的代表著作。会战领导者认为，组织学习这两本著作，不仅是当前开展石油会战的实际需要，也是加强石油职工队伍、干部队伍长远建设的根本要求。余秋里说："学习'两论'不能仅仅停留在一般号召上，要由党的组织正式作出决定，对党、团员和干部、群众提出明确的要求。"经过会战指挥部主要领导成员集体讨论，以石油部机关党委的名义，于4月10日作出了《关于学习毛泽东同志所著〈实践论〉和〈矛盾论〉的决定》。这是松辽石油会战中的第一个决定，发表在4月13日会战指挥部机关报《战报》的创刊号上。

《决定》指出，我们正面临着会战的大规模的生产实践，在会战中，把别人的经验都学到手，但又不迷信别人的经验，不迷信书本，我们要勇于实践，发扬敢想、敢说、敢干风格，闯自己的经验。同时，我们在实践

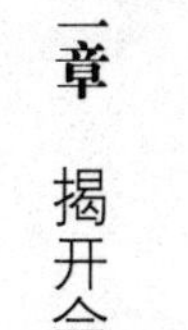

中要不迷失方向，就要掌握马列主义的理论武器，把实践经验上升到理论，包括正确认识油田规律，使我们的实践具有更大的自觉性。为此，部机关党委决定立即组织全体共产党员、共青团员和干部学习毛泽东同志的《实践论》和《矛盾论》，并号召非党职工都来学习这两个文件，用这两个文件的立场、观点、方法来组织我们大会战的全部工作。学习要根据理论结合实际的原则，采取边读、边议，边议、边做的方法。各级党委要订出学习计划，并列入向上级党委汇报内容。

4 月 26 日，余秋里在会战领导小组扩大会议上指出："毛泽东思想是我们全部工作的指针，'两论'是会战的灵魂。这两篇文章一定要很好地读，反复地读。读了毛主席的著作，就会感到头脑清醒，浑身是劲，就有办法；离开了毛泽东思想，就什么事情也搞不成。"

会战领导小组把组织干部、职工和技术人员学习"两论"当成一件大事来抓。一开始，没有那么多书，就到安达县新华书店去买。县书店的书卖光了，就派人到哈尔滨、北京去买。石油部从北京买了几万册《实践论》、《矛盾论》的单行本，派专人坐飞机送到哈尔滨，再运到萨尔图，发到职工手中，基本上做到了人手一册。干部读，技术人员读，工人也读。人人学，人人议，人人用。职工把"两论"带上身上，放在枕边，有时间就读一段。技术人员下现场、到工地，都随身带着小书包，里边总是装有"两论"。各级干部以身作则，带头学习。开会时学，总结工作时学，遇到问题和矛盾时结合实际深入学习，并逐渐成立了各级领导班子的中心学习小组，建立了学习日制度。除了个人自学、领导班子集体学习之外，各级领导成员还经常深入基层讲解辅导，畅谈学习心得，也时常了解基层的学习情况，总结、推广职工的学习经验。每到夜幕降临，人们便围着篝火学"两论"，整个会战现场出现了"青天一顶星星亮，草原一片篝火红；人人手里捧毛选，'两论'学习方向明"的动人画面。

学习"两论"，成效是显著的。几万名会战职工掌握了毛泽东的哲学思想，学习、运用辩证唯物主义的立场、观点和方法来分析会战中的种种困难和矛盾，形成了统一的思想，坚定了搞好石油大会战的决心和信心。大家说，这矛盾，那矛盾，国家缺油是最主要的矛盾。这困难，那困难，

▶ 围坐篝火学“两论”

我们探明的石油资源太少，产量太低，不能满足国家需要，是当前压倒一切的困难，是所有矛盾中的一个最主要的矛盾。石油工业如果上不去，不但不能适应国民经济和国防建设的需要，而且帝国主义还会利用这个缺口来卡我们的脖子。从国家的整体利益、长远利益来看，上的话，无非是石油职工多流些汗、多吃些苦，是局部的、第二位的困难。如果不上，国家没有油，这是根本的、第一位的困难。因而上有困难；不上就更困难。要躲开这个困难，是万万办不到的，也是极端错误的。我们只能遵循毛主席的教导，穷则思变，知难而进。

通过学习毛泽东的“两论”，会战指挥者体会到，要办好一个社会主义现代化的大油田，必须首先要讲革命化。革命化，就是讲人的觉悟，讲人的作用，讲工人阶级的革命精神。有了广大职工群众革命化，油田才有旺盛的生命力，生产、建设才会蓬勃发展。即使是比较落后的技术装备，也能够生产出国家急需的产品；如果有了先进的技术装备，就可以发挥更大的威力。为此，会战领导小组引导职工正确对待、解决众多的具体困难，使主要矛盾的解决落到实处。

随后，会战党委在油田第一次政治工作会议上，首次提出了“三要、十不”，并写进了《大庆石油会战情况的报告》。“三要”是：一要甩掉石油工业落后帽子；二要高速度、高水平拿下大油田；三要在会战中夺世界

冠军、争集体荣誉。“十不”是：不讲条件、不讲时间、不计报酬、不分级别、不分职务高低、不分你我、不分东南西北、不管有无命令、不分部门、不分男女老少，齐心协力为会战。

5. 立脚萨尔图

4月份，大庆会战初战告捷。继杏树岗、喇嘛甸第一口预探井喷油后，以萨尔图为中心布置的一批探井先后出油，控制了200平方公里含油面积，证实萨尔图是个大面积高产区。

为了总结准备阶段的工作，部署展开全面会战，4月下旬，在萨尔图召开了有各战区领导干部参加的会战领导小组会议。唐克代表领导小组作了关于5、6月份会战任务的报告，吴星峰就会战中大搞群众运动、做好政治思想工作作了发言，康世恩作了总结报告。会议确定，5、6月份要进一步组织力量猛攻萨尔图、喇嘛甸、杏树岗，全面展开会战。会议结束时，余秋里讲话，提出5、6月份战役总的部署是：初探与工业勘探并举；广大范围内甩开勘探与重点突破并举；勘探与开发试验并举。

大庆石油会战的核心地带萨尔图在蒙语和满语中分别是“多风之地”和“大酱缸”的意思。清朝时期，这里曾是满族贵族世袭游牧的地方。春天的草原，大地依然覆盖着一米多深的冻土层。数万人马的突然到来，在这片只有几处民房和少许牧场住房的荒原上，住首先成了一大难题。在零下30多度的严寒中，职工们一无房屋，二无床铺，有的住在牛棚、马厩、地窖或临时支起的帐篷里，有的干脆蓝天当被，大地当床，在大草原上过夜。吃饭也很困难，缺粮少菜，连锅灶、炊具都不够，不少职工用铝盔盛饭，脸盆熬汤。

随着几万大军挥师北上，会战前线领导小组和会战指挥部机关也离开了安达市那幢简陋的小招待所，来到萨尔图。当地的红色草原牧场正好有一些没有盖顶的牛棚闲置无用，指挥部机关的人们自己动手，找来苇席，和上泥巴，将牛棚封了顶。余秋里、康世恩等会战领导，就住进了这又冷又阴的牛棚开始办公。以后，他们又陆续在牛棚周围盖了些活动板房，形成院落。当时人们把这里称做“二号院”，它成了会战指挥部的代名词，一直沿用了很长时间。

石油会战的生产条件十分艰苦。由于队伍上得猛，地面、地下各种矛盾都很突出。从安达站到萨尔图站，沿途50多公里的铁道线上，每个站台都下人、卸货，铁道两边堆满了各种钻机、设备、器材、行李，由于缺少吊车和运输设备，物资无法疏散。有些火车皮几天卸不下货，有些卸下的设备材料几天运不到施工现场。没有工业水源，靠农村的土井连生活用水都保证不了，井队工人为了开钻，只能在水泡子里破冰取水，一脸盆、一脸盆地端到井场；公路不通，电话不灵，组织指挥生产常常要靠步行。

4月26日，第一场春雨浇透了草原。随后的一段时间里，大雨三天两头下，有时一下十几天。由于雨靴雨衣不足，大多数职工赤脚淌水去上班。雨把身上的衣服淋湿了，又焐干了，干又干不透，一天到晚贴在身

► 1960年初会战领导办公及住宿用的牛棚

上。回到住处没有热水洗脚，只能在积水的洼地擦擦脸，涮涮脚。职工住的牛棚、马厩、活动板房、窝棚、地窨，更是四处漏雨。一天到晚，屋外大下，屋里小下，屋外不下，屋里还滴答。帐篷里也常常积满了水，有时候甚至脸盆都漂起来，青蛙还在里面蹦蹦跳跳。连康世恩的“卧室”里也是多处漏雨，有一夜他连挪七次床位避雨。

恶劣的自然环境加剧了生产的困难。萨尔图一带地势低洼，没有河流，是松花江、嫩江的自然泄洪区，油田建设的一些工地和井场上，遍地积水，处处泥泞。原来仅有的几条土路，经过人踩车碾，已经完全不可辨认。那些载着沉重的钢管、井架、机器部件、钢板、水泥、粮食的卡车，尽管加大油门发出轰鸣，排气管喷出浓烟，车轮飞速地转动，也只是空转，很难前进一步。成百辆汽车陷在泥塘中，前进不得，后退不能。以至于汽车出去，要拖拉机保驾。就是拖拉机，有时也陷进泥潭里，难以自拔。

当时天气还很冷，水里冰凉。汗水和雨粘在身上，冷得人浑身打战。炊事班得准备姜汤、辣子汤救急。井场、工地分散，3、5人的小分队作战，撒遍百里荒原。生活用品上不去，器材设备上不去，支援队伍上不去，连音讯都断绝了。油建有一个小分队，在荒原深处施工，被暴风雨隔绝，失去联系，困在荒原。小分队5个人，没有饭吃，没有水喝。他们的班长是个党员，带头把吃的留给群众，自己吃野菜，坚持施工，毫不动摇，度过了艰苦卓绝的7昼夜。

面对困难，会战队伍没有退缩，而是向大自然宣战。大家提出了“抢晴天，战阴天，无雨特干，小雨大干，大雨猛干”的口号，想方设法克服雷雨风暴带来的困难。

那些天里，康世恩和会战指挥部的领导，分别冒雨、涉水赶到现场。他们披件雨衣，挽着裤腿，边观察，边与司机们商量，提出建议，就地试验。经过几天调查研究，康世恩召开生产调度会，向全战区宣布了战胜雨季的命令：

第一，不管雨下多大、多久，哪怕天上下刀子，会战也不能撤，只准前进，不许后退，千方百计战胜雨季困难，这里夏秋雨季很短，是施工的黄金季节。

第二，全战区不分干部工人，不分前方后方，不分你的我的，要一切为了第一线，哪怕人拉肩扛也必须确保会战顺利进行，还要保证职工吃饱、吃热、穿干、住暖。

第三，把所有车辆组织起来，由领导干部带队，派出勘察道路的侦察人员，选择最好的路线，并同时预备第二、第三条预备行车路线，保证最好的车况和出车率，以及适当的载重量。

第四，不管哪个地段出现了陷车，驻在附近的队伍，都要有求必应，主动支援，作为自己的责任。

第五，各级政治部派出人员，到附近的国营农场和生产队去商量，请求他们把所有的拖拉机动员出来，摆在陷车最多的地段，把汽车拖出来。把马车、牛车、人拉的架子车也动员出来，以便为汽车不能到达的分散单位，运送粮食和材料。

会战领导小组成员张文彬深入到运输处和司机们连夜研究，先后搞了30多套行车防滑方案，经过反复试验，一种“汽车轮胎穿铁鞋”的办法，解决了泥泞道路上行驶困难的问题。康世恩立即召开会议，全面推广，并决定全体总动员，日夜出车，人不下班，车不熄火，只用7天时间，就把40口井的32255吨物资抢运到分布在荒原各处的井场，保证了生产急需。

6. 万人誓师

队伍上齐了，设备也运的差不多了。会战领导小组考虑大会战的条件基本成熟，下一步如何调动千军万马去夺取石油大会战的胜利，关键是这支队伍是否有战斗力，是否过得硬？会战领导小组研究决定召开一个万人

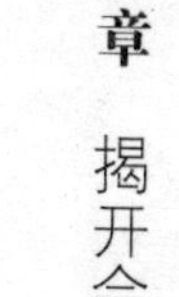

参加的石油会战誓师大会，既是前一段勘探工作的总结表彰大会，也是石油大会战的誓师动员大会。通过这个大会将这支来自四面八方的石油职工、部队官兵、地方人员组成的会战队伍进一步统一思想、统一步调、统一行动，扭成一股绳、劲往一处使。

据当年担任第三探区指挥的宋振明回忆："有一天康世恩副部长把我叫去，一见面，他高兴地说：'老宋！要在你们第三探区开一个大会，开一个万人参加的石油大会战誓师大会，会议由你这东道主具体负责筹备。'并交代了会议的开法等。我领了任务，急忙赶回驻地，我和李云同志连夜进行研究，负责部署。"

宋振明回忆中提到的李云当时担任第三探区副书记。

具体筹备工作也颇多周折。首先是选择会场。萨尔图是一片茫茫荒原，虽有几十户人家，可哪有容纳万人的场所。跑了几个地方，最后才选定萨尔图一块地方，也就是现在大庆一中的大操场。开这么大的会，要有一个主席台，现成的没有，他们就找了一些旧板子、废木头搭了一个结结实实的大台子，又将会场四周扩大了点面积。会场的划分，主席台的布置以及车辆停放、会场秩序等等都作了安排。宋振明向康世恩汇报后，康世恩很满意，并风趣地说："老宋，你提前几天把会议筹备完，是不是让我也把会期提前啊！"

4 月 26 日、27 日，康世恩在一间牛棚里，主持召开了一次创纪录的长会，听取各路大军的汇报，落实 5、6 两月的会战任务和要求，研究怎样把 29 日的万人大会开好。他要求，这次大会要开的内容实在，目标明确，典型突出。在形式上要隆重热烈，生动活泼。

4 月 29 日，天气晴朗，风和日丽。各探区和会战总部的广大石油职工早晨 3 点钟从驻地分乘火车、汽车奔向萨尔图会场。参加誓师大会的还有地质部地质调查大队代表，当地人民公社的农民、地方工业的工人、民兵，还有商业工作者、学校教师、学生以及文艺工作者，共一万多人参加了大会。石油部长余秋里、副部长康世恩、黑龙江省委组织部副部长曲常川，会战指挥部领导小组的成员唐克、吴星峰、张俊、阎子元、张仁、宗世鉴、张文彬、焦力人、李荆和、陈理中、李镇静等，以及先进井队代表王进喜等被选为主席团成员。被选为大会主席团的还有当地政府部门的领导和解放军代表、人民公社的负责人、农业劳动模范等。

大会主席台布置得庄严朴素，主席台上高悬的“石油大会战誓师大会”巨幅会标鲜红耀眼，主席台正中的毛泽东画像两旁簇拥着五星红旗，会场四周五彩缤纷的彩旗迎风舒卷。会场内，捷报、彩画、标语牌和各种模型、图表熠熠生辉。除各单位的锣鼓队外，还把附近几十里内老百姓的锣鼓唢呐都请来助兴，并借用了牧场10几匹高大肥壮的漂亮好马，让劳模标兵绕场时乘骑。

上午10时，大会在撼天动地的礼炮声和雄壮的《社会主义好》军乐声中开始。大会由余秋里部长主持。中共黑龙江省委向大会发来贺电。余秋里作了大会战的动员报告。他在报告中简要地总结了前一阶段勘探工作的成绩，接着阐述了油田的大好形势以及大会战的重要意义，提出了大会战的任务和做法。接着，黑龙江省委组织部副部长曲常川讲话，他要求附近地区工农商学兵、农林牧副渔各行各业都要全力以赴，为早日拿下大油田做好后勤供应工作。

曲常川讲话后，各探区和各人民公社、商业部门向大会报捷献礼。人们捧着捷报、抬着模型，涌向大会主席台。

下午大会继续举行，康世恩代表石油部党组宣布石油大会战第一战役从5月1日正式开始。并下达了第一战役的作战任务：“拿下大油田，探明几个构造是否含油，搞出一块油田开发的生产试验区。为完成这三大光荣任务，一切工作都要高速度、高水平。”接着对各路会战的队伍分别下达了战斗令：

钻井队伍要打头阵，猛攻猛打，钻得快、钻得多、质量好，拿出生龙活虎的劲头来；采油队伍，要爱护油田，做好试油、试采工作，做到“四全、四准”，使每口油井的产量正常，井井高产；基本建设队伍，必须在五、六两个月铺设各种集输管道，解决供水问题，保证搞出一定容量的非金属油池，要把从探井喷出来的原油收集起来，运出去，并抓紧建设目前生产急需的一切工程。同时，对地质调查队伍、测井队伍、实验室、修路队伍、电讯工程队伍、建筑队伍、运输队伍、后勤供应队伍及各指挥部的

科室机构也都具体地布置了任务。他的讲话不时引起热烈的掌声，人们为这激动人心的石油大会战和自己的光荣任务而感到鼓舞和骄傲。

康世恩的报告以后，打擂比武开始。主席台前后排满了要求发言的工人、干部、技术人员，大家都争先恐后地向大会表决心、发誓言，要在这雄伟、壮丽的事业中，贡献出自己的力量和智慧。

就在打擂比武的高潮中，会场西面突然锣鼓喧天、掌声雷动，军乐队声中，以红旗和锣鼓队为先导，17个一级红旗单位、14个先进集体和223名红旗手的代表步入会场。铁人王进喜以及马德仁、段兴枝、薛国邦、朱洪昌五大标兵披双红，戴大花，骑在一匹枣红色的高头大马上，由探区领导牵马引镫，从松枝搭成的“英雄门”进入会场并绕场一周。当铁人王进喜走近主席台时，主持会议的余秋里面对麦克风带头高呼：“向铁人学习，人人争做铁人!”顿时，会场沸腾起来。“人人学铁人”，“人人做铁人”的口号声响彻会场。

王进喜在人们的欢呼声中登上主席台。他说：“盼了多少年了，大油田终于找到了。我们1205队一定要创造条件上，快安装，早开钻。没有水，尿尿也要开钻。石油工人一声吼，地球也要抖三抖！我们要把地球钻穿，让大油海翻个，把大金娃娃抱出来!”说到这里，他摘下戴着的前进帽举过头顶高声说：“人活一口气，拼死干到底，为了把贫油落后帽子摘掉，宁可少活20年，拼命也要拿下大油田!”

铁人的发言，说出了广大会战职工的心声。当时，人人劲头十足，个个摩拳擦掌，几万人的会战队伍形成了一个坚强的战斗堡垒。此时此刻，在场的领导也都眼含激动的泪花。

第三章

『铁人』王进喜

1. 祁连山下立标杆

王进喜是大庆工人的优秀代表，在大庆石油会战中，他始终坚持在最艰险的岗位上，任劳任怨，拼死工作，被誉为“铁人”。

1923 年 10 月 8 日，王进喜出生在陕西省玉门县赤金村一个贫苦农民的家里。因家里穷，他从小没有上过一天学，目不识丁，1937 年开始到玉门鸦儿河一带挖油。

据史书记载，从同治元年起，就有人在鸦儿河一带采金，同时把地下冒出的石油收集起来，用来点灯、膏车。到 1911 年有个叫张际云的人联合了其他 4 人集股用土法开采出大小油泉 41 眼，年产石油 25 吨，销往河西、兰州等地。

那时开采石油的方法非常落后，一种方法是在有裂缝的地方挖个大深坑，等着石油像井水一样往外渗，积多了再去往外舀；另一种方法是在山岩缝里用手扒、用瓦片刮，一点点地把油积攒在瓦罐里。干这种营生的叫挖油人，他们天天弄得满手、满脸、满身都是油。没有条件洗，就在石头上蹭、草上擦。时间长了在身上就形成一层壳。加上烟熏火燎，使挖油工除了眼白、牙齿以外全是黑的，成为地地道道的黑油娃。

1938 年，孙健初、孙越崎等爱国人士创办玉门油矿。在老君庙挖过石油的王进喜进了油矿，成为一名由矿局管理的长工。对此，《玉门油矿史》记载说：“后来成为著名劳动模范的王进喜同志，就是在新中国成立前为逃避地主的迫害而到油矿做小工的。”

1949 年 9 月，中国人民解放军第一野战军三军九师的装甲部队在黄新廷军长的率领下解放了玉门。据熟悉王进喜的退休老工人刘近和讲：新中国成立前夕，为防止国民党油矿当局破坏油田，工人们自发组织起来保护油矿，王进喜参加了当时的护矿斗争。他们用马车拉砖、拉沙石、拉水泥，送到井场，然后再把采油树周围砌成墙封闭起来，防止油井遭破坏着火。

新中国成立后，王进喜成为新中国的第一代钻井工人。他虽然没有文化，但肯卖力气，肯下工夫，又聪明机敏，特别是他干活时的那股拼命精神给领导和同事们留下了很好的印象。1956 年 4 月，王进喜加入了中国共产党。在《入党志愿书》中他这样写道：“我没学习过马列书籍，但在报纸上看过党章、党纲，在大队听过党课，使我了解了党的纲领、章程。经过队长和党员同志们给我从思想上教育，几次对我思想上影响很大。我感到过去受苦受打受骂，每月拿的工资还买不上一斗麦子。新中国成立后拿的工资能养活几口人。……只有党才能解放受苦的人类，只有共产党才能使农民、工人过上幸福的生活。因而，我为了给人民给祖国贡献出更大的力量，所以要求加入光荣的中国共产党。”

在入党的同一年，王进喜还被提拔为贝乌钻井 5 队的队长。贝乌 5 队当时是玉门油矿有名的“豆腐队”。主要原因是经常出事故，完不成上级下达的钻井任务。当时与王进喜同在贝乌 5 队的王作福后来回忆说：“当时别的队一年打五六口井，而我们队一年卡了六次钻，处理时间就用了八九个月，全年只交了一口井，因此，队上职工情绪低落。”王进喜担任队长后，不仅吃苦在前，而且还认真钻研技术，对每一口井都从严从细要求，不长时间就使这个有名的“豆腐队”一跃成为全油矿的先进单位。

1958 年，石油部在安排第二个五年计划时，为了解决钻井技术落后这个影响中国石油工业发展的关键性问题，在石油工业的主战场——玉门和新疆发动了以“高速优质钻井”为中心的群众运动。石油部还决定要在新疆召开一次现场会。8 月底，玉门石油局、中共玉门市委向玉门石油工人发出向石油部新疆现场会献厚礼的号召，并提出：“钻透祁连山，战胜戈壁滩，快马加鞭进军吐鲁番，玉门关上立标杆”的口号。钻井公司通过测评，决定王进喜率领的贝乌 5 队在 9 月份实现“月上五千，标杆立祁连”

的奋斗目标。在这场社会主义建设的高潮中，王进喜以主人的姿态，主动请缨，自觉参战，带领他的贝乌 5 队以前所未有的苦干、实干精神，创出了月钻 5009 米的全国最高纪录，从而使贝乌 5 队成为“钢铁钻井队”，王进喜也被誉为“钻井闯将”。

1958 年 10 月，石油部在新疆克拉玛依召开全国石油工业现场会。会议由余秋里亲自主持，王进喜第一个走上主席台，向到会的领导及同志们作贝乌 5 队 9 月份是如何实现“月上五千，标杆立祁连”的情况汇报，博得了与会者的高度赞扬。会议闭幕时，贝乌 5 队获得了石油部“钻井卫星”的锦旗。

2. 男儿有泪洒北京

克拉玛依现场会以后，王进喜的贝乌 5 队钻井越打越好，1 至 7 月，月月超额完成钻井计划，8 月份提前 16 天完成了钻井任务。1959 年，他的队又刷新自己保持的钻井纪录，开创了年进尺 7 万 1 千米的全国最新水平，相当于旧中国 42 年全国钻井进尺的总和。

9 月，甘肃省劳模会在兰州召开，王进喜既是“钢铁钻井队”的代表，又是省劳动模范，是劳模会的当然代表。在劳模分组会上，他拿着一份别人替他写的 30 来字的发言提纲，作了两个多小时的讲话。他讲得生动活泼，有情有理，头头是道。全组 200 多人都受了感染，交口称赞。连帮他写发言提纲的彭佐猷都听入了神，一个劲地在心里说：“人才，人才，是个难得的人才！”

几十年后，彭佐猷回忆起当年的情景，仍很动感情。他说，自己刚认识王进喜时，他是个勤快的钻工。1958年“大战白杨河”，我看出王进喜不仅自己干在最前面，而且很会组织，从不窝工。他除了文化低不会计算外，操作、管理、技术处理全在行，是个实干家、优秀的钻井队长。这次劳模会朝夕相处，发现他很有个性，很有思想，是个难得的人才。

1959年10月1日是共和国成立10周年的喜庆日子。国庆节前，王进喜被甘肃省劳模会议推举为国庆观礼团代表和出席“全国工交群英会”代表。在10月1日，他同来自全国各地的代表一起站在观礼台上。他的目光始终盯着天安门城楼上，看着他日思夜想的敬爱领袖毛泽东主席。当时，他还看到在毛泽东身旁站着一个戴草帽的外国人，别人告诉他，那是苏共中央总书记赫鲁晓夫。

10月26日，全国工业、交通运输、基本建设、财贸战线社会主义建设先进集体和先进生产者代表大会在北京隆重开幕，朱德代表中共中央致祝词，李富春作了题为《高举党的总路线红旗，为社会主义建设事业继续跃进而奋斗》的报告，薄一波、谭震林、李先念、陆定一、胡耀邦等党和国家领导人出席大会并讲了话。

在北京期间，一次利用休会时间，王进喜和几位代表去参观故宫。从故宫出来后一行人边走边聊，很快就来到北大红楼附近的沙滩。王进喜看到有个公共汽车背着一个大包袱，又笨又难看，走得也很慢。他有些不解地问一位身边的人：

“汽车上背的是个啥?”

那人告诉他：“煤气包!”

“背那家伙干啥?”王进喜又问。

“里边装的是煤气，用来烧的嘛!”

“那为啥不烧油呢?”

“没有油嘛!”

这一番对话使王进喜大吃一惊。他的头嗡的一下子大了起来——连首都都没有油用啦！他再也不问了，无力地走到路边蹲了下来，好像忘记了别人的存在。他感到心里一阵阵地难过：国家这么难，我们搞油的，自己身为钻井队长，还是什么先进，有什么脸见人，真是有愧啊！

想到此，两行泪水从眼眶里流了下来。

知耻近乎勇。王进喜作为一个基层钻井队的队长，看到国家缺油，首都汽车背上煤气包，感到了自己的耻辱。这件事后来曾使无数人为之感动。余秋里后来说：王铁人看见首都汽车背煤气包蹲在沙滩上哭，这是英雄的一种境界。

回到宾馆以后，王进喜沉默了，变得心事重重。不开会就回到房间蹲在地上抽闷烟，想心事。有些娱乐活动也不参加，见了熟人也不再开玩笑。别人问他怎么了，他沉痛地说："国家作难，我们有愧呀！"

也就是在这个时候，远在东北的松基3井喷油，一个特大油田渐渐撩起了面纱。群英会要结束前，石油部召开石油系统代表座谈会，向大家通报了这个消息。王进喜听后异常高兴，当场就请战，要求去东北参加会战。康世恩对他说："老王你别急，仗有的打。你先回玉门做好自己的工作，同时也有个思想准备，到时候要你去你不去还不行哩！"

开完座谈会，王进喜一扫愁云，逢人就说："这下可好啦！这下可好啦！"

王进喜回到玉门油矿不久，1960年2月中旬，内部传来消息，说玉门要选精兵强将参加松辽石油会战。王进喜听到消息后，立刻跑到油矿管理局找焦力人局长报告，坚决要求第一批出发。他满怀深情地说："过去，我只知道好好工作，报答党和毛主席，不清楚工人阶级肩负的担子有多重。北京汽车上的煤气包，把我压醒了，真真切切地感到国家的压力、民族的压力'呼'地一下都落在了自己肩上。"

玉门石油管理局领导人焦力人告诉他，你可以作些准备，但不要忙。

3月初，玉门油矿管理局正式决定王进喜领导的贝乌5队到松辽参加大会战。王进喜听后非常高兴，全队工人也都很高兴。他们立即动手往火车站运钻机，装火车。

1960年3月15日下午2时，玉门新四区调派室门前的广场上人山人海，区队和大队领导，留下的工人及家属们都赶来欢送贝乌5队赴松辽参加会战。公司党委书记石志刚握着王进喜的手说："祝你们一路平安，早日拿下大油田。我们盼你们的好消息！"王进喜口气坚定地说："请领导放一百个心，我们一定给玉门人争气增光！"

3. 不干，半点马列主义也没有

王进喜没有什么文化，用当时的语言讲，是个“大老粗”。但他信奉一个道理：干，才有马列主义；不干，半点马列主义也没有。

3 月 25 日清晨，王进喜率领的贝乌 5 队到达萨尔图车站。当时的萨尔图小站条件简陋，在站前的土路上，人来车往，机鸣马叫。王进喜下车后，一不问吃，二不问住，而是问搞接待的王廷锦大队长：“我们钻机到了没有？井位在哪里？这里的最高纪录是多少？”

当时的现场十分热闹也十分杂乱，王进喜逢人便问他的三句话，以至于事隔多年，有人回忆起当时的情景仍记忆犹新。比王进喜早到几天的玉

► 1205 钻井队到达萨尔图车站

门油矿贝 4 队队长门广福回忆说：“王进喜下了火车三句话非常感人，我就被他问过。……他见了我就急渴渴地问他那三句话，一个钻井队长，下了火车，一不问吃，二不问住，首先想到的是武器弹药、战斗岗位和努力目标，这就是战士的表现、指挥员的思想。5 队很快就能打上去，势在必行!”

当时担任大队党总支书记的李玉生也回忆说：“王进喜一见劈头就问见了他们的钻机没有，我说没见，他又说你是大队的，一定知道情况多，新疆都谁来了，张云清来了没有，这里的最高纪录是多少。我说 1202 队、1203 队都来了，张云清也来了。还没听说谁创了最高纪录。王进喜说他们来了好，我要和他们好好比一比，创它几个高纪录。我当时想，这王进喜可不得了，一脑子工作，一脑子活，抓得很紧，一心要往前抢，这才叫思想领先。”

贝乌 5 队来到大庆后被编为 1205 钻井队，他们的井位在离萨尔图十几里远的马家窑附近，这是个只有十几户人家的小屯子。队里除了十几个年纪大体质弱些的工人住在老乡的房子里，其余的人就住在饲养棚、粮仓、磨房里。

生活虽然艰苦，但王进喜和 1205 钻井队的人们最关心的是他们的钻机、设备什么时候能够运到。那些日子里，他们天天都要到萨尔图车站沿着铁路找他们的钻井设备。4 月 5 日，他们终于在车站看到装着他们设备的货车，全队都十分高兴。但随之问题也出来了：钻机虽然到了，但没有吊车，没有拖拉机，就连搬家用的大卡车也找不到，怎么办？在全队职工大会上，王进喜说：“我们 30 多人就是吊车、就是拖拉机、就是大卡车，绝不能等!”在大会战最为艰苦的日子里，王进喜还有一句口头禅，叫做“有也上，无也上，天大的困难也要上。”

大家都赞成王队长的意见，于是，王进喜领着全队 30 多人各自带着卸车工具，直奔火车站。工人们在王进喜的指挥下，撬的撬、拉的拉、拽的拽，一件件、一台台将设备都从货车上卸下来。然后，同样依靠人拉肩扛，他们又奋战 3 天 3 夜，把钻机搬到井场，把所有的设备都组装起来。4 月 11 日，随着王进喜的一个手势，两台柴油机开足马力，10 股钢丝绳徐

▶ 王进喜带领1205钻井队用人力安装钻机

徐绷紧，1205队的井架终于在标明“萨55井”的井位上立了起来。

在1205队到达大庆的那一天，石油部党组在哈尔滨召开了大庆会战的第二次筹备会议，确定了4月份的任务，发出了“迎接大会战，打响第一炮”、“高速度、高水平拿下大油田”的战斗号召。

1205队住在马家窑，王进喜和钻井工人们那种不怕困难，创造条件也要上的苦干精神，使乡亲们十分感动。当时，王进喜住在赵大娘家里，可钻井队进屯后，他只在赵大娘家住过一天，第二天起床走了以后，就再没回来睡过觉。赵大娘问住在她家的孙秉科：“王队长这几天干什么去了？这大冷的天怎么也不回来睡睡觉?”孙秉科解释说，这是我们王队长的习惯，工作一忙他就没黑夜没白天了。

井架立起来以后，王进喜还是没有回赵大娘家的那间“干打垒”睡觉，赵大娘不放心，又做好饭，提着柳条筐来到井上看王队长，想叫他吃上一顿热饭。赵大娘在井场看到许万明，许万明把大娘领到发电机旁的一个泥浆槽子边，大娘看见王进喜正躺在里边睡觉。身下铺的是一些羊草和一条被子，身上盖着老羊皮袄，头下枕着一个铁疙瘩。许万明告诉她，那是个牙轮钻头。赵大娘感慨地说：“活了大半辈子，除了那些打鬼子打土

匪把脑袋别在裤腰上的人外，没见过这么拼命的人。唉，你们的王队长可真是个铁人哪！”

30多年之后，许万明仍能清楚地回忆起当时的情景：“赵大娘叫铁人，当时我在场。王队长住大娘家，但老是不回去。大娘怕他饿着，就把饭送到井场。那天我和架工何珍贵在场，大娘这样叫是个历史功绩。”

许万明所说的“历史功绩”是指，赵大娘第一个称王进喜为“铁人”。这件事立即反映到指挥部驻1205钻井队工作组。工作组员、大队书记李玉生立即向指挥部党委副书记李光明作了汇报，李光明又和李玉生一起到党委全委会上作了汇报。党委书记兼指挥宋振明听完汇报高兴地说：“大娘叫得好，王进喜当之无愧！我们要立即向上级汇报！”

当石油部长余秋里听到关于“铁人”事迹的汇报后当即对宋振明说：好！这是一个好典型，我们就借用老百姓形象而生动的语言，叫他王“铁人”。他还说，王进喜代表大会战的方向，铁人就是我们的旗帜。我看可以下决心，大会战的第一个英雄就树他。为了更好地宣传王“铁人”的模范事迹，余秋里特地派《战报》记者去1205钻井队，调查核实王进喜的事迹。

1960年4月9日至11日，大庆油田第一次技术座谈会在安达铁路俱乐部一个大会议室召开。按照余秋里的要求，会场没有主席台，中间摆了几张桌子，周围一圈一圈坐满了人，墙上挂满了各种图表。参加会议的工人、专家、教授、工程技术人员和各级干部180多人，最后一天吸收总部机关参加，与会人数达到500多人。

这是在大庆油田召开的第一次大型会议，会议开得热烈、生动，各路代表发言很踊跃，坐在中间的余秋里、康世恩、唐克、张文彬等人不时插话提问或作补充。最后一天，余秋里作总结。他讲完了形势讲任务，提出了大会战的目标，就是要高速度、高水平地拿下大油田。讲到怎样完成任务时，余秋里高声说：“我们必须具有猛攻猛打、雷厉风行、严肃认真、扎扎实实的工作作风，刻苦耐劳、艰苦奋斗、顽强克服困难的精神和把困难留给自己，把方便让给别人的共产主义风格。”最后他又提高了声音说：“总之，我们每个队、每个单位、每个人，都要有革命战争时期那种敢于冲锋陷阵、英勇牺牲的精神和压倒一切困难而不被困难所压倒的气概!”

说到这里余秋里大声问：“王进喜来了没有?”

王进喜正蹲在凳子上聚精会神地听余部长讲话，突然听到部长喊自己，马上站起来说：“来啦!”

余秋里微笑着对他说：“来来来，到中间来，叫大家看看!”

王进喜不好意思去，最后被一个干部拉到中间站在高处。余秋里指着他说：“这就是王进喜，大会战中的第一个英雄，我们的王铁人。他来到这里一不问吃，二不问住，先问钻机到了没有，井位在哪里，这里的最高纪录是多少。钻机到了，没有吊车拖拉机，他就带领全队靠‘人拉肩扛’把钻机抬了上去，立了起来。为了工作，他连续54个小时没离开井场，把自己买的摩托车用来跑配件，这是工人阶级的高度觉悟。房东大娘管他叫‘铁人’，这是一个非常光荣的称号。因此，会战指挥部号召参战的全体职工都要向铁人王进喜同志学习，学习他的高度阶级觉悟和共产主义风格。”讲到这里，余秋里带头举手高呼：“向王铁人学习！向王铁人致敬!”全场都站起来跟着余秋里高呼。

等会场平静下来，余秋里又说：“铁人来自大会战，大会战需要铁人。有了这样一批人，困难再大会战也能打下去，必然夺得胜利。我们要人人学习铁人王进喜，人人都来做铁人，高速度高水平地拿下大油田，把‘贫油落后’帽子甩到太平洋里去，为大会战立功!”

这时几位领导带头把王进喜抬了起来，然后绕场一周，全场再次响起“向铁人学习、致敬!”的口号声。

4. 有也上，无也上

熟悉王进喜的人都知道，他在石油会战期间有一句口头禅：有也上，无也上。他就是凭着这样一种有条件要上，没有条件创造条件也要上的精神，打响了大庆石油会战的第一炮。

油田技术座谈会以后，各单位都在开展学铁人、做铁人的活动。这对于1205钻机队是个很大的鼓舞。钻井队指导员孙永臣在学习会上对大家说：“铁人出在我们队，我们队更要人人学铁人，人人做铁人。咱5队个个都是英雄汉，人人要在困难面前当英雄，不松劲，不退坡，决心实现已定的目标，打响会战第一炮。”

打井离不开水，1205队使用的是BY－40型旋转钻，是通过泥浆泵、立管、水龙带和水龙头组成的一个循环系统把用水配制的泥浆通过空心的钻杆注入地下，经过钻头的水眼灌到井筒里，再从钻杆外边返回地面。这样就需要大量的水。每口井大约要耗水60多吨。在正常情况下，这些水是专业供水队专门接管线输送的。可当时马家窑的管线还没接通，去要罐车，调度室说得排队，大约得等3天。

在困难面前，王进喜又一次将他的队员集合在一起。他说：“活人不能叫尿憋死。还是那句话，有也上，无也上，创造条件上！就是尿尿也要开钻！”于是，大家找来脸盆、借来扁担，开始动手端水、挑水。先从屯子里的井和自己挖的井里打水，把所有的井掏干以后，他们就到井场西边2里多远的大水泡子里破冰取水。附近各屯的老乡和指挥部的机关干部也纷纷前来支援。很快就有了一支100多人的运水大军。工具不够，就四处借，甚至连铝盔、饭盒、灭火机外壳都用来运水。有些人实在没有盛水的东西，就干脆把刨下的大冰块扛在肩上，送到泥浆池里。有人还从附近井上找来油管接上泵水。他们就是这样用各种各样的土办法，一天一夜端了50多吨水，足够开钻用了。

40多年之后，即2003年10月，在纪念王进喜诞辰80周年的时候，“铁人”的大徒弟、当年是他左膀右臂的周正荣忆起第一口井开钻的情景时仍有些激动。他说：当时钻机设备已经装好，准备开钻，正值这个关键时刻，没有水管车，水供不上，怎么办？铁人带领大家到一里外的一个水泡子，用脸盆端水，一条取水长龙，源源不断地把水运送到了井场。就这样，55吨水保证了第一口井的准时开钻。大庆开发的第一口井是王队长带领我们打的。从安装钻机到完钻，他一连7天7夜没有离开会战现场。

1960年4月14日，1205队到大庆打的第一口井——萨55井开钻。萨中指挥部也借55井开钻之机召开了一次向铁人学习的现场会。参加会战的各大局的先进钻井队，无论是已经开钻的，还是没有开钻的，都派来了“观察员”，学习1205队的经验。王进喜在现场会上讲了话。他站在一个钢丝绳的滚筒上大声说：“我一到大庆就想开钻，恨不能一拳头砸出一口井来！黑天盼，白天盼，这一天终于到了，我们一定要狠狠地打，细心地打，不吃饭，不睡觉也要把萨55井打好。创出一个全国高纪录，向党报喜！”

萨55井开钻后，王进喜日夜围着钻台转。饿了就吃口工人带来的干粮，困了就裹上老羊皮躺在钻杆上枕个钻头睡一会。工人们为了让队长能休息，给他在井场挖了个地窨子，他也总是忘了进去。一位当时在5队实习的学生回忆说：“从没见过他正经吃过饭睡过觉。”

在队长的带动下，全队工人都自觉从严，积极工作。当班的坚守岗位，休班的“瞪大眼睛看着井上”，随时准备上井干活。

4月19日上午，1205队胜利打完了第一口井，实现了“3天上千，5天完钻”的目标。这也是整个大庆石油会战打出的第一口油井。这口井只用了6天时间，质量达到全优。

经过电测、下套管、固井、射孔、安装采油树、接油管等工作，到4

月 28 日萨 55 井正式喷油。这一天，上级领导、附近井队的工人代表都来参加，周围几个屯子的乡亲也都来看热闹，井场上人山人海。当黑色的油柱像黑龙一样腾空而起时，整个井场欢声雷动。当时还没有计量装置，用一个木斗土法量油，计算出萨 55 井每天产油 100 多吨。

这第一口油井于 5 月 20 日正式投产，用小油嘴控制日产原油 19 吨。以后随着整个油田开发方案落实，调整配产方案，最高日产到过 113 吨。几十年来已为国家生产原油近 20 万吨。

如今人们把这口井称做“铁人一口井”，“铁人王进喜同志纪念馆”就建在这里。

王进喜和 1205 队的工人们，在极端艰苦的条件下，坚持“有也上，无也上，创造条件也要上”，将“人拉肩扛”升华为一种精神，在我国石油工业发展史上创造了一项前所未有的新纪录！

1205 队打的第二口是油田试验区“开山井”，这里地处高压区，打到 700 多米时，突然发生了井喷。强大的高压液柱冲出井口，把方补心冲起十几米高，一场大事故就要发生，情况万分危急！此时王进喜忘记了伤痛，他对大家说：“现在情况紧急，就是搭上命也要压住井喷。”

为了压住井喷，当时唯一的办法是往泥浆池中加水泥和黄土。王进喜组织大家迅速搬来水泥往浆池里倒。不一会儿就将几十袋水泥和黄土加到泥浆池里。可是问题也跟着出现了：大量的水泥沉入池底，泥浆溶和不好，比重上不去，而且还糊住了池底的上水管口，泵不上水来。现场又没有搅拌机，连个泥浆枪也没有。

井在喷，水柱越喷越高，井喷的吼声震耳欲聋。在这千钧一发之际，只见王进喜不顾自己的腿伤，不顾泥浆烧人，扔掉双拐跳进两米深的泥浆池中，手划脚蹬，用自己的身体搅拌起了泥浆。在他的带动下，队里的实习生段功武、司钻戴祝文、工人赵元和等 7 人也跟着跳进泥浆池中。大家奋力划动搅拌，上水管线通畅了，泥浆比重升高了。经过整整 3 个小时的紧张搏斗，井喷终于被压住了。这是有史以来从未有过的压井方法。

这时仍在池子里的王进喜已经精疲力竭，伤腿上的绷带纱布已不知去向，伤口被碱性很强的泥浆浸泡冲刷变得血肉模糊，身上、脸上、手上也被泥浆中的烧碱、化学药剂烧出了血泡，大家刚把他拉上来，他就昏倒在工地上。

压住井喷以后，井打得就顺利了。结果只用 4 天时间就打完了第二口井，还创造了日进 535 米的全战区最高纪录。

曾任石油工业部副部长、大庆党委书记的陈烈民回忆起当时的情景曾说过这样的话：“那样艰苦的大会战，需要有个带头人。面对种种困难，领导上有了指导思想，但必须得有人体现，有人贯彻，有人带头干。革命战争时期，打仗要有先锋官。搞社会主义建设，也需要有人打冲锋。铁人就是这样打冲锋的先锋官，他带动大家把会战打了上去。”

关于“铁人”精神，直接领导了大庆石油会战的余秋里概括说：“‘铁人精神’，概括地说，就是：为国分忧、为民争气的爱国主义精神；宁肯少活二十年，拼命也要拿下大油田的忘我精神；有条件要上、没有条件创造条件也要上的艰苦奋斗精神；干工作要为油田负责一辈子，经得起子孙万代检查的认真负责精神；不计名利，埋头苦干的无私奉献精神；当了干部还是个钻工，永做普通劳动者、廉洁奉公的公仆精神；同志间互相关心，互相帮助的团结友爱精神等。”

5. 从“五面红旗”到“百面红旗”

万人誓师大会以后，学铁人、做铁人的运动一浪高过一浪地在整个油田开展起来。由于领导号召有力，各级组织抓得紧，加上铁人本身事迹生动具体，感人至深，所以很快就在全油田涌现出了许多铁人式的先进典型。

王进喜继续一马当先。他把革命干劲和科学态度结合起来，在设备上、工艺技术上进行了不少革新，使钻井效率不断提高。他虚心学习兄弟钻井队的先进经验，同时，也热情地帮助兄弟钻井队赶上和超过自己。在钻机配件供应不足的情况下，他把自己从玉门带来的一些工具，如钻头、方补心，送给兄弟队，以解决他们缺少备件的困难，让大家多打井、快打井。他自己的队则创造了班井尺、月进尺、平均钻速、快速搬家等多项最新纪录。

一个“铁人”前面走，大批“铁人”跟上来。从新疆调来参加会战的1202钻井队在队长马德仁的带领下，4月1日到达萨尔图。这是一支原来由张云清率领的新疆“标杆队”。他们一下火车就自己收拾破旧的牛棚、猪圈，安营扎寨。在井位定下来以后，他们学习铁人的榜样，立即动手挖泥浆池、水池，作好开钻前的一切准备。钻机一到，用人拉肩扛的办法搬运、安装。为了多打井，多出油，他们克服了常人难以想象的困难。一天夜间气温下降，造成泥浆泵上水管冻结，泥浆不能循环，影响继续钻进。马德仁立即砸开冰层跳进泥浆池里，清理了上水管线被冻结的莲蓬头，排除了故障，恢复了正常钻井。

马德仁是个粗中有细的人，工作中肯动脑筋，又善于走群众路线。刚来大庆打井时，井深了就不敢用清水钻进，怕井喷影响钻进速度。带着这个问题，马德仁在井场召开司钻会议，围绕提高钻进速度这个问题发动大家出主意、想办法。经过讨论，思想解放了，以后每口井采用在标准层深度以上用清水钻进，大大提高了速度，创造出2天18小时完井的纪录。

与1202队比武打擂的是从川中赶来参加会战的1206钻井队。这个队在队长段兴枝的领导下，3月份一到萨尔图车站，便向指挥部请战。领到任务后，全队上下，学铁人，做铁人，不等不靠，人拉肩扛安钻机，用脸盆端水保证开钻，终于在“5·1”前夕胜利打完了来大庆后的第一口井——萨45井。在指挥打井时，段兴枝整天吃在井场，睡在井场。有一次，他发现钻速下降，意识到是泥浆变稠了。为了不影响正常钻井，防止事故的发生，他学着铁人的样子，纵身跳入齐腰深的泥浆池中，用自己的身体搅拌泥浆。在他的带动下，其他工人也跟着跳了下去。经过一场激烈的拼搏，泥浆稀了，钻速上去了，可段兴枝和其他几个工人已累得精疲力竭。

段兴枝身上有一股争强好胜、不甘落后的精神，他常说：“谁英雄谁好汉，钻井场上来检验。”那是一个热火朝天的劳动竞赛场面，当时担任1206队指导员的陈懋汉后来回忆说：“当时干部嗷嗷叫，职工急得跳，唯恐自己落后，谁也不甘落后。”6月13日，1202队首先打出了2天18小时13分完钻的钻井新纪录，这个纪录比5月份的纪录缩短了一天时间。消息传到1206队后，全队职工情绪激昂，纷纷表示要赶超1202队，打出新水平，创造新纪录。那时他们正在打生产试验区中三排4井，段兴枝带着大家苦干巧干，终于以2天13小时40分钟的高速度打完了这口井，比1202队创造的纪录提前了4个多小时。16日，两个队双双搬到了新井位上，又展开了一场争夺打井钻进冠军的比赛。1202队2点开钻，一马当先，1206队4点45分开钻，奋起直追。为了了解对方情况，双方都派出了“情报员”到对方摸情况、问措施、学经验、看报表、记单根。段兴枝带领全队工人日夜奋战，豁上性命要进尺。经过一场龙虎斗，1206队终于超过1202队，夺得了第三探区第一届生产运动会全能冠军的荣誉称号。

屈居亚军的1202队立即派人学习1206队的先进经验，研究出根据不同地层用不同钻头等一套切实可行的措施。他们采用双吊卡接单根，使每接一个单根缩短时间1分半到2分钟。他们还研究出在搬家时节省人力、时间的新方法。过去搬家4个班一起上，人力施展不开，耽误了休息，干不出成绩。经过研究，他们改变为两个班搬家，两个班休息和准备开钻工作。在搬家前，做好铺平道路，挖好泥浆池、水池等准备工作，使工作有条不紊，将搬家时间缩短到9小时30分钟，创造了当日搬家，当日开钻的新纪录，保证了6月份“4开4完”的实现。在第二届生产运动会上夺得冠军。

大庆石油会战钻井条件艰苦，采油条件同样十分艰苦。1960年5月底，油田党委把“6·1”第一列车原油外运的装油任务交给了各采油大队。为了完成任务，采油一大队大队长薛国邦立即深入到37井，连续奋战7天7夜。5月27日晚，气温下降，油池大，蒸气小，溶化的油满足不了泵的进口，油池的油用泵打不上来，大家站在油池边上都很着急。关键时

刻，薛国邦带头跳进油池中，手端高温蒸气管，给油加温。蒸气把他的手烫伤了，他仍坚持着不下火线。几个小伙子一看大队长下了油池，也跟着跳进油池中。他们用铁锹、脸盆把油池的油往蒸气近处送，总算是满足了泵的进口，保证了第一列车原油外运任务的胜利完成。

大会战初期，萨尔图一带是头上青天一顶，脚踏荒原一片，油田没有一条供水管线。钻井生产需要水，会战职工生活需要水，原油外运也需要水。1960 年 5 月，朱洪昌带领石油部第一工程局第三公司施工中队与解放军官兵一起接受了油田第一条供水管线的施工任务。这条管线长 17.2 公里。施工时间紧，地势低洼，质量要求高，施工器材缺乏。朱洪昌带领他的施工队发扬铁人那种“有也上，无也上，创造条件也要上”的精神，抢晴天，战雨天，艰苦施工。6 月 15 日，供水干线开始全线通水试压。朱洪昌在检查试压情况时，发现一段管线上有一处裂缝。为了不影响全线试压供水，他决定带压带水补焊。他当时手部因烧伤正在治疗，但他用手绢蘸上水缠在上面，沿着裂缝把水抹干，叫焊工立即跟着施焊。焊工点火起焊时，飞溅的焊花把朱洪昌手上的绷带刺穿了好几个洞。在场的一位领导忙用一只饭盒盖在朱洪昌手上，以抵挡炽热的焊花。当焊工把裂缝全部焊好，一看饭盒，已被刺成蜂窝麻面。在场的人都说，这是一场比意志、比毅力、比技术的战斗。它说明，石油工人是钢铁汉，他们的意志比钢铁还坚硬。

1960 年 7 月 1 日，是中国共产党成立 39 周年的纪念日。为了庆祝大会战第一战役的胜利，指挥部决定在这一天举行万人庆祝大会。

上午 8 时 15 分，大会总指挥张文彬宣布入场式开始。在乐曲声中，各路大军迈着雄壮整齐的步伐，踏着军乐旋律，以分列式队形进入会场。王进喜、马德仁、段兴枝、薛国邦、朱洪昌等人身披大红绸花，跨着红色骏马，带领他们各自的队伍昂首走在主席台前面，接受大会主席团检阅。在他们的队伍中，“王”、“马”、“段”、“薛”、“朱”帅字旗迎风招展，宋振明、李云、孙希廉、李镇敬、李敬等领导人为英雄牵马引镫。当英雄的队伍通过主席台前时，全场掌声雷动，“向先进集体看齐!”“向先进生产者学习!”的口号声此起彼伏。

康世恩在大会上讲了话，他总结了第一战役的战果，部署了下个战役的任务和要求。在简要介绍了王进喜、马德仁、段兴枝、薛国邦、朱洪昌等“五面红旗”的先进事迹后，他号召大家继续开展学铁人运动，学习“五面红旗”。他说，从铁人到“五面红旗”，说明了全体职工共产主义觉悟空前高涨。“有了这样的一支队伍，我们就能创造出任何前人所创造不了的伟大奇迹”。

7 月 2 日，石油部机关党委发出了《关于开展学习五个红旗单位先进事迹的通知》，要求各单位结合学“两论”、“学铁人”，掀起学习“五面红旗”的高潮。7 月 28 日，石油部机关党委又作出了《关于开展学习王马段薛朱运动的决定》，号召全体会战职工进一步向铁人王进喜和“五面红旗”学习。《决定》指出，王铁人和“五面红旗”的出现，是运用毛泽东思想指导大会战取得节节胜利的产物，代表了大会战的思想、大会战的作风和大会战的风格，是全体职工学习的榜样。全油田无论是哪条战线、哪个单位，也无论是干部、工人、还是工程技术人员，特别是各级领导干部，都要毫无例外地向铁人、向“五面红旗”学习。

在学铁人、学“五面红旗”运动中，整个会战队伍你追我赶，比、学、赶、帮。先进更上一层楼，普通队伍纷纷跨入先进行列，后进队伍急起直追。从新疆石油管理局来参加会战的孙玉廷 1203 青年钻井队，大胆地提出了学铁人、超铁人的口号。孙玉廷带领全队职工猛打猛冲，顽强拼搏，被授予“猛虎钻井队”的荣誉称号。从学铁人到学“五面红旗”，很快又发展到“百面红旗”，整个油田出现了“一旗高举万旗红”的局面。

第四章

数万大军绘华章

1. 有热情，更要讲科学

情况明才能决心大。会战开始以后，要做的事情千头万绪，但会战领导集体最关心的问题是：油田的面积到底有多大？储量有多少？油层的结构和物性如何？怎样才能把油打出来？只有把这些问题搞清楚了，才能对油田开发建设作出正确的部署。

在一次石油部党组的会议上，余秋里分析说，大会战面临着千难万难，无非是两类困难：一类是生产、设备、生活设施等方面的困难。这些都是物质条件上的困难，是死东西的困难。通过分析他们认识到，物质上的困难仅仅是暂时的、相对的。只要紧紧依靠群众，发扬艰苦奋斗的优良传统，调动各方面的积极因素，就一定能够战胜这些暂时困难。如果被困难吓倒，那就不仅会挫伤群众的积极性，而且会使那些能够克服的困难，变成长期难以克服的困难。另一类是主观上的，是技术性的困难。即这个油田究竟是好油田、坏油田，怎样开发好？对此，我们没有经验。从长远来看，这是主要的矛盾和最大的困难。是一个如何搞清油田地下情况，掌握油田客观规律，科学地开发大油田的问题。这个问题，只能由参加会战的干部、职工和技术人员自己来解决，别人帮不了什么大忙。如果这个问题不解决，大油田可能看成小油田，好油田可能认为是差油田，高产油田可能搞成低产油田，在勘探开发中，就会成为盲目的、不清醒的人。

为了树立地质工作的科学态度，进一步搞清油田地下情况，1960 年 4 月 9 日至 11 日，余秋里和康世恩在安达铁路工人俱乐部主持召开了大会战的第一次五级三结合技术座谈会。所谓“五级”，是指部、局、指挥部、大队、基层，“三结合”是指干部、技术人员、工人。参加会议的有部、局领导、专家教授、工程技术人员、基层干部和工人代表共180余人。技术座谈会的内容，主要是讨论如何做好钻井、试油、试采工作，如何取好地质资料，如何搞清地下情况等问题。与会者认真总结了过去油田勘探和开发工作的经验教训，认识到，搞好油田勘探、开发，首要的是搞清油田的情况，而要搞清油田情况，必须从地下入手，掌握充分的地质资料。重视还是不重视第一性资料，是尊重或不尊重科学的分界线；工作有没有把握，首先取决于是不是认识了客观事物的本来面目，是不是掌握了客观事物的规律。

会议进行中间，余秋里提出一个问题：为了要搞清油田地下情况，必须取得哪些资料数据？怎样取得这些资料数据？现在看来这是个很简单、很基本的问题，但此前却没有人认真考虑过。会场沉默了几分钟以后，有人开始发言，提出了一些具体项目，会场气氛很快热烈起来。你提一条，他提一条，互相启发补充。最后，余秋里归纳大家的意见提出在油田勘探过程中，要搞清13个问题。再经过讨论补充，变为16个问题。后来，康世恩又组织地质技术人员讨论，补充为20个问题。根据这20个问题，确定了72个需要了解掌握的数据。然后由李德生执笔，起草了“大庆长垣钻探和开发过程中取全取准20项资料72个数据”的“调查提纲”。经过石油部党组批准，形成了地质技术规范。党组要求，在勘探和开发过程中，必须取全取准“20项资料、72个数据”，做到一个不能少，一点不能错。会议还对录取资料确定了“四全四准”的要求，即：录井资料全，测井资料全，岩心资料全，分析化验资料全；各种仪表校准，压力测准，油气量准，各种资料取准。

大庆石油会战第一次技术座谈会在油田的开发建设中具有重要意义，关于这次会议，余秋里评价说：会议“明确了油田勘探、开发的对象和根本任务；明确了油田勘探、开发工作必须从取全取准第一性地质资料入手。这对于搞好会战期间及以后的油田勘探、开发工作具有重大的意义”。在以后的工作中，余秋里、康世恩等领导人反复强调“把一切工作立足于油田地下”这一思想。在6月召开的一次五级三结合技术座谈会上，康世

恩又提出："我们搞石油工作的人，工作岗位在地下，一切工作都要做到地下油层。"余秋里随后又将其概括为："石油工作者的岗位在地下，斗争对象是油层。"

技术座谈会以后，会战指挥部和各探区、各单位加强了对地质工作的领导，开展了"取全取准各项地质资料"活动。指挥部组建了地层对比大队、测压大队、注水大队、综合研究大队和地质分析试验室等科研机构，集中了1000多名专家、教授、工程地质干部和大中专毕业生，从事地质资料录取分析和油田地质研究工作。同时成立了许多三结合小组，深入井队，与工人同吃、同住、同劳动、同商量，在基层宣传鼓动、发动群众，向工人讲地质课。

要取全取准地质资料，必须下狠心克服工作粗、责任心差的毛病，培养、树立一个好的作风。为此，各级管理者注意从大量的具体事物抓起，抓典型，树样板。有一个井队的地质员，在打井过程中，由于疏忽漏取了岩样，没有发现标准层。会战指挥部抓住这件事情不放，多次开会对其严肃批评，对各级干部进行教育。这件事教育了很多人，使大家觉得录取资料工作不是一件小事。后来，那个地质员接受了教训，资料收集得很好，被评为劳模。指挥部又宣传了他的先进事迹。

由于领导重视，群众发动充分，全油田很快形成了视第一性资料为生命的良好风气，发生了许多感人至深的故事。王晓云是位年轻的女地质员。一次，她从钻井队背回25包砂样，到大队一查，发现只剩下23包，丢了两包。砂样是重要的原始样品，通过分析、化验和计算，可以知道每包砂样所对应的地层情况。王晓云执意要回去把砂样找回来。那时，天已经完全黑了，还下起了瓢泼大雨。她患有严重的关节炎，一到阴雨天就疼痛难忍。但是，她仍找来电筒，在工友的陪伴下，闯进了茫茫的雨夜。她们深一脚、浅一脚地沿着经过的小路反复搜寻，终于找到了那两包丢失的砂样。

取全取准资料当然不仅是地质技术人员的事情，全体职工人人都把这当成自己的重要职责。3249钻井队的方永华班在钻井取心时，打了6米多进尺，把岩心取上来一看，只有4米多，有1米多岩心掉在井底了。班长方永华说："岩心是认识油田地下最有用的资料。岩心缺一寸，判断地层情况就少一分科学根据，多了一分困难。掉到井底的岩心取不上来，咱们就欠国家一笔债。"全班决定，一定要把岩心捞上来。这可不是件简单的事情，需要下钻、套心、割心、起钻。为了这筒岩心，全班人一共奋战了26个小时。

原油样品化验分析资料是正确认识原油性质、研究制定采油工艺的重要依据。一个原油样品要得出比重、凝固点、黏度等6个数据，经过原始记录、综合汇总、填写日报3道转抄手续。负责原油样品化验的采油三矿化验室的职工，为了保证工作质量，建立起了每天集体审查和半月数据普查制度。每天下班前，把自己化验所得的数据，交给大家看，读给大家听，互相监督，避免误差。这个化验室，1年中进行了8800多次原油样品化验，共取得了3万多个数据，误差不超过万分之五。为了检验他们化验资料的准确性，康世恩曾叫人把萨尔图的原油样品拿到葡萄花去，作为葡萄花的原油样品送到化验室。化验室马上发现了问题，提出原油样品的各项化验数据，不像是葡萄花的，而像是萨尔图的。他们怀疑是原油样品弄错了，不然就是取样器漏气了。当康世恩说明实情后，大家才松了一口气。

大庆油田会战指挥领导集体从一开始就树立了尊重知识、尊重人才的

▸ 技术人员蔡升在飞驰的油罐列车上测风速

思想。大庆油田会战的科学研究队伍、工程技术队伍，平均年龄只有20几岁，总地质师、钻井总工程师、采油总工程师也只有30几岁，是一支年轻的队伍。大庆党委对他们采取了“充分信任，大胆使用，严格要求，热情帮助”的方针。考虑到在“大跃进”和随后的反右倾、拔白旗等政治运动中，不少知识分子受到了不公正的对待，1962 年 7 月 10 日，大庆石油会战党委主要领导在技术干部会议上正式宣布：“所有受过批判、戴上右倾及白旗帽子的一律取消。当时有材料存档的，一律取出销毁，这叫一风吹。”并明确指出：会战的技术干部，绝大多数是在社会主义制度下长大的，接受的是社会主义教育，为人民服务、为生产服务的教育，是拥护党拥护社会主义的，是劳动人民知识分子。党委规定：工作上的意见，技术上的争论，与政治混淆起来是不对的，技术干部对国家的最好贡献，就是在技术工作上做出成绩。在组织上，会战初期就设置八大总工程师，实行技术责任制，让他们有职有权地进行工作。各级领导干部要和技术人员打成一片，一起学习，一起工作，一起生活，增进相互间的了解。余秋里还多次鼓励技术人员要敢于发表不同意见，不要看着领导的脸色讲话。

为了充分发挥技术人员的作用，余秋里提出，要给科研人员创造一个好的工作条件。1960 年、1961 年开展农副业生产时，指挥部规定，科研地质技术人员平时一律不参加农业劳动。在一次会议上，余秋里讲话说，科研地质人员要“两耳不闻窗外事，一心只搞渗透率”。在生活上，也对科研人员给予照顾，让他们吃饱，定量不够可以补助。北京石油学院副教授秦同洛饭量大，指挥部专门规定，他吃饭不受定量限制，可以放开肚皮吃。以后又请一些专家吃小灶。

在尊重知识、尊重人才的这样一种气氛下，广大科技人员发扬独创精神，树立“敢想敢说敢干，严格严肃严密”的作风，勇于同世界先进技术较量，努力攀登油田科学技术高峰。有的年轻科技人员在自己的房门上贴出“莫看毛头小伙子，敢笑天下第一流”的对联，表达了他们勇攀世界科技高峰的雄心壮志。由大学教授、工程师、技术人员组成的油层研究队，白天上井搜集资料，晚上在干打垒里，有时还需要在油灯、烛光下进行科学研究。大学教授张英、设计工程师宁玉川和群众相结合，深入现场调查了232口井的情况，取得9700多个数据，经过两年多的试验，创造出一套有自己特点的工艺流程，解决了严寒地区高含蜡、高凝固点原油集输方法。为了弄清油田土壤传热系统，解决保温的合理温度问题，设计工程师谭学陵等人从1960年到1961年连续10个月，在夜里最冷的时候进行现场测温，共步行1万2千里，观测1600个点，取得5万个数据，进行了1100次分析对比，终于取得了科学数据，并校正了前苏联沿用的集油管线设计的计算公式。技术员蔡升等人在严寒季节，怀揣窝头，跟随油槽车，行程1万公里，测气温800次、风速600次，取得油温数据1400多个，弄清了冬季铁路油槽车在运输途中原油变化的情况，确定了油库合理加热温度。井下研究所的科技人员，进行了1018次试验，创造出多级水力封隔器，解决了分层控制油层的重大技术难题，获国家重大发明奖，并为推行我国自己独创的分层采油、分层注水、分层测试、分层改造的采油新工艺提供了条件。

为了合理开发大庆油田，会战指挥部从一开始就确定了“长期稳定高产”的开发方针。要实现这一方针，必须使制定的计划目标切实可靠，留有余地。为此，在计算油田地质储量时，坚持实事求是的原则，对当时尚无能力开采的薄油层、细密油层的储量暂不计算在内。同时在油田开发初期，不是一下子动用全部可采储量，而是将一些可供开发的含油面积留下来，暂不投入开发，作为“小仓库”、“大仓库”，以备分阶段地投入开发。像喇嘛甸油田就是当时留下的“大仓库”，到1973年才开始投入开发建设。在油田开发中实事求是，留有余地，分阶段地动用可采储量，这也是大庆油田原油年产量上5000万吨后，连续稳产20余年的一个重要原因。

2. “干打垒”精神

大庆石油会战进展很快，面临的困难也是多方面的。那时，一个重大的困难，就是如何解决几万职工的住房和上万台设备、车辆入库以及储存蔬菜过冬的问题。油田建设地区，原是以畜牧为主的嫩江草原，远离大中城市，农民村落也很稀疏，而且没有公路网，气候酷寒，最冷时达零下 40 摄氏度。会战第一年夏季多雨，冬季来得又早。雨季刚刚过去，9 月的草原又刮起阵阵寒风，国庆节前后就下雪。会战初期，几千台设备在大草原上运转，连个修理设备的房子都没有；广大职工住在简陋的帐篷、木板房、牛棚、马厩里。这些临时措施只能解决燃眉之急，解决不了长期站脚扎根的问题，冬季肯定过不去。在如此严寒的地区，集中众多的职工和大量的设备，没有可靠的御寒手段，就可能冻伤大批的人，甚至会冻死人，也可能冻坏大量的设备。若遇上当地群众都怕的“大烟泡”的风雪，就可能使会战陷入全局瘫痪。曾在东北地区长期工作的王鹤寿等人对余秋里、康世恩说，这里没有房子，过不了冬啊！出于关心和好意，他们曾劝余秋里，如果冬天实在过不去，可以在入冬前，把队伍和设备撤到哈尔滨、长春、沈阳、抚顺等地，来年春天再开上来。他们准备动员地方腾房子给会战队伍住。对此，余秋里后来回忆说：“我权衡再三，感到不能走这条路。因为如果这样做，会战的有效工作时间，一年只有 6 个月左右，党中央批准的这场大会战，就会变成拉锯战或消耗战。势必推迟油田开发的时间，给国家带来更大的困难。”

会战工委和会战指挥部为此召开了紧急会议，讨论会战队伍安全过冬的问题。听说会战指挥部里也有人主张冬季将队伍撤走，正在北京的余秋里通过电话表达了他的意见：“这次会战，只许上，不许下；只许前进，不许后退！无论遇到多大困难，也要硬着头皮顶住。这个决心决不动摇。”

怎样既坚持会战，又保证会战队伍安全过冬呢？当时参加石油会战指挥工作的石油部副部长孙敬文后来回忆说：“在当时，如果我们拥有足够的建设资金，充实的建筑材料，各种现代运输工具和施工设备及施工技术队伍，那么，也完全可能在几个月内完成上百万平方米的现代建筑。然而，那时是不具备这些条件的，两手空空，一无所有，不用说盖大面积楼房是不可能的，即使盖砖瓦平房，在短期内也难以采运到大量的建筑材料，集中大批的建筑队伍，所以，这也是行不通的。”

为了解决安全过冬问题，从会战领导机关到基层小队，大家都在出主意，想办法。黑龙江省委、省人民政府也在想办法。省委第一书记欧阳钦向余秋里和康世恩建议：有一种办法，就是搞东北老乡那种“干打垒”。这种房子，一可以就地取材，二可以人人动手，来得快，三可以节省木材，四是冬暖夏凉。

会战指挥部为此派出了一批批建筑设计、施工技术人员，深入到附近的城镇、村落，尤其是找民间木瓦匠，调查居民建筑的用材、设计、施工情况，发现附近城镇除主要公用建筑为砖木结构外，居民建筑主要是砖框土坯房和“干打垒”。

所谓“干打垒”，就是北方农村都有的、最简便的用土做原料建筑的房子，抗日战争时期，孙越崎领导开发建设玉门油田时就曾用过这种房子。这种房子在东北尤其被普遍采用。这种干打垒房子除了门窗和房檩需要少量木材外，墙壁就地取土，把土装入活动木板内，用木夯铁杆分层夯实，房顶用当地的羊草绺成草把子做垫层，上覆泥巴抹光而成，取暖则用火墙或火炕。这种干打垒看起来土气，但厚墙厚顶，结构严实，防寒性能好，暑天也不太热，适合居住；且施工简单，操作容易。特别是就地取材，随处可建，便于广大职工人人动手，大面积地进行建筑。

在调查研究的基础上，经多方案的比较论证，会战指挥部决定采用干打垒方案，发挥人多的优势，发动广大职工建造干打垒房屋，渡过难关。决心一下，说干就干。在石油会战的萨尔图草原上，一场人人动手，全民

动员建造干打垒的人民战争就这样打响了。杏树岗青年突击队率先示范。他们在当地干打垒老把式的指导下，于1960年4月底建成512平方米的干打垒房屋和2500平方米的干打垒房屋主体，还总结出了一套干打垒施工操作规程和质量标准，改进了打筑板、规格夹板，试制出了电动打垒机，使建筑工效从每人每天不足1立方米提高到2.4立方米，成功地完成了试验和示范的任务，并在“五·四”青年节向全油田共青团员和广大青年发出了利用业余时间，“突击‘干打垒’，高效率建设新基地”的挑战。会战指挥部因势利导，动员全油田各单位从6月1日开始，采取组建部分专业队伍和广大职工义务劳动自建相结合的形式建筑干打垒房屋。专业队伍主要负责开赴林区拉运“困山材”、加工门窗、制造施工工具、打羊草绺把子。

建筑过程中遇到的困难难以尽述。进大兴安岭拉运“困山材”的运输队，冒着严寒，跋山涉水，自己收集木材，吃冷馍、喝凉水，战泥泞，千里迢迢，人不歇气，车不停转，充分发挥了当年志愿军汽车运输的大无畏精神，拉出了大量的木材。采油、水电、机械加工等工种采取一部分人一人顶两人的岗位，挤出一部分人突击干打垒；钻井队伍和各级机关、科研、设计工作人员上班时间干工作，业余时间搞干打垒。部长、司局长等领导干部和一些高级知识分子，也卷起袖子动手打夯掘土，和工人们一起流汗水、挨蚊叮虫咬。地方政府派出有实际经验的领导干部带队组成干打垒技术辅导团进行现场指导。整个油田变成一个大工地，人人劳动，大家动手，群策群力，起早贪黑。每到夜晚，各工地灯火通明，人声夯声震天，场面十分壮观。油田《战报》也及时刊登了建筑工地上的感人事迹。一位工人将自己的心情化成一首诗：“抗日延安挖窑洞，今朝处处干打垒，革命红旗辈辈传，艰苦奋斗最光荣。”

由于群众发动充分，各级领导干在前面，上上下下的积极性都发挥出来了。从6月全面铺开，到9月底为止，历时120天左右，全油田完成了近100万平方米的干打垒住房，出现了“七一村”、“八一村”、“新市村”等新的居住点。真正实现了会战指挥部提出的“人进屋、机进房、车进库、菜进窖”的目标，职工风趣地说，这是“四进士”，即四个进室之意。他们建造的这些干打垒房屋，都有火墙或火炕取暖，用天然气做饭，电灯

▶ 自己动手建设“干打垒”住房

照明，并装有公用的自来水龙头，基本适应了生活需要。

“干打垒”体现出大庆人勤劳节俭，乐于奉献的精神。建造干打垒，一次投资比建筑楼房省钱六分之五。仅以1960年在油田中心区建成的60万平方米干打垒房屋粗略算一笔账：由于就地取土搞主体，人工又主要是靠业余义务劳动和从生产队伍中挤出来的，不用另行列支劳务费，干打垒房屋每平方米的平均造价最多不超过30元；如果采取当时中档的楼房标准，按常规承包，建设能够抵御高寒的住宅和公共建筑，每平方米的平均造价不低于200元。两相比较，前者只需投资约2000万元，而后者则要投入约1亿2千万元。在60年代初期经济严重困难的情况下，一次节省这样一大笔投资，意味着他们为国家作出了一个重大的贡献。

30年后，已经从一线领导岗位退下来的孙敬文回首那段往事，仍感慨万千。他称赞大庆会战时的干打垒，“是我们党的艰苦奋斗的光荣传统在大庆石油会战中的体现，是延安窑洞精神和南泥湾精神的继续，是应当永远继承和发扬的宝贵的精神财富”。“当然”，孙敬文接着说：“干打垒建筑也有其缺陷，如使用年限较短，维修次数较频等等。大庆油田没有把它作为永久性的建筑，而是作为节约投资的过渡形式，现在已被楼房所代替。”

3. 发展生产，战胜饥荒

大庆会战遇到的最大困难是职工吃不饱肚子。刚开始会战的时候，职工吃的粮食基本上能按工种定量供应，副食品从黑龙江省和南方调进。虽说职工们劳动紧张，体力消耗大，伙食倒还过得去。但是到了 9、10 月份，在全国粮食供应紧张的情况下，被称为我国北方粮仓的黑龙江省的粮食储备已经超过了“危险线”，再也无法坚持原来的粮食定量标准，不得不按国家规定，把会战职工的粮食定量减下来。黑龙江省副省长陈剑飞专程来到萨尔图，向康世恩抱歉地表示，黑龙江再也无法供应本来就不够的粮食定量标准了。

会战职工定量减的幅度很大，从几斤到十几斤。钻井工人从每月 56 斤减到 45 斤，采油工由 45 斤减到 32 斤，干部、专家等一律减到 27 斤。同时，副食品明显减少，肉食几乎没有供应。那是一场全国性的粮食大饥荒。许多职工的家属和子女，由于家乡闹粮荒，为寻活路也来到油田。这更加剧了油田缺粮程度，许多职工一人的定量一家人分吃。当时在自由市场上，土豆按个卖，甜菜切成片卖。绝大部分会战职工工资在 50 元以下，一天的工资只够买几个土豆、几片甜菜。有的职工没办法就跑到冻土地里拣冻白菜帮子和甜菜叶来充饥，还有的靠开水里加点酱油度日。人们在冰天雪地里干活，体力消耗比夏秋更多，职工体质开始明显下降。

1960 年底至 1961 年初，会战真是到了难以坚持的地步了。半年多的会战使职工队伍已成疲惫之师，长期吃不饱肚子，人们的体力渐渐支撑不住，很多人因缺乏营养得了浮肿病。当时，石油部党组正在北京开会，张文彬在会战前线主持工作。他通过萨尔图直通北京的电话专线向余秋里汇报说，职工队伍中出现了浮肿病，蔓延很快。得浮肿病的职工，开始是几百人，很快上升到1000人，以后是2000至3000人，最多时达到了4600余人。治疗浮肿病，制止浮肿病蔓延，尽可能地改善职工生活，成为关系会战大局的最尖锐、最紧迫，也是最为关键性的问题。

石油部党组的会议还没有结束，康世恩就奉命赶回大庆解决会战队伍中的浮肿病问题。余秋里给他的指示是：坚持一手抓生产，一手抓生活，千方百计克服困难，毫不动摇，坚持会战，天塌下来也要顶住！

康世恩一下火车，首先来到一线钻井、油建工人住地，了解情况。有个转业不久的青年工人，看样子身材魁梧、壮实，却躺在床上，眼睛睁得大大的，可就是起不来床，说话也有气无力。康世恩走上前去，按按他的脸部和腿部，一按一个坑，好久恢复不过来。很明显，这是得了浮肿病。

► 工人野外就餐

康世恩了解情况后，便主持召开了会战领导小组会议，作出一系列规定：第一把手既要抓生产，又要管生活，第二把手专管生活；食堂设立政治指导员，就餐人数在200人以上的要建立伙委会；指挥部派车出去搞生活物资；得浮肿病的职工一律停止工作，为他们办专门营养伙食，每人每天2～3两肉；大搞代食品；粮食按定量吃够；组织打猎队、捕鱼队。

石油部党组会议刚一结束，余秋里也急匆匆地赶回大庆。在安达一下火车，他就问康世恩：“你哪只手有劲?”康世恩说：“当然是右手了。”余秋里挥了挥他的独臂说道：“那好，我们就用右手抓生活，左手抓生产!”

与康世恩一样，余秋里到大庆后，第一件事也是深入一线调查研究，听取基层干部群众的意见。他同会战领导小组成员反复研究，统一了思想：会战一定要坚持，困难一定要克服。为了加强生活方面的组织领导，除了松辽局原来主管生活的副局长以外，还指定领导小组成员张文彬用主要精力抓生活，吴星峰也用一部分精力抓生活。同时，还严格规定，不管这里的冬天何等寒冷，寒流如何厉害，会战队伍必须坚守阵地。一个人也不准撤走，生产一刻也不能停顿，输油管一寸也不能冻坏，人一个也不准饿坏，设备一台也不准趴窝。

数万人的大会战，在粮食极度紧张的时候，食堂就成了关键。余秋里和会战领导小组成员经过调查发现，能够利用有限的物资，让职工吃好、账目清楚、没有贪污、群众比较满意的食堂，约占食堂总数的31%；基本上过得去，群众意见不大的约占60%；问题较多，账目不清、粮食超支又吃不好、吃不够定量，群众意见很多的约占9%。为此，会战指挥部专门召开了生活会议，作出了《关于安排当前职工生活的紧急指示》，提出“干部进食堂，书记下伙房”的口号。规定每个基层大队和中队，必须保证有一名干部在食堂同炊事员同做、同吃、同算、同议，不准有一个食堂出现空当；抽调部分优秀干部和红旗手、劳动模范以及关心群众、办事公正的人，担任食堂管理员和炊事员，加强食堂的力量，改变食堂的服务态度，减少就餐排队的时间；食堂必须达到一清、二无、三好以及三热一暖。即账目清楚，并能公之于众，无贪污、无浪费，饭菜花样调剂好、服务态度好、清洁卫生好，饭热、菜热、汤热、餐厅暖和。

余秋里回忆：“1961年4月至5月份，我在大庆期间，除了主持党组扩大会，研究大庆油田开发和石油工业发展规划外，主要精力放在抓生活。我经常去基层单位了解职工生活，包括食堂工作及代食品采集、加工和粗粮细做的情况。油建公司有个食堂用玉米面、高粱面加代食品制作烤饼，引起了我的兴趣。我亲自观看了烤制过程，亲口尝了烤好的饼子，味道还真不错。我同主管职工生活的领导商量以后，在油建食堂召开现场会，介绍、推广了油建和其他单位食堂制作烤饼、代用食品和节约粮食、调剂生活等方面的经验。要求各级干部要花大力量抓生活，在抓开荒种地、增加主副食品的同时，还要认真抓好粗粮细做、节约代用，发扬自力更生、艰苦奋斗精神，战胜困难，坚持和发展大会战。”

各级领导的表率作用也带动了广大职工，工人们自觉地把办好食堂当成坚持会战的大事。1202 钻井队工人卢兴山回家探亲，父母妻儿倚门而望。可卢兴山没有先到家，而是到离家很远的地方为队里买了一副石磨。他知道队里有人得了浮肿病，上级给了点黄豆，钻井队只能煮着吃，炒着吃。他便利用探亲的机会，千里运回一副石磨，让队里的人可以吃上几顿豆腐，调剂口味，改善营养。

由于采取了一系列有效措施，再加上黑龙江省和部队的支援，一两个月内，浮肿病发病率和病情得到了控制，并逐月下降。整个冬春，没有饿死一个人。这在那种极端艰苦的条件下，实在是件非常不容易的大事。后来，他们又通过挖野菜，找代食品，特别是后来通过大搞农副业生产，有效地改善了职工生活，使石油大会战在千难万难之中终于坚持下来。

4. “三老四严”与“四个一样”

1960 年，大庆石油会战取得了重大成果。这一年年底，当石油部研究部署 1961 年工作的时候，摆在他们面前的有两个问题：一是大庆会战还要不要继续下去；二是大庆油田的开发建设是否继续由石油部直接领导。1960 年底和 1961 年初，石油部党组多次开会，结合总结 1960 年工作，研究 1961 年任务，对这两个问题进行了认真讨论。党组会议认为，虽然

1960会战任务已经完成，而且有些成果超出原来的计划，但是，要把油田面积探明，把地下情况搞清，还要做大量艰巨的工作，油田建设、油田开发还要解决一系列复杂的科学技术问题，必须继续集中力量，加强统一领导。因此，会战不能结束，还要继续深入进行下去，直到取得勘探、开发、建设的全面胜利。为了保持工作的连续性，会战应继续由石油部指挥。他们还提出，为了加强党的工作，在石油部党组领导下，在大庆设立党的工作委员会。

周恩来支持石油部的意见。他认为集中力量搞会战是个好办法，工业战线应该推广。在1960年底的一次会议上，周恩来讲到工业战线集中力量搞会战，像军队集中兵力打歼灭战时，提了八条："（1）书记挂帅，亲临前线指挥；（2）一定要综合计算；（3）缩短战线，面面照顾打不好仗；（4）集中兵力打歼灭战，搞成一个是一个；（5）搞工业要全面安排，政治、组织工作要配合上；（6）统一调度，统一指挥；（7）要实事求是，抓具体措施；（8）要有一个政治上的保证。"

周总理的讲话进一步坚定了石油部继续领导会战的决心。1961年，余秋里向中央财经小组汇报石油工业生产建设和大庆会战情况时，提出大庆会战要继续进行，石油部要继续领导的问题。邓小平明确指示："大庆会战，石油部要抓20年，不要抓一年。双重领导，以石油部为主。"同月，余秋里向薄一波汇报工作时，薄说："我完全支持你们，继续组织大会战，至于从青海、新疆调些人和设备，你们调就是了。设立工委，边成立，边报告。欢迎地方支持，但必须由石油部直接抓。"3月14日，余秋里在一次由薄一波主持召开的会议上，汇报了大庆油田现状、开发方针原则和会战领导问题，薄一波再次表态："没有石油部直接领导，就没有大庆这样大的成果。""你们埋头苦干，好消息很多，从现在看，条件是很好的。今年我们研究，总要尽一点帮助之责。"4月18日，国家经委党组向中央的报告中又正式提出关于大庆会战的领导问题："为了便于一抓到底，迅速展开工作，我们同意石油部党组仍然到第一线，直接指挥这一会战。"

1961年，经过中央批准并同黑龙江省委商妥，石油部调整了大庆会战的领导机构，原会战领导小组改为会战总指挥部，由康世恩任总指挥，唐克、张文彬、焦力人等任副总指挥。在石油部党组领导下，成立党的工委，由余秋里兼任书记，吴星峰、张文彬、李荆和任副书记。

随着油田建设的不断发展，为了适应石油大会战的需要，从 1962 年 9 月起，大庆工委号召全油田大搞规范化。全油田各勘探队、钻井队、采油队积极响应。“三老四严”、“四个一样”就是在这个过程中产生的。

最早提出“三老四严”作风的是大庆三矿四队。据当年担任三矿四队队长的辛玉和回忆，“三老四严”原本起于一件看似平常的小事。

一天，队长辛玉和到这个队负责的西六排 2 号井去检查。途中发现新来的徒工小孙手里拎着一个崭新的刮蜡片急匆匆地上井。辛玉和有点纳闷：小孙井上的那个刮蜡片刚领几天，怎么又坏了？于是，他返身走向材料库，问材料员。材料员拿出一个变了形的刮蜡片说：“小孙今早清完蜡，也没有注意检查刮蜡片是不是起到井口就去关清蜡闸门，结果，把刮蜡片挤扁了，还让我替他保密呢。”

辛玉和走出库房，思潮翻卷。他认为这不单纯是一个刮蜡片的问题，小孙隐瞒事故，缺乏一个石油工人起码的老实态度，这样下去，会出大问题。特别是这件事反映出一段时间以来，队里只忙着新井投产，放松了抓队伍的思想建设，对职工没有提出严格的要求。有了这种认识，辛玉和就这一问题严肃地与小孙谈心。辛玉和讲：“要干好工作，没有一个老实态度是不行的，对任何事情，钉是钉，铆是铆，对就是对，错就是错。”小孙也认识到了自己的错误。他检讨说：“当时自己想，反正刮蜡片没掉到井里，换一个算了，别人也不知道。以后在工作中注意一点就行了，没想到这种说假话的行为欺骗了组织，欺骗了领导。”

一般说来，因工作疏忽挤扁了一个刮蜡片，领导批评了，本人承认了错误并作了思想检讨，事情也就可以过去了。但四矿三队却不这样认为。为了用这件事教育全队的职工，党支部决定第二天在小孙管的那口井上召开“事故分析现场会”。党支部书记李忠和重点讲了事故原因及对待事故的态度问题。他说：“采油工人的工作特点是单兵作战，没有老老实实的态度，严格的要求，是管不好油井的。”小孙越听越坐不住，当即站起来，眼含热泪，激动地表示，要求把那个变了形的刮蜡片挂在自己管的油井

上，要时刻不忘这个教训。辛玉和激动地说：“干部是带队伍的人，我们怎么带，队伍就怎么走。我们不能严格要求自己和别人，队伍就不可能具有高度的革命自觉性。事故出在小孙，可根子在我身上，我这个队长只埋头抓生产，放松了职工的思想工作。”大家一致表示：应该把那只变了形的刮蜡片挂在队上，让全队的人天天看到，时时想到，小孙的教训也是大家的教训，要说老实话，要办老实事，做个老实人，要严格要求自己，对每一件事要具有一种严肃的态度，这样才能管好油井。

不久，在队党支部的带领下，全队开展了一个“当老实人，办老实事，说老实话，严格要求，严明纪律”的活动。党支部还订出了“干部上岗，工人监督，要求工人做到干部首先要做到”的制度。

1962 年底，党支部发动全队职工对所管的油水井、站进行了详细认真地检查。技术员傅孝余逐井逐站认真细致地检查验收。除夕晚上，他检查到最后一口油井时，发现套管法兰缺一个螺丝，这时已是深夜九点钟了。为了装上这个螺丝，他从一个井排找到另一个井排，从材料库找到维修队，终于找到一个适用的螺丝，然后回到井上把它配好。

老工人李广志，在西七排 3 井检查闸门池的设备时，发现回压闸门下面有颗亮晶晶的油珠。“这油珠是从哪里来的呢?”他反复检查了各个闸门，并无渗漏，也不像是外面沾上的。晚上，他把情况向井长作了汇报。第二天，井长和他一道来到井场，顺着油痕的地方，一段一段挖出管线，接着又擦干净，逐段检查。经过 4 天紧张奋战，终于查出了油珠的来历，原来是干线穿孔渗漏出来的。通过这番检查，他们及时消除了一个重大的事故隐患。

有一次，队里小尹家来了客人，喝了两盅酒。接班时，被 19 岁的徒工小李闻出来了。小李不准他接班，叫他在井场上铲草，等酒味没有了再来接班。小尹无可奈何，只好拿着锄头铲了两个小时的草。

就这样，在全队逐渐形成了严细的作风。全队职工对每盘长达 1500 米的清蜡钢丝都要用放大镜一寸一寸地检查，确认合格后才准使用。在交接班时，发现刮蜡片直径差 0.2 毫米，生产报表涂改一个字，灭火器上有一点灰尘，开关闸门差半圈或工具摆得稍微不整齐，都要交班人一一改正，才能接班。由于大家严格执行制度，坚持严细作风，扎扎实实地干工作，确保了油井的安全生产。这个队建队3年共录取3万多个数据，无一差错，在用设备台台完好，井井站站达到一类，连续多年被评为油田标杆单位。

1964年2月20日，三矿四队在石油部召开的全国油田电话会议上介绍了经验。大庆工委作出了《关于开展向采油三矿四队学习的决定》。全油田迅速掀起了“学三矿四队、赶三矿四队、超三矿四队”的群众运动。同年5月，石油部在召开的第一次政治工作会议上，把他们在实践中摸索并创造的一些经验，概括为“三老四严”的革命作风，即对待革命事业，要当老实人、说老实话、办老实事，干革命工作，要有严格的要求、严密的组织、严肃的态度、严明的纪律。并授予这个队为“高度觉悟，严细成风”的石油部标杆单位，石油部领导还为全队职工每人胸前戴上大红花。

大庆石油会战中的“四个一样”，最早是由李天照任井长的采油二矿五队5—65井组提出来的。这个井组自从1961年7月成立以来，到1964年，安全生产1045天没有发生任何大小事故，成为安全生产过得硬的井组。他们累计录取各种资料数据上万个无差错。他们的设备配件定期维修保养过得硬，井组1860个设备部件不渗、不漏、不松、不锈，井场清洁平整。由他们管理的3口油井始终保持标杆井水平。在原油生产上，天天超产，月月超产，年年获油田“标杆井组”的光荣称号。几年来，经过上级领导3000多次明察暗访和20多次大检查，没有一次脱岗、串岗、睡岗的。在井上录取的2万多个地质数据无一差错；油井各种设备上的863道焊口、156个大小闸门没有一处漏油跑气的，管理水平在全油田多次被评为五好红旗井组。

1961年，大庆石油会战工委提出“从大量的、常见的、细小的工作入手，全面管好生产”的号召，要求全油田建立和健全岗位责任制。每个井组都把岗位责任制写在纸上，贴在墙上。但制度是死的，人是活的，每个人能否认真执行，是摆在全体职工面前的一个严峻考验。李天照对他的井组说：执行岗位责任制的灵魂是责任心，只有树立起主人翁责任感，才能自觉地、始终如一地执行岗位责任制，才能管好生产。

1963年7月的一天，天气突变，瓢泼大雨倾泻而下，片刻间，井场周

围积满了没脚脖深的雨水。一小时一次的检查时间到了，雨还是下个不停。上 4 点钟班的学徒工刘玉智从值班房探出头来，望了望西边露出一线亮光的天空，转身问李天照：“井长，这雨下不长，等它住一住，咱再去检查吧！”李天照毫不犹豫地说了声：“不行！”抄起工具就冒雨冲出值班房。他按巡回检查路线逐点逐项地检查了采油树、分离器，最后沿着干线堤去检查加热炉。见到加热炉底部已经进水，便拿起铁锹挖了三条小沟，排出积水，重新调好合封。等他回到值班室，浑身上下已经湿透了。他对刘玉智说：“小刘啊，越是坏天气，越是容易出问题，以后可得要注意。”刘玉智感动地掏出钢笔，把井长的话一字一句地写在工作记录本上。

由于李天照的率先垂范，整个井组形成了“四个一样”的好作风，这就是：黑天和白天干工作一个样，坏天气和好天气干工作一个样，领导不在场和领导在场干工作一个样，没有人检查和有人检查干工作一个样。

有一次新工人张学玉操作不小心，把千分尺上的一个小螺丝弄丢了，他立即报告井长并作了检讨。当天，他从下午找到傍晚，没有找到。第二天天刚亮，他又到井场上找，还是没找到。他想，我们井组自成立以来，管理和使用的几十件工具、仪表及生产设备至今件件完好，没有丢过一个螺丝，今天自己弄丢了一颗螺丝是小，破坏了老师傅们辛辛苦苦养成的好作风，这可是大事。于是，他请了半天假，赶到萨尔图，问遍了所有的自行车修理部、钟表和收音机修理店，想买一颗小螺丝配上，结果不是没有，就是规格不合适，都未如愿。想来想去，他想到了生产厂家。他工工整整地给厂家写了封信，说明事由，请技术员根据形状画了一张草图，标明尺寸，并附上一元钱，要求厂家破例卖给他一颗小螺丝。厂家被他的这种对工作的高度责任心所感动，破例送给他一颗螺丝。他们扣除寄信花去的两角钱邮费，把剩下的钱附在一封信里用挂号信又给寄了回来。在信中，厂家写道：“你们自觉地爱护设备，在自己的岗位上严细认真，一丝不苟，这种精神值得我们学习。”

大庆会战中，指挥部结合三矿四队和李天照井组的典型事例，狠抓队伍的作风建设，使全油田涌现了一大批作风严细，真正体现“三老四严”、“四个一样”作风的先进集体。

大庆有个采油队所管的油井在中心广场附近，在井场上班的工人只要一抬头就能望见露天放电影的银幕，但是值班采油工硬是不看电影，坚守岗位，集中精力巡回检查油井。有个注水站距食堂只有200米，但站上的职工长年坚持带饭上岗，吃饭不离岗位。有位女泵工因临时替班，连续工作了20多个小时，没离开岗位一步，始终按要求定时检查设备。她只要脱离几分钟，就能把饭取来，但她没有这么做。运输十三队差不多年年夏天突击运基建用料，冬季进山拉“困山材”，在远离领导、冰天雪地的深山密林里完成集材任务。他们车过果园，不动百姓的瓜果；行车压死一只鸡，便挨门询问，直到找到鸡主，照价赔偿。他们车行万里，一尘不染，被当地老乡称为“不穿军装的解放军”。

1963年底，中共中央东北局在大庆召开工交企业基层工作经验交流会。余秋里在会上介绍了大庆的工作，欢迎与会代表对大庆进行检查、批评、指导。代表们用各种方法检查了大庆的工作，特别是岗位责任制的执行情况。除了会议安排的参观、检查外，还在会议安排之外进行了多次访问检查和突击检查。有的代表除了白天进行明的检查外，还在夜晚暗地检查，不是检查一两个点、一两次，而是多个点、好多次。经过这样明的、暗的，多次反复地检查，代表们普遍认为，大庆工人觉悟高，工作认真，经得起检查。坚守岗位、执行制度真正是“四个一样”！

5. “五把铁锹闹革命”

1961年，随着石油大会战的展开，一批职工家属来到大庆。为了渡过困难，会战工委作出决定：把家属组织起来，参加集体生产劳动，坚持走

“自己动手，丰衣足食，支援石油会战的道路”。

那一年的冬天，钻井指挥部首先响应会战工委的号召，一面把家属组织起来学习，一面组织家属大搞积肥活动。1962年春天，大庆油田的第一个家属生产队便诞生了。

当时，很多家属都报了名，最后确定薛桂芳、吕玉莲、王秀敏、杨晓春、丛桂荣等五人第一批去“八一新村”开荒种地。

1962年4月16日，是一个令薛桂芳等人终生难忘的日子。那一天，天气很冷，又刮大风。上午9点，薛桂芳等5人背着行李、粮食，领着3个不满4岁的孩子，扛着铁锹，提着一盏油灯，搭了个便车，就向目的地出发了。

车缓缓地把她们带到30公里以外的地方。下了车，离她们要去的“八一新村”还有6里多路。由于茫茫草原草深无路，她们几个人只好背着行李、粮食，抱着孩子，扛着铁锹，深一脚浅一脚，一步步地艰难挪动。到下午一点多，才到达了“八一新村”。

到“八一新村”后，她们就动手修房子。原来钻井队留下的一幢破房，只有四根柱子，上面没有房盖，四面没有墙。看到这种情景，五个人二话没说，放下东西，卷起袖子，挽起裤腿，就开始干起来。没有房盖，她们从附近的副业队借来一块帆布，把房顶和四周都盖上；没有床，到3里多远的地方抱些干草来铺在地上，搭起了地铺。在副业队的帮助下，终于算把房子修好了。

晚上，经过一天的劳累，几个人又困又乏，但又不敢睡觉，因为那时荒原上经常有野狼出没。为了能让大家睡好觉，薛桂芳便把4把铁锹插在门口，一把铁锹枕在头下，并说，你们就放心睡吧，我给你们放哨。几十年后，薛桂芳回忆起当时的情景，仍感记忆犹新。她说：“因为我的年龄最大，大家都很尊重我和我的意见，我感到，我有责任多关心大家。”

第二天，天刚亮，吃过早饭，她们就扛着铁锹，领着孩子下地了。

4月的早晨，天气很冷，地还没有完全化冻，草根又深，挖起来非常费劲。她们一锹一锹地挖，从早上7点多，一直到晚上5点多钟，全天苦干11个多小时，才挖了一亩地。

进入5月，天气渐渐暖和了，但其他的困难也接踵而来。她们住的房子十分简陋，每逢下雨天，外面大下，屋里小下；外面不下，屋里还在滴答。地铺上的草又湿又潮，几乎每天都要把草抱到外面去晾晒。草原上的蚊虫也格外多，五个人浑身被咬得到处是包，痛痒难忍。

薛桂芳她们吃饭是在副业队搭伙，没有菜，天天吃的是高粱米、窝窝头，喝的是水泡子里的碱水，虽然生活条件比较艰苦，劳动强度大，但没有一个人打退堂鼓。

五个家庭妇女在“八一新村”开荒种地的消息很快传到会战指挥部，其他妇女听了也深受鼓舞。4月12日，迟翠英又带着第二批家属来到了“八一新村”。接着，第三批也来了。两批共计18人。人多了，队伍也正规了起来。迟翠英被任命为队长，邵香荣任技术员。为了能适时种上地，在队长的带领下，她们开始用人拉犁翻地。犁是借来的，开始大家都不会用，干起活来，不是你挤我，就是我踩你。扶犁杖的也是忽深忽浅。为了让大家都能学会这套农活，技术员邵香荣到附近农村向老农请教，并将老

► 薛桂芳等五位家属在草原开荒

农讲的道理与实践结合起来，带着大家边学边练。就这样坚持了几天，终于学会了用木犁开荒，而且越干越熟练。几天时间，她们在“八一新村”附近种了16亩地，到秋天，收了3500斤粮食。

随后的事情就比较顺畅了。到1963年，家属垦荒队伍扩大到71人，种地92亩，收粮食3万多斤。每人分粮食400多斤，菜600斤。不但自己改善了生活，支援职工食堂4000多斤蔬菜，还响应党的号召，卖给国家6000多斤余粮。这一年秋收以后，队伍又扩大到142人。

上级领导充分肯定了薛桂芳等家属垦荒队取得的成绩，石油部奖给她们一面“发扬穷棒子精神，走自力更生道路”的锦旗，鼓励她们坚持发扬“五把铁锹闹革命”的精神，不断前进。

在各级党组织的关心支持下，大庆职工家属参加农业、副业生产劳动蔚然成风，五把铁锹发展为万把铁锹。到1965年年底，大庆已有95%以上有劳动能力的职工家属参加了集体生产劳动，单是1965年一年，大庆家属就生产了四千多万斤粮食，三千多万斤蔬菜，二十五万斤禽蛋肉食品。家属们还同矿区职工一起利用农闲和工余时间建设矿区，从大庆石油会战至1965年，她们和大庆职工先后建设了一百多万平方米的“干打垒”住宅。由家属们举办的各种作坊、食堂、托儿所、缝衣组、理发店等服务部门，遍及矿区各个居民点。

6. “缝补厂精神”

1960年冬，是大庆会战最艰难的时候，几万人一下子来到了千里冰封的大草原，不要说找油打井，就是衣食住行也遇到了数不清的困难。石油工人艰苦创业，拼命抢夺大油田。他们没黑没白地奋战在油田，衣服破了顾不上补，脏了也顾不得洗，手套磨得露了手指头，还照样在冰天雪地里劳动。看到这种情况，后勤工人和职工家属，响应上级党组织的号召，千方百计为一线职工分忧愁，解决困难。在会战党委的支持下，共产党员鄢长松等3名转业战士和5名职工家属，在两栋破牛棚里，办起了大庆油田的第一个缝补组。

大庆缝补组刚办起来的时候，真可谓是千难万难，白手起家。他们以铁人王进喜为榜样，积极创造条件开展工作。没有设备，就找来两口大锅，一口烧热水，一口煮油工服；没有洗衣盆，就用喂牛的木槽子代替；没有针线剪刀，就从家里拿；缺少补丁布，就背着麻袋去捡破烂。寒冬腊月，他们的手被冻得裂出一道道血口子，又整天泡在碱水里洗衣服，裂口疼得钻心，可没有一个人叫苦叫累。就是凭着这股子劲，他们在第一年里就拆洗缝补了一万多件劳保用品。

对于后勤工人和职工家属创办的这个缝补厂，大庆油田的各级党政部门都很重视。当时主管这项工作的生活办公室多方努力，陆续给他们增加了人员，还添置了几十台缝纫机，使他们由一个“小打小闹”的缝补组办成了正式的缝补厂。

缝补厂起初的主要业务是为油田工人加工“两旧一新”棉工服。所谓“两旧一新”，就是把已经实在不能穿的旧工服收回来，拆洗干净，用旧布拼里子，把旧棉花弹好絮上，再配上新布面。照这个办法，原来只能加工一套棉衣的新布就能够做两套了，使有限的物资发挥了更大的作用。

缝补厂的工作看起来不像勘探打井那样有声有色，但同样充满了艰辛。比如说搞“两旧一新”棉工服，单靠手工洗衣，自然晾干显然远远满足不了批量生产的需要。缝补厂党支部带领全厂职工靠“两论”起家，自力更生，装备自己。他们先是和泥托坯，把东倒西歪的牛棚改建成流水作业的生产车间。又拣来废砖头，盖起了简易的锅炉房和洗衣房，并用木板制作了土洗衣机和其他必需的生产工具。在此基础上，他们又结合开展学雷锋活动，号召职工以“干一行爱一行，干一行专一行”的精神，开展了群众性的岗位技术大练兵，为扩大再生产创造了条件。

配成一件“两旧一新”棉工服的里子，要经过拆、洗、烘干和拼缝等四道工序。这可不是一件简单的工作，它和拆洗一般的旧衣服不一样。一件棉大衣，发出去的时候只有 7 斤重，可收回来的却要重得多了。缝补厂第一任党支部书记王凤允回忆说：“有次，我亲手称了一件，竟足有 21 斤！那真是一摸一手油，一抖一阵灰。加上油田上的工作服又绗了四五十道线，被油浸透了，变得死巴巴的，拆起来既费劲，又容易把布撕破。”

遇到困难，缝补厂的职工就集体想办法，在工作中摸索。拆旧组的曾阳春、冯淑贤等人用废钢丝磨成锥子，一针一针地挑，然后再细心地把棉花和布分开。刚拆下来的布上挂满了线头，刷子刷不干净，他们就用手一根一根地摘下来。拆旧工服的房子很小，又没有什么工作台，大家就坐在地上工作。衣服脏，工人们干得猛，弄得满屋子都是灰尘，戴上两层口罩吐出来的痰仍是黑乎乎的。

拆衣服不容易，洗衣服更加不容易。拆下来的油污布必须先放在碱水里煮过才能洗净。原来的小锅煮不下，他们就用拣来的废砖头砌了个大池子。水开以后，池水中浮上一层油泥，味道特别难闻。为了把每一块布都洗干净，职工们谁也不在乎油脏和气味难闻。他们全都站在池子边，上下不停地翻弄油污布。等水晾凉了，他们又争着脱下鞋，挽起裤腿跳进池子里踩踏。有的工人身体不适应，皮肤过敏，有人腿上的皮肤都烂了，但他们仍坚持工作。

从拆旧衣服开始，缝补厂的工人们不仅认真仔细地把布拆好、理好，还要把旧衣服上的纽扣和领、裤钩收集起来。纽扣脏了，用碱水刷洗干净；领、裤钩生了锈，用砂纸打磨一下再用。有时谁干活时纽扣或领、裤钩崩丢了，下了班就主动留下来，一直到把东西找到了再回家。

拼里子和裁剪更是一件细心的活。工人们本着“废材利用，缺材代用，小材大用，好材精用”的原则，把大块布用来拼袄里，小块用来补洞眼。剪裁的时候剪刀靠边走，剪下的布条用来包袖口。剩下一些不结实的“麻花布”也不轻易丢掉，或者衬在棉衣领子里做领芯，或者收集起来送给生产单位擦机器。这样拼成的一套棉工服里子，少的有一百多块，多的还有达到二百多块的。为了力争把“两旧一新”棉工服做得既结实又美观大方些，工人们还注意把大块拼的、颜色又相同的旧布用在上衣的前襟后背，小块或颜色杂的用在袖子和棉裤里。

裁剪车间为了节约费用，先是把划样子用的新蜡笔加温搓细，延长使用时间，后来又将剩下的蜡笔头攒起来，熔化后做成新蜡笔用。

加工车间的工作是把前道工序准备好的半成品做成衣服，工人们也处处精打细算。机工们算了一笔细账：棉工服每套上面要跑54道杠，需要出现52根连接线头。如果每根线头少留一寸，每件棉服就能少用1.7米棉线。厂里每年加工两三万套棉工服，就可以省4.5万米线。这样一个由小变大的数字，使机工们看清了点滴节约的重要性，生产中都尽量避免留长线头。就是偶然出现了长线头，也要主动揪下来收好，转交给钉纽扣的工人用。车间里还加强了对机油的管理。保养机器时，对准油嘴，防止跑冒。油壶里没用完的底子，也有人主动收集起来。

修理厂的技术工人，除了坚持做到机器坏了自己修，配件断了自己焊，积极主动保养好设备外，还处处当节约挖潜的有心人。他们经常从“合理的消耗”中发现不合理的浪费。在加工服装的车间里，缝纫机皮带钩易损易坏，虽然每个只值5厘钱，但节约起来仍可积少成多。修理工陈维汉主动放弃午饭后的休息时间，到处去捡废钢丝，做了两千多个皮带钩。厂里加工好的棉工服，每道线缝里都要沾着一缕缕棉绒。打包出厂前，一般都被用笤帚沾水扫掉了。老工人陈志训和张祝三等人看后很心疼。他们说：“每一缕棉花都是国家的财产，用不到生产上就是一种浪费!”他们找来废料，研究制造了一台土扫棉机，在提高工效的同时，每天还能扫下3两多棉花。

缝补厂不仅缝补回收的旧棉衣，还千方百计为一线工人缝补衣服。他们先是采取“三人工作两人干，抽出一人上前线”的办法，不定期地组织工人抬上缝纫机，背上旧布和修鞋、洗衣工具，到附近的井队和施工现场，为工人拆洗缝补。后来，随着人员的增加和条件的改善，厂里又专门成立了相对稳定的缝补小分队，定人、定车、定期到边远生产单位去服务。关于这方面的情况，王凤允回忆说：“记得1963年入冬后的一天，我和家属工胡文玉、郝大嫂等十多个同志一清早就上了路。走着走着，天上

又飘起了雪花，北风像刀子一样刮得脸生疼。可是大家背的背、扛的扛，等赶到井队驻地就都满身是汗了。我向值班的干部说明了来意，他说钻井工人的衣服太脏太破，不好意思拿来。可是女工和家属大嫂们没等他说完，就从各个帐篷里拿出脏被褥和衣服等，洗的洗、缝的缝，忙活开了。为了不影响倒班工人休息，钉鞋和补衣服的同志把空着的一间帐篷让给洗衣服的同志，自己在外面摆开了摊子。没干多久，有的人手脚冻麻木了，有的人手上被针扎出了血……”

随着油田开发面积的不断扩大，小分队的战线也不断延伸。一次，他们看见有个井架工，在上二层平台之前把皮大衣脱掉了。他们便分析：平台有 20 多米高，上面的风更硬，为啥反倒不穿皮大衣呢？经过了解，原来是工人嫌皮大衣又厚又重，蹬高不得劲。为此，大家想来想去，决定把回收的破皮帽子进一步利用起来，像加工“两旧一新”棉工服一样，把拆下来的碎皮子一块块拼好，絮上旧棉花，配上新布面，做成了既轻便又暖和的皮背心，很受钻井工人喜爱。他们发现不少工人劳动强度大，整天在油里泥水里蹚来蹚去，发的工鞋很容易破损。他们便成立了专业修鞋小组，把修复后的旧工鞋送给这些工人替换着穿。

缝补厂艰苦奋斗、全心全意为一线工人服务的精神多次受到上级领导的表彰。1963 年 8 月，石油部长余秋里亲临缝补厂检查指导工作。他热情地勉励职工说：有人说缝补厂是个破烂摊。依我看，这是个联系实际学习马列主义、毛泽东思想的大学校。他还亲自组织油田会战领导机关和有关单位的人到该厂学习。同年 11 月 17 日，在全油田代表参加的总结庆功大会上，缝补厂被授予“勤俭办厂模范单位”的称号，党支部书记王凤允和厂长阎勇一起上台，接受了会战工委颁发的锦旗。1964 年，在余秋里亲自主持的一次祝捷大会上，缝补厂又被石油部授予“勤俭办厂的模范”的光荣称号。

7. 工农结合，城乡结合

大庆会战初期，有些热心人提出要建设一座石油城市，并忙着要搞规划蓝图。他们设想，在原来安达市附近建设一座石油城，在那里建设职工住宅和生活设施。职工上下班用汽车接送，或往返乘坐火车。这种设想反映到石油部以后，余秋里等人认为不现实。一是当时油田正处在勘探过程中，地下有没有油，油田规模有多大，还未搞清楚；二是缺乏资金，缺乏材料，缺乏施工力量。必须“有钢用在刀刃上”，把国家给拨付的建设资金集中用来生产石油。

1960 年，为了迅速甩开钻探，尽快拿下大油田，开辟生产试验区，进行原油试生产，以解决国家缺油的燃眉之急，会战领导小组在以主要的建筑施工队伍建设正规的管线、泵站、油库、厂房等生产设施的同时，在油田生产设施附近，就地取材，大家动手，分片盖起“干打垒”，度过了第一个严冬。随后，他们又在已有分片“干打垒”区的基础上，适当连片、集中，增加一些生活设施，新增一些商业网点，逐步按单位形成了若干个大小居民点。

1962 年，大庆总结前两年的实践，进一步在生产岗位固定的采油队和油水泵站等生产设施附近建设居民点，相近的几个居民点，逐步建成一个中心村和若干卫星村。对流动生产和施工的钻井队、井下作业队和基本建设单位，就在油田边缘地区建设居民点、中心村，作为职工的后方生活基地。家属们则在油田外围开荒种地。

周恩来视察大庆时，对大庆矿区建设十分关心，对大庆结合实际情

况，分散建设居民点、工农村很赞赏。后来周恩来又提出，大庆这样的矿区，不搞集中的大城市，分散建设居民点，家属组织起来参加农副业生产，可以做到工农结合，城乡结合，对生产、生活都有好处。1963 年 10 月 25 日，周恩来讲到伊春林区矿区政权建设问题时说："我看今后林区、油区没有其他工业的，就不要搞大城市。我看就是萨尔图这个办法，他们有四句话，叫做工业结合，城乡结合，有利生产，方便生活。这样就是可以缩小城乡差别。"根据这一方针，大庆石油会战工委确定，每个居民点都要把生产、生活和社会活动统一管理起来，实行工农业紧密结合，做到工、农、商、学四位一体，人人生活在组织之中。到 1963 年底，大庆已初步建成了萨尔图生产管理中心、让胡路科研中心和龙凤石油化工中心三个较大的居民镇，以及分散建立的十个中心村和四十多个居民点，一个新型的石油矿区崛起在松嫩平原上。

在油田的矿区建设上，大庆人根据油田勘探、开发的需要，在有限的人力、物力、财力条件下，坚持做到两条：一条是，生产设施、科研设施和医疗教育设施，坚持高标准，高质量，力求达到现代化的第一流水平。对于钻井工程、油水泵站、原油集输、注水管线、油库、变电站所以及机修等生产厂房，都根据生产需要，正式设计，正规施工，保证高质量、高水平。另一条是，在生活设施上，实行低标准，坚持因陋就简，就地取材。职工住宅、宿舍一律建"干打垒"。办公一律住简易房子，不盖办公大楼。

分散建设居民点，职工住宅离矿井近，便于组织职工家属种地，既有利于工业生产，又发展了农业生产。到 1965 年，大庆工矿区生产的粮食，解决了几万名家属的口粮，改善了职工生活，减轻了国家的商品粮负担。根据《人民日报》记者对大庆一个管理站的统计，1962 年该站粮食产量每个劳动力平均一千斤，1964 年已提高到三千斤左右。

分散建设居民点，还有利于降低建筑标准，市政设施可以适当简化。大庆居民点的用水、用电、道路等大部分是和生产设施结合使用的；污水、粪便就近用做肥料，因此不必建设很多专用的市政设施。根据《人民日报》记者在当时所作的典型调查，大庆每个居民平均的住宅和市政建设投资约合400多元，比一般新建城市大致低一半，既节约了国家投资，又较快地解决了广大职工的需要，也节省了职工的生活开支。

居民点的布置，兼有城市和乡村的特点。一般情况下，都是由一个中心居民点和三五个一般居民点围绕组成一个生活基地。工人在“前方”生产，家属在“后方”种地。集中生产的工厂，也突破了过去工厂福利区集中建设的框框，根据周围的耕地条件，把居住区分成几片，将单身和双职工宿舍建在厂前，家属住宅分布在厂周围不很远的几个居民点上，便于家属参加农业生产。

居民点之间的距离一般在两公里左右。中心居民点是生活基地内社会活动的中心，居民点里设有基地管理委员会，把农业生产、生活和社会管理统一起来。这里的生活福利设施比较齐全，有医院、半工半读的中学、商店、邮局、理发室、浴池等各种设施十七八项；还有一套农业生产设施，如拖拉机站、技术研究站、畜力运输队等。中心食堂可以开会，也可以演戏、放电影。一般居民点也设有小学、托儿所、杂货店等七八项设

▲ 大庆人建起的工农村

施，在一些不适宜建立固定设施的地方，就以流动巡回的方式来解决，例如有巡回大夫、串村理发员、登门送粮员等等。这些设施适应了广大职工和家属需要，基本上做到不出基地就可以解决日常生活上的需要。居民点内有电灯，有自来水，有的还能就近用上天然气。点与点之间都通公路，有交通车。

大庆这样的布置，职工上下班和家属种地都比较近，适合油田生产和农业生产的特点；买东西、看病、孩子上学等也不太远，又基本满足了城市生活的要求；既像城市，又像农村，两者的优点都有，是一个新的创造。

在学大庆运动中，工农结合，城乡结合成为舆论宣传最多的内容之一。在当时的舆论宣传中，对于大庆油田分散建居民点的做法给予了很高的评价。

第五章

做好后勤保障

1. 为“大庆”命名

“大庆”是随着油田的勘探开发而产生的新名称，在油田勘探开发之前，黑龙江省的地图上本没有大庆这个地方。

1959年9月，松基3井喷油以后，松辽石油勘探局黑龙江大队立即向黑龙江省委报捷。当时，省委正在107会议室开常委会。省委听取了松基3井出油的情况汇报后，第一书记欧阳钦、第二书记、省长李范五和其他领导人仔细观看了送来的原油样品，并详细询问了石油的勘探和生产过程。欧阳钦高兴地说：“找出天然石油是一件大事，由于我省工业发达，交通便利，生产的石油能够很快地用于工业、农业机械化的需要。这对于促进国家工业化、农业机械化都有极其重要的意义，必须继续加强工作，兢兢业业，做好石油勘探工作。”同月，省委在风景如画的太阳岛极乐村召开第365次常委会。会议讨论了黑龙江省对石油勘探工作中的修路、建房、动力设备、党群干部及勘探队职工福利等各种急需解决的问题，决定上述问题均由省长李范五组织有关部门和地区协调解决。

10月12日上午，黑龙江省委在花园村一号会议室召开常委会，专门研究支援大庆石油勘探与开发的问题。会议讨论通过了省委《关于大力开发石油资源，发展石油工业的决议》。决议指出：第一，我省石油工业的开发和建设已进入边普查、边勘探、边建设、边生产的新阶段。因此，省委认为必须特别重视，加强领导，大力支援，以更快地把我省建设成为一个新的石油工业基地。第二，全省各地区、各部门都必须以积极的态度，主动地从各方面支援这一新兴工业的发展，使其迅速地成长、壮大。第三，要求在我省所有的石油地质普查勘探队，保证按期完成中央部局交给的任务。第四，在国家总的规划下，我省明年应积极建设部分中小炼油厂和一批简易炼油厂，并安排建设一些为石油工业所需要的配套工厂。

11 月 8 日，黑龙江省在安达市大同镇召开油田勘探成果庆祝大会，欧阳钦、李范五、强晓初、李剑白、陈剑飞等黑龙江省党政领导亲临会场，欧阳钦还发表了热情洋溢的讲话。他说，此地出了油，是天大喜事。听到你们的介绍，感到石油事业在黑龙江大有希望。你们搞油的是野战军，找油、开发以及将来的建设是很复杂的，也是困难的。你们的事业，是全党的事业，是我们社会主义建设事业的重要组成部分。石油大发展可以带动我们的机械化、现代化，使国家更富强。你们到这里搞石油，全国要支援。我们黑龙江省委、省政府、有关的县、乡和广大人民群众是这里的“地主”，要尽“地主”之谊。他还说，石油工人是好样的。你们大部分同志是从部队转业的，为了改变我国石油工业的落后面貌，继承发扬了我们解放军不怕困难、一往无前的战斗精神。我们要像热爱志愿军那样，把石油工人当做最可爱的人。

欧阳钦在讲话中还提出要把大同镇，改为大庆区。这是欧阳钦在从哈尔滨到大同镇的路上想出来的主意，征得其他领导人的同意后在会上提出来的。当时与欧阳钦一道参加庆祝大会的黑龙江省委书记处候补书记兼省委秘书长李剑白事后回忆说：“11 月 8 日，在大同镇召开了庆祝大会，我怀着十分喜悦的心情陪同黑龙江省委第一书记欧阳钦同志前来祝贺。在途中，欧阳钦同志非常高兴地对我说：在我们北大荒发现了油田，看来我国石油发展大有希望，苏联在石油上卡我们的脖子也卡不住了，我们自己出油了。这在我国经济发展的困难时期，是一个关键而伟大的发现，对全国经济发展将是一个重大的贡献，全省人民都应庆贺这一具有伟大历史意义的事件。我说：‘很值得庆贺，松基 3 井喷油正值新中国成立十周年大庆的前夕，是向“国庆”献了大礼，喜上加喜，应该大庆。’欧阳钦同志兴致勃勃地脱口而出：‘那咱们就给油田改个名吧，把大同改为“大庆”，你说好不好！’我回答说：‘太好了！名副其实。山西省已有个煤城大同市，我们再叫大同市就重复了，改了吧。’”

随后，黑龙江省人民委员会根据欧阳钦的提议，作出了《关于成立大

庆区和将大同镇改为大庆镇的决定》。对此，余秋里曾有过评论，他说：“欧阳钦同志命名的‘大庆’，言深意切，含义深远。后来制订松辽油田勘探、开发方案时，我们都同意把这个新发现的油田，命名为大庆油田。”

2. 会战后勤部

1960 年 1 月 2 日上午，黑龙江省委在哈尔滨颐园街三号会议室召开常委会议。参加会议的有欧阳钦、李范五、强晓初、王一伦、王鹤丰、杨易辰、李剑白、陈雷、任仲夷、张开荆等。石油部部长余秋里到会介绍了大庆石油钻探的情况和今后工作的打算。与会者完全赞同余秋里所提出的加强钻探工作的方针和做法。常委会认为，随着石油会战人员的集中，必须相应地做好一切有关的支援工作。省委责成省公安厅党组对大庆油田的保卫工作进行一次专门的研究和部署，建立相应的机构，确保勘探工作的安全。关于勘探队员的粮食、副食品、煤炭、服装等物资供应问题，会议决定由杨易辰负责检查、安排。有关油田勘探的机修厂、卫生医疗机构、学校的建立和电力供应与筑路等问题，由陈雷负责安排。会议还决定 1 月 10 日，由李范五率机械、粮食、商业、交通、卫生、公安、教育、电业等各有关部门负责人赴大庆检查石油勘探工作中存在的问题。凡是能够解决的，就地解决。不能解决的，也要积极安排设法解决，以保证石油勘探工作的顺利进行。

按照省委常委会议的部署，1 月中旬的一天上午，省长李范五和省委常委、副省长兼省经委主任陈雷到大庆实地解决油田勘探中遇到的问题。松辽石油勘探局党委书记李荆和等人一路陪同。

一行人到了葡萄花，葡萄花石油勘探大队党委书记关耀家陪同李范五参观了葡1井、葡7井、葡21井。当时，正值葡7井出油。工人们为省委领导作了油井喷油示范。望着喷射出来的黑色原油，在场的领导都心情激动。陈雷问身边的关耀家：“一口井日产原油有多少?”关耀家回答说：“二三十吨。”陈又问：“淌在池子里的油不会浪费吗?”关笑着回答说：“都可以回收起来。”

葡萄花石油勘探大队会议室就设在一栋“干打垒”的屋子里。屋子中间放着一张木板钉的简易桌子，凳子是木桩打在地里，上面钉着木板。葡萄花石油勘探大队的领导人汇报完基本情况后，石油部研究院试采总工程师童宪章用通俗易懂的比喻向省委领导介绍采油的基本原理。听了介绍，省委领导很高兴。李范五说：“大庆石油工人战天斗地，不畏严寒，克服了许多困难，在这么冷的天气里还坚持工作，我代表省委、省人委和全省人民对你们表示感谢和慰问。我们黑龙江省人民一定全力以赴支援你们的会战。”

2月中旬，康世恩由北京赶到哈尔滨。此时的哈尔滨正是冰雕玉砌的世界，但康世恩无心留意窗外的美景，一心想着石油会战。他首先到黑龙江省委向欧阳钦报告了石油部关于开展松辽石油大会战的决定和部署，欧阳钦听了很高兴。他说：“党中央、毛主席对大庆石油会战极为关心，它直接关系到我国能否摘掉贫油的帽子。黑龙江人民一定会全力以赴支援大庆石油会战，要人给人，要物给物。”

▸ 欢呼第一口井喷油

2月13日和18日，欧阳钦两次主持召开黑龙江省委常委会，专门研究为大庆石油会战作准备的事情。会议决定，全省对大庆石油会战要采取“全力以赴、全力支援、统筹兼顾、全面安排”的方针，要求全省各地区各部门主动支援油田的开发工作。党中央批准组织石油会战的第二天，即2月21日，陈雷与陈剑飞一起参加了石油部在哈尔滨召开的松辽石油会战第一次筹备会议。会议一结束，陈雷等立即向省委作了汇报。接着，2月25日，省委致电中央，表示完全同意石油工业部的安排，并决心全力以赴，全面支援石油会战。为了保证石油会战的顺利进行，决定成立省委支援大庆石油会战领导小组。省委常务书记强晓初任组长，副组长有省委常委、副省长陈雷，嫩江地委第二书记、专员于杰，哈尔滨市委第二书记、市长吕其恩。领导小组成员有：省委组织部副部长曲常川、省公安厅厅长卫之民、省委宣传部副部长王晋、省财委主任关舟、省经委副主任封仲斌和叶方、齐齐哈尔市委书记张立信、省交通厅副厅长陈法平、省邮电局局长白景文。领导小组下设办公室，封仲斌兼办公室主任。这是大庆石油会战的强有力的后勤部。用欧阳钦的话说：要“把这个领导机构作为支援大庆区石油工业基地的政治部和后勤部”。欧阳钦还对余秋里讲，我来给你余秋里同志当这个后勤部的政委。

黑龙江省委组建支援石油会战的办事机构后，又考虑到大庆油田地处安达地区，应尽快调整安达的区划，加强这个地区的领导力量，保证石油会战第一线的支援工作。4月7日，省委常委会议决定成立安达市，将原来的安达县和肇州县的大同地区划归安达市管辖。5月3日，省委任命省委组织部副部长曲常川为安达市委第一书记，松花江地区副专员李介民任安达市委书记兼市长，松辽石油勘探局党委书记、局长李荆和兼任安达市委书记，哈尔滨市人委副秘书长杨祝民任安达市委书记兼副市长，齐齐哈尔市委财贸部长宋月涛、肇源县委第一书记张克孝任安达市委书记，省交通厅公路局局长刘华任安达市委书记兼副市长。从这个名单看，当时的安达市委是一个较强的领导班子。

在讨论安达市委班子时，省委组织部的工作人员曾汇报说，省交通厅和齐齐哈尔市委不同意调动刘华和宋月涛的工作。省交通厅提出刘华对全省的公路非常熟悉，不愿放走骨干，并建议可从合江或嫩江地区的交通局长中挑选一人顶替。齐齐哈尔市委的理由是，当时市委主管财贸的书记高衡刚刚调省里工作，主管财贸的副市长刘青萍又调到大学工作。宋月涛再调走，就没有人抓财贸工作了。省委常委讨论决定，就是要选派优秀的干部去支援大庆，局部要服从这个全局。

3. 大军未动，粮草先行

1960年初，正值特殊时期。天灾人祸，整个国家处于极端困难时期，各类物资奇缺，人民生活十分困难。黑龙江省委组建的这个“后勤部”，要想拿出大量物资支援石油会战，困难的确很大。

3月初，黑龙江省委常委、副省长陈雷赴京参加薄一波在中南海主持召开的支援松辽会战协作会议。临行前，欧阳钦对他讲：“要将省委对大庆石油区工作的领导、党的工作、政治思想工作、充实和加强领导力量、加强治安保卫工作以及物资供应工作等向会议作详细汇报。并请中央解决大庆区铁路、炼油厂、输油管、电站、工业用水等基本建设的投资、建筑材料、设备及交通工具等问题。”陈雷回答：“一定按省委的指示向中央详细汇报，力争解决所需的物资。”

3月9日下午，薄一波在中南海召开会议，中央各部委、黑、吉、辽三省均派人参加。会上听取了石油部和黑龙江省委的工作汇报。最后，薄一波在讲话中指出，黑龙江支援石油开发的办法很好，今后要继续照办。

当晚，陈雷回到下榻的北京饭店，与同来开会的东北经济协作区办公厅主任倪伟商量，感到有些问题尚需进一步落实。当即，用长途电话向强

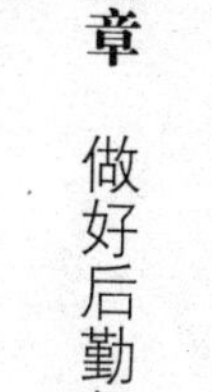

晓初作了汇报。强晓初赞同他们的意见。

第二天，陈雷到石油部与康世恩商定，将石油部和黑龙江省提出的要求汇成一个单子，统一口径向国家计委、经委、建委提出。

次日，国家经委副主任孙志远召集会议。听了陈雷的汇报后，孙志远说，你们支援石油会战的物资，原则上都可以解决。现在能拍板具体确定的就是调给你省 100 辆汽车。有关修路、建设砖瓦厂等所需的机械设备，尽量找现货，如没有则拨给材料由省里组织加工。其他物资，责成国家经委委员谢北一负责研究解决。

3 月 12 日，陈雷再次找余秋里、康世恩、李人俊等石油部领导，就大庆地区当前建设与长远考虑，石油建设与其他各方面事业的相应发展，以及会战中石油部与黑龙江省在各项工作中的分工负责等问题，进行了深入的研究和磋商，最后取得了一致的意见。也是在这一天，陈雷和倪伟分别与国家计委副主任安志文、铁道部副部长郭鲁面谈，确定对萨尔图至大赉的 150 公里铁路，立即着手勘察设计，作好施工准备。萨尔图、让胡路两个车站的扩建工作立即进行。20 万千瓦的发电厂和炼油厂、钢管厂等基本建设项目，列入三年计划。运输修公路所需砂石的车皮，铁道部同意从 3 月份开始，省里能装多少车皮，就拨多少车皮，并列入正式计划。这些措施，对大庆石油会战和大庆日后的发展，都起了重要作用。

大庆石油会战开始后，黑龙江全省上下不论是省委领导，还是普通工人，心里都像燃烧着一团火，恨不得一锹挖出石油来。省委几位领导多次表示，大庆在黑龙江，我们一定要全力以赴，全力支援石油会战。只要我们有的，需要什么给什么。

大庆会战，首先需要人。为了接待安置好中央调给大庆的两万名退伍官兵，强晓初与领导小组的人研究，决定责成王丕年、肖君盛、陈国润组成接待小组，以省民政厅为主成立接待安置办公室。由省委组织部从各地市县抽调 300 名干部，搭起 12 个修筑公路作业大队的架子，先把这些人安置下来。由于各方面重视，工作到位，仅用一个月的时间，2 万退伍官兵就在北大荒安下了家，并陆续投入到石油探区的公路建设中。这些人后来成为大庆石油工业的骨干力量。

为了保证会战工程的进度，省委于 3 月 1 日批转了省建委党组《关于松辽石油施工力量安排方案的报告》。决定从齐齐哈尔一公司抽调两个完整的大工区，从佳木斯公司抽调一个完整的工区，再补充一批新工人，组成省公司第一工程处。将肇源、庆安两县在大庆施工的 500 名工人调给松花江地区，再补充 500 名临时工，组成专业公司。从松花江地区各县抽调 100 名技术工人和 400 多名工人充实大庆工程队，组建成新的大庆工程公司。再由嫩江地区抽调 600 名工人补充地区公司、安达工地和安达县公司，从而形成一支力量较强的施工大军，完成石油会战中的各项施工任务。

为会战作准备，关键是把路修好。没有路，参加会战的千军万马和大量物资就运不进来。早在 1959 年 9 月，松基 3 井一喷油，黑龙江省委就注意到这一点。省委、省人委于 1959 年 10 月 26 日联合发出了修筑肇州至石油矿区公路的指示。会战前夕，省委专门成立了大庆石油会战公路建设指挥部。指挥部设在安达县，总指挥是省交通厅党组书记、副厅长陈法平，下设嫩江、松花江、哈尔滨三个分指挥部。松辽勘探局初步规划当年筑路 1040 公里。经省委支援石油会战领导小组反复研究，确定 1960 年筑路工程分两期进行。第一期为 540 公里，其中四级公路 140 公里，五级公路 179 公里，简易支线 221 公里。任务由三个地市分段包干。

在大庆筑路，第一位的困难是当地不产砂石。为此，陈雷带领支援石油办公室和省经委交通处的人经过研究，决定以五常县的杜家、尚志县的马延、苇河，阿城县的玉泉、亚沟等地为砂石定点场，并与铁路部门协商组成专列，每天往大庆运 2 至 3 列车的砂石，从而保证了筑路的需要。

几万会战大军一下子涌到大庆，头顶蓝天，脚踏荒原，住的问题迫在眉睫。会战开始的当年，就要完成 32 万多平方米生产用房的建设工程，并要求 6 月底前竣工 16 万平方米，任务十分紧迫。黑龙江省委支援石油领导小组决定把基建工程由嫩江、松花江、省工程公司及安达、大庆施工队分别承包，按期完成。此外，10 万平方米的“干打垒”任务，由所在县组织当地人民公社进行修建。同时，为解决石油工人的临时住宿，除责成当地动员居民腾出部分民房外，又在哈尔滨木器厂建立了一条活动房生产线，为大庆会战昼夜赶制出 1000 座活动房。

松辽会战进行了六七个月之后，又面临着几万人如何度过严冬的问题。这个问题解决不了，会战就得停下来，待来年春天再上，这样势必推迟拿下油田的时日，给国家造成更大的困难。会战指挥部的领导苦苦思索解决这个问题的办法，欧阳钦也在帮助他们筹划。一次欧阳钦对余秋里说，我想了很久，有一种办法，就是搞东北老乡那种“干打垒”。这种房子，一可以就地取材；二可以人人动手，来得快；三可以节省木材；四是冬暖夏凉。余秋里立即派人到农村考察，回来后一致认为搞“干打垒”的办法是切实可行的。为此，会战指挥部专门成立了“干打垒建筑指挥部”，由孙敬文负责。不久，黑龙江省委给他们派来了技术顾问。

在“干打垒”的墙打起来以后，又因缺少木材，上不了门窗、封不了顶，工程停了下来。李范五、陈雷、陈剑飞等省委领导立即请示欧阳钦。当时，计划内木材早已调拨完毕，一时也有些束手无策。省委认为其他省市计划用的木材当然也是急需的，但几万会战大军亟待解决的过冬问题，是更为急迫的问题。省里决定从计划外拨给大庆 3 万立方米木材。为使这些木材尽快运到油田，解决建筑“干打垒”的燃眉之急，省委、省政府采取非常措施，下令在大庆的“干打垒”用材尚未解决之前，从小兴安岭发往全国各地的木材列车，在南岔编组站一律换牌运往大庆。

保证会战的物资运输，当时是整个会战中的重要工作。铁道部在哈尔滨专门成立了支援松辽会战指挥部。60 年代初，安达站归哈尔滨铁路局管辖，而大庆石油区又在齐齐哈尔铁路局范围内，一点小事也得惊动两个铁路局，工作极为不便。黑龙江省人委就此给铁道部写了报告，请求把安达站划归齐齐哈尔铁路局。报告送到铁道部仅三五天就批复回来，这样的效率在今天也是少见的。

油田开发前，萨尔图地区只有一个 7 人值守的小邮电所。会战开始后，黑龙江省邮电局派出邮电工程队到油田架设通讯线路，安装设备。到 1960 年 4 月底就架通 330 对公里电话线路，年底完成了 1900 对公里。

1960 年 5 月 25 日，余秋里、周文龙、康世恩等石油部领导来到哈尔滨市，向欧阳钦和黑龙江省委常委通报了石油部党组关于指挥石油会战的一些想法。余秋里首先谈到，石油部党组已经在两个重大问题上取得了一致意见。一是对油田的看法，大家一致认为大庆油田是一个大油田、好油田；二是对大会战的看法，大家认为，同国外的油田相比，我们的勘探是高速度、高水平的，它说明大会战的决策是正确的、成功的。大庆会战取得了很大的成绩，一是靠党中央的正确领导、毛泽东思想的指引；二是靠黑龙江省的大力支持。欧阳钦插话说："我们支持的不够，主要是靠你们艰苦奋斗。你们住牛棚指挥会战，很令人感动。"余秋里说："不是支持不够，而是很关心，很支持。我们艰苦奋斗，没有牛棚就不行，否则地图都没有地方挂。"

关于下一步的工作安排，余秋里说有两个问题，要下工夫研究解决。一是油田弹性驱动能量小，准备采取早期注水的方法进行开采。因此，要开辟一块生产试验区，看水能不能注进去，效果如何？二是原油含蜡量高，凝固点高，要通过加热，才能把原油集中起来，输送出去，如何加热，也要通过试验。

余秋里介绍情况后，欧阳钦说，石油部的工作很有创造性。你们学习、应用毛泽东思想，指导大庆会战，这个经验对于各条战线都有普遍意义。至于说到支援，首先是大庆支援了全国，支援了黑龙江。大庆油田的开发建设，将会把各行各业带动起来。我们从来把支援大庆看做是支援自己，看成是自己分内之事，而不是看成负担。我们要同心协力，把油采出来，送到各条战线去。他还说：今后东北三省要继续努力，支援大庆的开发建设。工作中有困难是不可避免的，没有困难，不符合辩证法的规律。有困难大家分担，一起克服。最后，他提出了一个口号："互相支援，夺取世界冠军！"

几十年后，余秋里在他的回忆录中写道："欧阳钦同志讲的这些感人肺腑的话语、讲话时的音容笑貌，至今仍牢记在我的脑海里。"

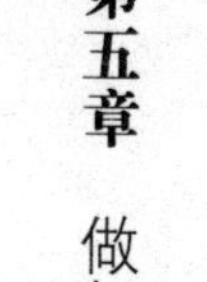

4. 节衣缩食保石油

在全国人民节衣缩食，以野菜代食的60年代初，搞数万人的石油大会战，解决粮食困难成了天大的问题。会战刚开始，没有粮食，情况反映到黑龙江省委，省委的几位书记对此非常重视，认为粮食问题能否解决，直接关系会战的成败。省委、省人委专门召开会议，决定每月再从全省节约出15万公斤粮食，支援大庆。当时，分管财贸工作的省委书记、副省长杨易辰亲自落实此事。他对省粮食部门的负责人说：“粮食困难，省委知道。但就全国而言，石油更缺。宁可我们自己挨饿，也得解决油田会战大军的吃饭问题。”

1960年2月，西伯利亚寒流袭来，松嫩平原气温下降到零下40度。北风呼啸，寒冷刺骨。从新疆、甘肃、四川等地云集北大荒的石油大军，一下火车，不能很快进入驻地，又冷又饿，发生了不少冻伤、饿晕的事情。省委支援石油办公室向陈雷作了汇报，陈雷立即向强晓初建议，在安达、萨尔图车站搭起暂时休息大棚。让南方来的人下车后每人能喝上一碗热面汤，吃上两个面包，然后再落实去处。省委领导同意这个建议，责成专人去落实。

萨尔图一带原来一无电厂、二无输电线路。水电部门专门派来4个列车发电站，保证了会战初期的用电，并用2年时间建立了龙凤热电厂和新华电厂。在会战初期，为了保证大庆的用电，黑龙江省还相应减少了齐齐哈尔市的供电量，直接影响了齐齐哈尔的生产和居民生活。但为了保证大庆石油会战，没有人发过怨言。

石油会战开始以后，欧阳钦指示黑龙江省“支援石油会战领导小组”负责人与会战指挥部领导住在一起，发现问题及时解决。省委领导看到大庆的钻井、油建工人都在以革命加拼命的精神进行工作，而每人每月仅15公斤的粮食定量，实在太少，感到这是关系到会战成败的大问题。而当时的情况是全国到处都缺粮食，黑龙江省的粮食储备已到了“危险线”，不少地区因农民缺粮，已向省里频频告急。但黑龙江省委本着宁可自己挨饿，也要支援石油会战大军的原则，决定由粮食部门在定量之外，每月再给大庆调拨75000公斤粮食。后来，由于会战职工体力消耗过大，粮食还是不足，不少单位以野菜代食，前线工人出现了4000多名浮肿病患者。而黑龙江省一些缺粮的地区也发现大批浮肿病患者。余秋里后来回忆说：“我们再也不能向省里伸手了。但会战队伍因粮食缺乏而出现的疲惫、浮肿，严重地困扰着我们。”欧阳钦听到这个消息，非常焦急，彻夜难眠，省委在千难万难当中，再次决定给会战职工每人每月增加3公斤大豆。这一消息传到大庆后，很多干部职工都激动不已。

与此同时，省里动员各方面力量，为会战队伍赶制的过冬被服，在入冬前源源运到会战前线。这就保证了会战职工安全顺利度过第一个严冬，坚持了会战。余秋里回忆说：“记得1960年12月的一天，大庆的气温降到零下30多摄氏度，采油工人却在这一天创造了日产原油7000多吨的最高纪录。这一年，生产了97万吨原油，勘探工作也取得了决定性成果。我们心里非常清楚，如果不是以欧阳钦同志为首的黑龙江省委、省政府及全省人民全力以赴的支援，夺取石油大会战第一年的胜利，是不可能的。”

黑龙江省对于大庆石油会战的支援是多方面的。仅1960年7月，黑龙江省就拨给大庆过冬商品煤炭28万吨，棉大衣3.6万件，皮大衣3万件，皮帽8.4万顶，棉皮鞋3万双，大头鞋3万双，棉工服6.7万套，棉手套30万副。

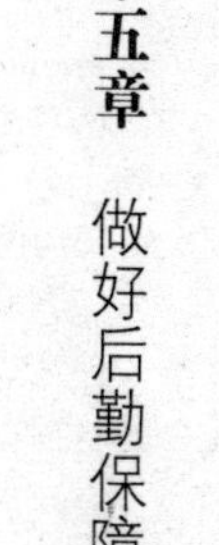

5. 要“牛”还是要“油”？

大庆油田这片土地，位于一望无垠的松嫩平原上，在这块面积为136万亩的土地上，生长着一望无际的优质牧草，是世界上少有的百万亩优良牧场之一。早在新中国成立初期，根据中共北满分局书记陈云的指示，就在这里建立了“红色草原牧场”。

1960年春，萨尔图、喇嘛甸地区一批探井相继喷油。所获得的地质资料表明，大庆油田越向北延伸，地下油层越厚，原油产量越高。石油会战指挥部果断决定，挥师北上，集中力量探明萨尔图、喇嘛甸地区油田情况。而萨尔图正是红色草原牧场的中心。牧民们因家乡发现了石油，沉浸在一片欢乐之中。他们热情地为会战职工腾出房子，连牛棚也腾了出来。仅1960年4、5月份，就帮助会战指挥部接待安置了约10万人次的会战大军，还为萨1井挖了第一个试油用的土油池。

但是，随着大会战的发展，一口口油井、一座座泵站和油库建设起来，这些设施占去了一块块肥美的草原。牧民们发现，开发建设油田必然要破坏他们生息发展的草原，于是，油和“牛”之间存在着矛盾，牧场和油田的争执随之发生。甚至出现了牧民强行扒掉盖在“万斤垧”田上的小型炼油厂。官司打到了黑龙江省委、石油部、农垦部，状纸递到了周恩来总理的办公桌上。

在油与“牛”的矛盾面前，黑龙江省委经过反复研究，确立了“服从大局，‘牛’给油让路”的总原则。鉴于石油开发还处在初级阶段，牧场暂时保留。1961年11月5日，省委责成曲长川和省农业厅长房定辰在萨

► 忙碌的会战工地

尔图召开了油田土地会议，通过与牧场、油田等有关部门讨论协商，确定了大庆地区利用土地的具体原则：“统筹兼顾，合理安排，保证油、牧、农全面发展。地上服从地下，油区内牛让油，油区外油让牛。”

但问题很快又出来了。由于缺少粮食和副食品，会战职工体力下降严重。为了坚持会战，指挥部决定发动职工和家属自己动手开一些荒地，种粮、种菜，改善职工生活。这就使得油与牛的矛盾再度突出。为此，欧阳钦亲自找有关部门做思想工作。李范五、强晓初、陈剑飞和陈雷也多次做省农垦部门和红色草原牧场领导的思想工作。黑龙江省委再次重申：“宁可牺牲牛，也要确保油。”为了确保大庆油田的开发建设用地，1963 年 5 月 13 日，经省人委第 92 次会议讨论决定，红色草原牧场所属 9 个牧场中在油区的 4 个牧场陆续迁出，把 230 多公顷土地移交给大庆油田使用。为此，黑龙江省迁出牧户 2790 户，14180 人。其中部分职工分别调往九三、查哈阳、赵光农垦局和万宝、五大连池农场及巨浪牧场。截止到 1965 年，迁场工作全部结束。红色草原牧场减少了 45 万余亩土地，其中采草、放牧地减少了 20 万亩，从而导致奶牛、马分别减少 53%和 7.8%。

那是在共和国历史上最为困难的年代，这一串串数字后面，是黑龙江省人民节衣缩食的奉献。难怪几十年后，当年指挥石油会战的余秋里回忆

起这段往事，仍满怀深情地说：“那时，黑龙江省同全国一样处于极端的困难之中。以欧阳钦同志为首的省委、省政府及全省人民的无私支援，使大会战前夕就出现了‘三军未动，粮草先行’的局面。我们对黑龙江这种天高地厚之情，只有由衷地感激，只能下定决心，率领会战大军高速度、高水平地拿下大油田，以回报党、回报人民。”

第六章

树起大庆红旗

1. 邓小平首次到大庆

1961 年 7 月，正是大庆石油会战十分困难的时候，中共中央政治局常委、总书记邓小平亲临大庆视察指导工作。

7 月 23 日上午 8 点多钟，邓小平到达大庆后，随即视察了孙玉廷钻井队、北 1—58 喷油井、北一排 2 号转油站、干打垒住房、三排 1 号注水站及西油库。

邓小平对大庆石油勘探工作很关心。康世恩到哈尔滨迎接他时，首先汇报在泰康打的 6 号探井喷了气。邓小平听到这个消息非常高兴。他说：这是一件新闻。你们要搞快一点。找到气，能解决大问题。康世恩汇报说：已在松 6 井以西、以北地区及齐齐哈尔、富拉尔基等地打了几口井，没有见到这个气层。邓小平说：气比油更活跃，你们要好好找。

在从哈尔滨到大庆的火车上，邓小平问康世恩：你们现在注水还没有过关吗？康世恩回答：按现在的情况，都是好消息。水注得很顺利，效果也很明显，比预期的情况好。但这里也埋伏着问题，就是担心水推进得不均匀，会沿着渗透率较好的油层跑得较快，形成单层突进，油井过早地被水淹。邓小平接着问：多少时间就会淹掉？康世恩回答说：今年就可能看出来。邓小平说：要出问题就早点出，好早点想办法。康世恩又汇报说，今年大会战的任务就是搞好 10 项试验和 14 项技术。邓小平问什么时候可以搞完？康世恩回答说，有的年底可以见到初步结果，有的明年还要继续搞。

康世恩汇报了大庆油田已探明的面积和储量后，邓小平说：现在 7 亿吨是肯定了，你们要搞到 10 亿吨。有了 10 亿吨储量，一年就可以生产 3000 万吨。他对 10 亿吨特别关心，在谈话中有 4 次提到要搞 10 亿吨。后来勘探证明，大庆油田可采储量超过了 10 亿吨。

在视察中，邓小平对油井产量问得很详细。在参观北 1－58 井时，他问这口井每天的产量有多少？值班工人回答说，用 12 毫米油嘴每天产量 120 吨。康世恩解释说，这口井是排液井，生产井不能用这样大的油嘴，只能用 5～7 毫米油嘴生产。邓小平问：用 7 毫米油嘴一天能产多少吨？工人回答说：可以产 50 吨。邓小平说，恐怕不止这个数字，要有 70～80 吨。邓小平又问：正常生产时一天能产多少吨？康世恩回答：按全油田平均一口井 30 吨左右。邓小平又说：恐怕也不止这个数。在汽车上，邓小平就按 70 吨、80 吨计算一下，说一口井一天生产 70 吨，一年就是 2 万 5 千吨；一天生产 80 吨，一年就是 2 万 8 千吨。他连连说，这是高产量的井，是好井。

邓小平这次视察，对职工生活问题特别关心，谈的也最多。在哈尔滨

▶ 1964 年 7 月，邓小平视察大庆时与王进喜交谈。

见到康世恩时他就问：现在职工生产如何？一个月吃多少钱？康世恩回答说：按过去一个工人平均一个月吃十三四元钱就够了，最近来了一批进口面粉，每斤 3 角 2 分，这样花钱就多了，低工资的工人很紧。邓小平当即对黑龙江省委书记李剑白说：进口面粉也不能抬高物价，按国内价格调拨。后来李剑白对康世恩说：要马上解决这个问题，按国内价格，以前多收的钱要退。

邓小平问康世恩：职工冬季服装解决了没有？康世恩说，黑龙江省委已帮助安排。邓小平又问大庆职工食堂办得如何？康世恩说：总的来看不算好，一是管理员的质量较差，二是炊事员技术不高，做的质量差。邓小平说：有些人愿意在家吃饭也可以，并说食堂要好好培植，不宜过大。

邓小平在大庆看了工人们正在搞干打垒住房，很满意。他问干打垒搞了多少？康世恩回答说，去年搞了 30 万平方米，今年原打算再搞 30 万平方米，现在看来只能搞到 20 万平方米。邓小平问明原因后计算道，30 万加上 20 万，就是 50 万，平均每人 10 平方米。然后乐观地对随同前来的黑龙江省委书记李剑白说：你们哈尔滨住房一人才平均 1.8 平方米，这个地方一人平均 10 平方米。他的意思显然是说，还是搞干打垒来得快。他还问康世恩这种干打垒每平方米要花多少钱，康世恩告诉他，如果不算人工，一平方米只要十二、三元钱就可以。邓小平听后肯定地说：这就能多搞。

邓小平还问油田日用品供应如何？康世恩介绍说，职工日用品很困难。一方面是东西少，另一方面是住地分散，工人没时间去街上排队，所以应买到的东西也得不到。邓小平给他们出主意：你们最好办几个供销合作社，送货上门，不然懒人不去上工，去排队能买到东西，好工人什么也买不上。供销社实行集体所有制，按批零差价办。

邓小平对大庆油田所处的萨尔图草原很感兴趣。当他看到沿井播种的庄稼时便高兴地说：这个地方靠着铁路，有火车站，草原很平，汽车到处可以跑，土地肥，到处能种地，这个地方太好了！青海、玉门、新疆没有这个条件，四川也没有。他还对康世恩说：你们要好好种地，成立专业队，实行单独核算。开头两年要补贴点，以后就要自给自足，农副业队生产的东西，也要实行等价交换。专业队是集体所有制，不要和企业混在一起。你们要争取做到蔬菜、副食品自给。

在视察过程中，邓小平还对油田发展养猪、养牛、植树问题谈了自己的看法。

1964年7月16日，邓小平第二次来大庆视察工作。与他一道来大庆视察的还有国务院副总理李富春、薄一波和中央书记处候补书记杨尚昆，陪同他们来大庆视察的有中央东北局第一书记宋任穷和黑龙江省省长李范五等人。

邓小平到大庆后，顾不上休息，首先来到了铁人王进喜曾经带领的1205钻井队，亲切问候了当班工人，详细询问了生产情况。接着，他又来到中三转油站、中二注水站，视察了采油情况。

第一次来大庆时，邓小平曾担忧过油层过早被水淹的问题。经过大庆人三个春秋的科研攻关，已经研究出了“糖葫芦派克”，降住了注水的单层突进。随后，邓小平又视察了在执行“三老四严”中首创“四个一样”的李天照井组，还视察了龙凤炼油厂等工程项目。在听取油田领导汇报后，邓小平希望大庆这面红旗树起来就要树得住；希望大家戒骄戒躁，夺取更大的成绩。

2. 刘少奇亲临指导

党和国家领导人十分重视和关心大庆油田的开发和建设。在国民经济处于十分困难的条件下，仍千方百计地帮助大庆解决油田开发建设中遇到的困难。当得知大庆职工看病就医有困难时，1961年7月，主持中央一线工作的刘少奇代表党中央批转了石油部和卫生部关于建立大庆油田职工医

院的请示报告。7月23日，党中央专门下发通知，批准在大庆建立一座有数百张病床的职工医院。当时各地都在压缩基建项目，中央批准大庆新建这座医院是很不寻常的。通知下达后，大庆的干部、职工都很激动。他们没有想到国家会在如此困难的局面下给他们建这么大的医院，而且还是国家主席亲自批示的。

那一年的8月，刘少奇在结束了对小兴安岭和大兴安岭林区考察之后，于百忙之中视察了正在会战中的大庆油田。

8月7日上午，刘少奇等人在康世恩的陪同下，从齐齐哈尔登上了开往大庆的列车。刘少奇走进车厢刚坐下，就开始听取康世恩的汇报。

刘少奇首先询问了大庆油田有没有一个长远规划。康世恩答道："今年二、三月间，邓总书记找部党组询问过，党组曾提出过一个规划。5月份，部党组在萨尔图召开会议，又专门讨论了这个规划。原来设想这个油田在1964年建成年产1500万吨原油规模，包括钻井、油田建设、炼油厂建设、输油管线、铁路运输等方面，这样在1965年就能生产1500万吨原油。按目前情况看，时间可能要延长一点。"

刘少奇进一步问道："实现这个规划需要多少投资？"

康世恩说："建成这一套要十二、三亿投资。"康世恩还汇报说，大庆会战去年投资将近3亿元，今年计划投资2.1亿元。刘少奇边听边点头。他对石油部根据实际情况，在国家经济处于困难的情况下，运用集中兵力打歼灭战的做法表示满意，称赞说："这样做法效果很好。"

接着，刘少奇又询问了油田目前生产能力有多大。康世恩回答说："如果今年钻井、油田建设任务完成，这个油田就有了年产100万吨的能力，明年大体上可以生产400万吨。"

刘少奇听后又提了一个问题："炼油厂跟得上吗？"

康世恩汇报说，炼油厂能力不够，现在正在油田附近的龙凤建设一个炼油厂，但是，利用管道长距离输送还有许多技术上的难题过不了关。刘少奇以商量的口吻问道："是不是可以在当地设炼油厂？先加工，再输送成品油？"

听了刘少奇的话，康世恩受到了鼓舞。他说："这也是解决问题的办法，可以减少输送原油的困难。不过炼油厂规模太大，要处理1000多万吨，但也有好处，那样可以跟上一个大的化工厂，产品就更多了。炼油厂、化工厂加电站，是一个庞然大物啊！”

刘少奇接过话茬，从积极备战、准备打仗的角度分析说：“也可以分散设几个点，离上十公里、八公里，中间摆上个化工厂，把炼油厂的废气通到化工厂做化工原料。这样，即使丢个炸弹，也只能打掉一部分。”

下午2时30分，列车缓缓地停在了大庆油田的让胡路车站。刘少奇一行首先来到正在施工的西油库。他参观了油泵房、压缩机室，还察看了5千立方米的金属罐，详细询问了建设工期、工程质量和装油能力。当他听说油库全部建成后，半小时就能装满一列车原油，原油外运能力将提高一倍时，十分高兴，连连点头称赞。随后，刘少奇一行又来到油田中部的开发试验区，视察第一批投产的转油站和三排1号注水站。他很赞赏大庆人实行的“早期内部注水、保持压力采油”的办法，说：“先注水，后采油，保持压力开采，这个办法好！”下午4时，刘少奇又兴致勃勃地来到正在打井的钢铁1202钻井队。陪同的人们向他汇报说，1202钻井队从年初开始，就瞄准苏联的功勋队——格林尼亚钻井队，苦干、巧干、拼命干，一年打井要超过31300米。现在他们累计进尺已近2万米。刘少奇听后再次同这个队的干部握手，满怀喜悦地说：“祝你们成功！”接着，他又告诫陪同参观的油田负责人：“工作和生活条件越艰苦，越要搞好职工生活，越要注意劳逸结合。”

当刘少奇离开井场时，看到远处的牛群，深有感触地说：“这里地下有油，地上有牛，确实是个好地方啊！”

刘少奇最后来到油田领导机关所在地——二号院，同会战工委和会战指挥部负责人进行了座谈。刘少奇很乐观地讲着开场白：“大庆到处热气腾腾，是一片兴旺景象！这个油田搞得蛮像个样，希望很大。”在详细询问了当年国家投资、目前生产规模和炼油厂的筹建以及油田开发的长远规划后，他又一次告诫油田负责人：“在暂时困难时期，一定要关心职工和家属的生活和福利。”他反复询问：“这里的工人生活好不好？”“粮食、副食供应怎么样？”“商业和服务行业能不能跟得上？”“开荒种地有没有拖拉机？职工家属来矿的有多少？”他语重心长地对余秋里、康世恩等人讲：“大庆这个地方最近几年要增到几十万人，怎么建设要很好地规划。几十万人，不能长期没有家呀！暂时没有可以，长期没有不行，所以要盖房子。职工宿舍、家属宿舍，要分期搞，不要集中到一块，炼油厂、化工厂、机修厂、电厂可以增加一批劳动力。可以组织成合作社或生产队，又盖房子、又开地、又种菜。否则这么多人吃饭全部依靠从外地调入问题很大。”当座谈临近结束的时候，刘少奇还再三叮嘱油田负责人：“要在工业发展的时候，就要把农业组织起来，要关心职工生活，要好好组织家属种地，企业先用拖拉机把地开好，再交给她们去种，这样工业和农业结合起来了，事情就好办了。”

在国家经济困难关头，刘少奇肩上的担子非常重。他此次外出视察，一路上很少讲话。但在大庆看到一派生机勃勃的景象，他也受到了感染。他不仅在大庆干部会议上讲了话，还主动提出要和职工代表合影。

3. 周恩来评价大庆成就

1962 年夏天，大庆石油会战已经渡过了最艰苦的关头，但困难仍很多。这年 6 月，周恩来和邓颖超在余秋里、康世恩等人的陪同下来到大庆视察。这是周恩来第一次视察大庆。

6 月 20 日，余秋里和康世恩专程赶到齐齐哈尔迎接周恩来。晚上，在开往大庆的列车上，周恩来听取了关于大庆会战的情况汇报，一直到深夜一点多钟。陪同总理视察的童小鹏见时间太晚了，就说：“总理年纪大了，该休息了。”周恩来笑笑说：“年纪大了，更应该多做工作啊！”

6月21日上午10点，周恩来乘坐的客车缓缓进站。周恩来敏捷地走下列车，与在站台上迎接的大庆会战指挥部成员一一握手，深情地说："同志们辛苦了，你们工作做得很好!"当周恩来看到会战领导穿着布衣、草鞋时，满意地点了点头。余秋里等人请周恩来先休息一下，周说："时间不多，要抓紧在大庆多看几眼。"

周恩来每到一处，总是和蔼地与工人们亲切交谈。在1202、1203钻井队，他健步登上钻台和工人们一一握手。当班工人见自己手上满是油污和泥浆，不好意思地在衣服上擦拭，周恩来发现后主动上前紧握着钻工的手，和蔼地说："没关系，我也当过工人。"接着，他又亲切地和围在身边的工人拉家常。问他们多大岁数了？当了几年钻井工人了？老家在哪里？冬天野外钻井冷不冷？穿的工服保暖不保暖？爱人接来没有？他一边细心询问，一边倾听大家的回答，还不时发出爽朗的笑声。当听说国产钻机性能还不错，年钻井进尺已经超过苏联"功勋"钻井队时，他非常高兴，一再鼓励工人们要再接再厉，多打井、打好井。他看到一位柴油司机坚守岗位不能站到近前，就马上从司钻操作处很窄的地方挤过去，一把握住司机那满是油污和老茧的手。那位司机激动得久久不肯松手。快要离开时，他听说钻井工人想与他合影留念，感到非常高兴。他伸出两个胳膊，搭在身边两位老工人的身上，留下了令工人们难忘的珍贵镜头。

大庆北二注水站是首先创立岗位责任制的试点单位。在那里，周恩来看到贴在墙上的各项岗位责任制度，边看边点头说："好，你们这样做很好。"他还对化验员说："你们的工作很重要啊!"

在职工食堂，周恩来拿起锅盖，用勺子搅了搅正在煮着的红高粱米粥，又亲口尝了尝另一个锅里的菜汤，深情地对炊事员说："你们很艰苦啊!"炊事员很感动地回答说："不艰苦。"周恩来马上纠正说："艰苦是一个事实，说不艰苦是假的，人家卡着我们的脖子要债，又遇上自然灾害，现在确实存在困难，但我们只要坚持艰苦奋斗，自力更生，将来一定会好起来!"

时间过得很快，陪同人员又一次催促总理上车。周恩来回身发现200米外一位家属从地窝子里出来倒垃圾，就向地窝子走过去。陪同人员劝他不要下去了，周恩来却一个劲地向前走。那位倒垃圾的家属叫杨德群。她又激动又担心地对总理说：“里面又黑又暗，首长就别进去了。”周恩来说：“你们能住，我就能进。”他一面弯腰往地窝子里走，一面问小杨是哪里人，生活习惯不。小杨一一作了回答。周恩来满意地点了点头。

在地窝子里，周恩来深情地端详着躺在土坑上刚刚满月的孩子说：“同志们现在生活得确实很艰苦，但将来一定会好起来！”

在视察中，周恩来看到油田很大，非常高兴。他充分肯定了大庆取全取准资料，讲求科学态度的做法，特别强调要把高度革命精神与严格科学态度结合起来。

周总理来到大庆视察的消息，迅速在油田上传开来。当晚在火车站自发地聚集了大批群众，秩序井然地等在那里，都想看一看敬爱的总理。周恩来由余秋里陪送去哈尔滨，他上了火车后，又再次下来，再三向群众招手致意。

在 1963 年，大庆原油产量达到 420 多万吨，为实现石油基本自给作出了应有的贡献。这一年的 6 月 19 日，周恩来第二次到大庆视察工作。

周恩来这次到大庆，由会战工委副书记张文彬去哈尔滨迎接。周恩来在列车上向张文彬详细询问了大庆一年来的变化，对会战的迅速发展十分高兴。上午 11 点，周恩来一下火车，就乘坐普通的蓝色大客车直奔 1205 钻井队的井场。周恩来热情地与钻井工人们握手。在人群中，他一眼认出了一年前见过面的小李。他大步走过去，紧紧握着小李的手说：“你是李……”小李回答说，我叫李清明。周恩来高兴地大声说：“李清明同志你好！”此情此景，使在场的人们激动不已。随后，周恩来又健步登上高高的钻台，把手伸向每一个当班的工人。当班的柴油司机正要找东西擦手，周恩来大声说：“不用擦，你们很辛苦，整天和油、泥打交道，这是你们的光荣啊！”周恩来还询问钻井进尺多少，指标多少。当工人们回答说要用 3 年时间打 10 万米时，周恩来高兴地鼓励说：“好！要有雄心壮志，要敢于创指标！”

这次视察，周恩来所到之处都与工人们像老朋友一样亲切地交谈，详细地询问有关生产、生活和职工家属的情况。尤其是对职工的生活，周恩来问得最多最细。他问大庆今年种了多少地，苗长得怎样，职工的家属都接来了没有。当周恩来来到大庆最大的油库——西油库时，他环顾四周的油罐群，遥望远处的装油栈桥和长长的油龙，感到非常高兴。他语重心长地说：“这地方很重要，一定要搞好安全生产。”周恩来见远处站着很多群众，就一面热情地招呼让大家过来，一面快步迎上去，握手问候。当周恩来听说身边的一位工人是湖南人时，亲切地问：“湖南都吃大米，你在东北要吃粗粮，你能习惯吗?”那位工人回答说：“总理，粗粮细粮我都能吃，只要为国家多产油，吃什么都行!”周恩来听了高兴地带头为他鼓掌。

来到西油库的栈桥下面，周恩来要上去看一看。栈桥很高，大家劝总理别上去了。可周恩来还是踏着扶梯，登上 4 米多高的装油栈桥，值班工人给他做了罐车装油的表演。周恩来见栈桥上没有一点油污，赞赏地点了点头，并关切地问当班工人：“冬天和雨天怎么办?”工人回答说：“坏天气和好天气一个样，坚守岗位，一丝不苟。”周恩来听了极为高兴：“这是你们大庆人自己创造的严细作风，四个一样好，我要向全国宣传!”

4. 朱德、董必武视察大庆炼油厂

随着大庆石油会战进程的加快，来大庆视察指导工作的中央领导也渐渐多了起来。1963 年 6 月，国务院副总理兼外交部长陈毅陪同周总理和朝鲜最高人民会议常任委员会委员长崔庸健视察大庆，他对大庆人提出的“三老四严”赞不绝口。一个月后，国务院副总理邓子恢来大庆视察，还在采油前线召开群众大会，讲红军传统，提出奋斗目标，对职工鼓舞很大。

1964年，中央领导到大庆来的更多了。5月6日，彭真一行30人到大庆视察。7月17日，邓小平和李先念、薄一波、杨尚昆在东北局书记宋任穷、黑龙江省省长李范五等陪同下到大庆视察。7月28日，刘伯承一行35人到大庆视察。

1964年8月1日，是中国人民解放军建军37周年纪念日。这一天，被誉为“红军之父”的朱德总司令来到大庆。与他同行的还有国家副主席董必武。

上午10时53分，朱德和董必武在萨尔图车站下了火车。两位老人顾不上休息，立即在康世恩、徐今强两位石油部副部长的陪同下，驱车前往龙凤参观大庆炼油厂。在途中，康世恩向朱德等人汇报了炼油厂艰苦创业的过程。朱德听后非常欣慰，赞扬大庆人这种爱国奉献的精神。他说：“你们大庆油田闯出了社会主义企业建设的道路。”

在炼油厂参观时，朱德和董必武详细询问了炼油厂的规模、生产的成品油品种。听完汇报后，朱德在充分肯定大庆人取得成绩的同时，勉励他们说：“你们要继续努力啊！”

当康世恩汇报说，1952年转业的石油师已成为石油战线骨干力量时，朱德高兴地说：“部队转业也有两种情况，一种是把革命传统坚持下来了，一种是跟着人家走。1952年转业40多个师到各个部门搞建设，你们石油部门把革命传统坚持下来了，新疆建设兵团也把革命传统坚持下来了。”

接着，康世恩汇报了组织家属搞农业生产的情况，说家属生产队有政治指导员，各单位设有家属政治部。朱德强调：“全国各方面都要设政治部，我们解放军就是靠政治工作建设起来的，大家要学习解放军！”他还说：“你们把家属组织起来，要做好思想工作。这里种地时间短，季节性很强，农忙时要集中力量搞农业，工业忙时，家属也可以搞工业。”

下午，朱德、董必武又视察了松基6井、中6—17井、中三转油站和西油库。途中，康世恩指着窗外的干打垒平房对朱德说：“这就是1960年职工、家属们搞的土房子。现在也是分散建居民点，这样既便利于工业生产，又便利于农业生产。”

朱德边看边点头，他乐呵呵地说：“你们树立了一个艰苦朴素的样板，要坚持下去，把家属组织起来搞农副业生产，还可以搞点放牧。人人都劳动，给国家创造的财富就多了。我们这么大的国家，人口这么多，只是一部分人劳动，我们就富不起来。”

在视察过程中，朱德还对康世恩等人说：“国家整个形势，各方面工作都好，外贸也好，就是要有硬东西才有力量。你们还有那么多面积，可否多搞些油。现在是石油时代，石油太需要了，以后要的还多。你们要继续前进，要永远保持艰苦奋斗，这是革命的传统，生活上不能和资本主义比，要艰苦一点，要把生产搞好。”董必武讲：“你们要搞一个建设规划。社会主义建设时期，你们是工业战线上的标兵，将来你们也要做建设共产主义的标兵。现在你们已经闯出一条路，沿着这条道路，根据这次中央会议精神，继续前进，就会闯出一条更广阔的道路。”他还说：“你们要好好种树，要多栽成材的树，多少年后就可以用，也可以种些果树。”

在大庆会战指挥部的二号院，朱德兴致盎然地为大庆题词：“大庆是革命精神和科学态度相结合的新型社会主义企业的标兵，戒骄戒躁，永远前进。”他放下笔，兴致依然很高。凝神片刻，再次挥毫，写下下面的诗句：

“八一参观大油田，采油部队建功全。围攻四载荒丘灭，创造百年企业坚。政治恰符群众意，指挥亦并士兵肩。大军十万开天地，结合工农典范编。”

1964年先后到大庆视察的还有罗瑞卿、张鼎丞等中央领导。这一年，各省、市、自治区和中央一些部门的领导人到大庆油田参加和检查工作的也特别多。为了接待来参观的人们，大庆把几十栋“干打垒”土房腾出来，清扫干净，摆上木床，当做接待站。用自产的豆腐、猪肉和蔬菜款待客人。

5. 新华社的公开报道

大庆石油会战经过3年多艰苦奋斗，取得了重大成就。从1960年5月会战打响，到1963年，大庆探明了一个含油面积达800多平方公里、地质储量达22.6亿吨的大油田，这是当时世界上为数不多的几个大油田之一。到1963年底，已开发建设了146平方公里的油田，建成年产原油生产能力600多万吨，当年生产原油450万吨，对实现我国石油的基本自给发挥了决定性的作用。在大庆石油会战的3年半当中，共花国家投资7.1亿多元，为国家生产了原油1155万吨，相当于同一时期全国原油总产量的58%，上缴给国家的利润和折旧费11.6亿元，投资回收率为149%。全员劳动生产率逐年提高，1960年为人均4886元，1961年增长到10823元，1962年增长到12530元，到1963年又提高到16265元。

随着大庆石油会战的进展和大庆油田的开发，我国原油产量和储量逐年增加。1962年与1957年相比，原油产量增长3倍多，天然气产量增长13倍多；石油储量增长近20倍；天然气储量增长约60倍；原油加工量增长2倍多，主要油品产量和产品品种增加约2倍；基本建设投资省、速度快、质量好、效果大；成本大大降低，财务总上缴大幅度增长。这些成就，标志着我国石油工业进入了一个新的发展阶段。

大庆石油会战的成功，使中国石油工业的发展实现了历史性的转变。1963年12月3日，在全国人大二届四次会议上，周恩来庄严宣告：“我国经济建设、国防建设和人民生活所需要的石油，不论在数量或者品种方面，基本上都可以自给了！中国人民使用‘洋油’的时代，即将一去不复返了!”

周恩来的讲话在人民大会堂的大厅里回荡，整个大厅沉浸在掌声和喜悦的气氛中。在这个庄严的会场里，只有一个人没有鼓掌。他端庄地坐着，抿着嘴恬然地微笑。他就是石油工业部部长、独臂将军余秋里。

在大庆石油会战初期，出于战备和诸多因素的考虑，会战是在极其保密的状态下进行的，油田对外的称呼是“安达农垦总场”。随着中国石油实现基本自给的喜讯传遍大江南北，大庆石油会战的情况也应告知于国人了。

1963年11月19日，余秋里在全国人大二届四次会议上，向人大代表汇报了我国石油工业的现状。余秋里说，第二个五年计划期间，石油工业一直是个上升的局面。原油和油品产量逐步上升，年年超额完成国家计划；在资源上，已经探明的石油可采储量，可以完全满足近期生产发展的需要；在技术上，我们依靠自己，独立自主地解决了地质勘探、油田开发、炼油、基本建设设计和施工等方面的一系列科学技术问题。这就为今后发展我国石油工业，使石油产品的需要全部立足于国内，打下了良好的基础。

1963年12月24日，康世恩应邀向北京市1万多名干部报告了大庆会战的情况，这是第一次公开进行的关于大庆石油会战的报告。康世恩在报告中系统地总结了大庆石油会战的历程、成果、做法和经验等，使首都人民开始认识并了解了大庆人和大庆石油会战。

报告会由中共中央政治局委员、书记处书记、北京市委书记、市长彭真主持。在整场报告会上，彭真先后作了60余次插话，高度评价了大庆经验和大庆精神。

当康世恩讲到石油会战初期，4万多人头顶青天一顶，脚踏荒原一片、一无房屋，二无炉灶的时候，彭真说：“上面‘盖’的是天，地下‘铺’的是草地。没有房屋，也没有床铺，几万人吃饭怎么办呢？没有锅碗，把饭放在牛槽里，用手捧着吃，他们从部长一直到全体干部、全体职工，就在那么一个草原上打这一仗，所以他们叫会战。”

康世恩讲到，为了在高寒地区过冬，一方面要大搞勘探，搞好生产；

◂大庆生产的原油源源不断地运往全国各地

另一方面，还要挤时间盖土房子，当地老百姓叫“干打垒”。又发动职工，在草原上搞代食品，挖野菜，渡过了困难。彭真插话说：“他们那个时候很困难，有人说搞工业还有这么个搞法？余秋里他们简直是胡闹，那一下子要死多少人啊！所以他们就下了个决心，准备这个会战打下来，伤亡两千人，但争取一个不伤亡。这也是个辩证法哩。”

当康世恩在报告中讲了“铁人”的故事，人抬钻机的故事等，彭真站起来大声说：“他们决心甩掉石油落后的帽子，不是他们石油部落后，是咱们国家石油落后。你说他那个条件，上面是天空，底下是草原。条件也要看是什么条件，有最完备的条件，有最理想的条件，也有中等条件，也有极恶劣的条件。咱们两万五千里长征是极恶劣的条件，抗日战争、反扫荡、解放战争都是这样的条件。共产党员就是要在极恶劣的条件里面去完成光荣的任务。这靠什么呢？就是靠一个革命精神。”

当康世恩讲到队伍建设的时候，彭真说：“就得搞这么一支队伍，搞产业军。我们党的组织性、纪律性、解放军的战斗作风，它的来源是无产阶级，无产阶级的组织纪律性。解放军天天练打仗，打仗的时候，不是你死，就是我活，一点一滴的毛病，都是生死存亡问题，所以它就把无产阶级的战斗作风，无产阶级的组织性、纪律性，无产阶级的思想意识更加集中提高了。我们产业这个军，马克思叫产业大军，就是要按这样一套办法搞，组织这么一个队伍。”

12月25日，新华社对外发布了一条关于大庆石油会战成功的消息，第二天，中国所有的报纸都在头版头条刊登了这一消息:《从国外进口“洋油”的时代即将一去不返》。配合这条消息，《人民日报》还发表了陈庆宁的长篇科普文章——《石油在国民经济中的作用》。文章从三个方面对石油在国民经济中的作用作了说明：第一，石油是动力和热力的源泉；第二，石油是优质润滑材料的重要原料；第三，石油和人们吃、穿、用紧密相关，是生活须臾不能离开的。

6. 石油部的总结报告

在余秋里和康世恩报告的基础上，石油工业部党组又就大庆石油会战的成功经验等问题进行了认真讨论，并于1964年元旦正式向中央写出了《关于大庆石油会战情况的报告》。

石油部《关于大庆石油会战情况的报告》分两个部分。第一部分，大庆石油会战，做了一些什么事情，取得了一些什么成果。第二部分，总结大庆石油会战的基本经验。

在报告的第一部分里，石油部党组向中央汇报说，大庆石油会战，已经三年多了。这一仗，确实打得很艰苦。那时候，几万人一下子拥到一个大草原上，各方面遇到的困难确实很多。在这种困难情况下，大庆油田的同志们，硬是鼓足干劲，苦干、硬干，团结一致，千方百计打上去。大庆石油会战的胜利，对我国石油产品做到基本自给起了决定性的作用。

经过三年多的艰苦战斗，到底做了一些什么事情，取得了一些什么成

果呢？石油部党组概括地讲了六个方面的成果：第一，拿下了一个大油田。这个油田是目前世界上特大油田之一。现在已经探明的储量，大体上可以适应我国石油工业发展的需要。第二，建成了年产原油几百万吨的生产规模和大型炼油厂第一期工程，质量良好。第三，三年多累计生产原油一千多万吨，油田生产管理水平不断提高。第四，进行了大量的科学研究工作，解决了油田开发上的几个重大技术难题。第五，经济效果好，国家投资已经全部收回，并开始为国家积累资金。第六，更重要的是，锻炼和培养了一支有阶级觉悟，有一定技术素养，干劲大，作风好，有组织、有纪律，能吃苦耐劳、能打硬仗的石油工业队伍，并且取得了比较丰富的经验。

关于会战取得巨大胜利的原因，石油部党组在报告中说，最重要的是："中央的亲切关怀和直接领导，解放军、中央各部委和各省、市、自治区的支援，特别是油田所在地区的中央局和省委的大力支持。"还应当指出，大庆油田的发现，是在地质部做了大量的普查勘探工作的基础上进行的，地质战线上的工作人员的辛勤劳动作出了宝贵的贡献。

石油部的报告重点是第二部分。在这一部分，他们共总结出大庆石油会战的九条基本经验。这九条经验是：

第一，社会主义现代化企业必须革命化。革命化就是用毛泽东思想武装广大职工的头脑，讲人的作用，讲阶级觉悟，讲工人阶级的革命精神、革命干劲和革命风格。

第二，高度的革命精神必须与严格的科学精神相结合。要把人们的革命干劲鼓到搞科学研究上去，鼓到搞第一性资料上去，鼓到掌握自然界的客观规律上去，鼓到扎扎实实的工作上去，鼓到生产上去。

第三，现代化企业要认真发动群众。大庆石油会战本身就是大规模发动群众，以搞生产为目的，充分调动了职工群众的积极性，始终保持着旺盛的士气。

第四，认真做好基础工作，狠抓基层建设，把各项工作的根基打得扎扎实实，牢牢靠靠。

第五，领导干部亲临前线，一切为了生产。做到在前线调查研究，组织队伍，发现、解决问题，总结先进经验；坚持面向基层，面向生产，面向群众，积极为基层创造方便条件，为生产的需要服务。

第六，积极培养和大胆提拔年轻干部。坚持党的德才兼备的干部政策，打破“唯资格论”和“唯学历论”的框框，从一个干部的全部历史和全部工作出发来了解干部，做到看根本、看主流，大量发现和培养人才。

第七，培养一个好作风。遵循毛主席关于实事求是、理论联系实际、密切联系群众、批评和自我批评等教导和中央历次指示，以解放军为榜样，针对石油工业的具体情况，强调树立企业的优良作风，提高队伍的战斗力。

第八，全面关心职工生活。坚持一手抓生产、一手抓生活，组织职工搞农副业生产，组织家属开荒种地，走生产自给的道路，对职工生活负起全部的责任，使职工保持充沛的精力，饱满的情绪。

第九，认真学习解放军的政治工作经验。结合石油工业的特点，在政治工作中树立生产的观点、群众的观点和革命化的观点。坚持以提高思想觉悟为主、以表扬为主、以正面说服教育为主、以群众性的自我教育为主，全面做好思想政治工作，从生产实际出发，为生产服务。

难能可贵的是，石油部在报告中还总结了会战中的一些缺点和错误。这些缺点、错误主要表现在：在会战中，由于职工的觉悟比较高，干劲大，一个胜利接着一个胜利，掩盖了我们在组织领导方面的许多缺点、错误；从勘探到油田开发，发展很快，企业管理上出过很多问题，曾经发生

► 利用“地宫”让工人掌握油水井生产动态

过一些严重事故；虽然我们也解决了一些重大技术难题，但至今还有一些重大技术问题，尚未解决；由于生产发展得很快，新投产的油井和装置都很多，人员培训工作没有跟上，安排得不及时；有些生产人员，技术水平低，操作不熟练，增加了老工人的劳动强度；在职工生活上，还有一些重要问题，应该解决而没有得到解决。

石油部的报告最后总结说："今后大庆油田的任务，还是很艰巨的，我们必须兢兢业业，戒骄戒躁，谦虚谨慎，努力学习人家的先进经验，认真地克服缺点，把工作做得更好。"

中共中央很重视石油部的报告，1964 年 2 月 5 日，中央决定在全国工交、财贸、文教系统和各级机关、团体、部队中普遍传达这个报告，一直传达到基层单位。中共中央在为传达这个报告所发的通知中指出："大庆油田的经验虽然有其特殊性，但是具有普遍意义。""它的一些主要经验，不仅在工业部门中适用，在交通、财贸、文教各部门，在党、政、军、群众团体的各级机关中也都适用，或者可做参考。"

7. 升华大庆经验

自从党中央肯定了大庆石油会战的成绩以后，全国掀起了一个宣传大庆的热潮。1964 年 4 月 20 日，《人民日报》在第一版《学习大庆经验，把革命干劲和科学精神结合起来》的通栏标题下，发表了记者袁木、范荣康写的长篇通讯《大庆精神，大庆人》。

《大庆精神，大庆人》是介绍大庆油田精神面貌的一篇综合报道。文章从"延安革命精神发扬光大"、"为了全国人民的远大理想"、"岩心和赤胆忠心”、“关心别人胜过自己”等方面介绍了大庆油田的精神面貌。文章赞扬大庆人“是一支穿着蓝制服的解放军”，说到了大庆，好像又回到了延安，看到延安革命精神的发扬光大。《人民日报》为这篇报道还发表了一个简短的编后语，题目是《崇高的榜样》。其中讲到：“大庆精神，就是无产阶级的革命精神。大庆人，是特种材料制成的人，就是用无产阶级革命精神武装起来的人。这种精神，这种人，正是我们学习的崇高榜样。”“大庆油田的一切成果，集中到一点上来说，那就是由于他们坚持高举毛泽东思想的红旗，把高度的革命干劲和严格的科学态度紧密结合在一起。学习大庆，首先就要学习他们的革命精神。”

此后，《人民日报》又陆续发表了《永不卷刃的尖刀——记大庆油田一二〇二钻井队》、《在岗位上——大庆油田李天照采油井组纪事》、《在革命化的道路上——大庆油田工人座谈会记录》、《他们是怎样看、怎样做思想政治工作的？——大庆油田基层政治工作人员座谈会记录》、《康庄大道——大庆油田自力更生赞歌》等多篇通讯报道。这些文章从不同的侧面反映出大庆人的英雄业绩。《人民日报》发表这些文章的目的除了宣传大庆这个先进典型，还特别注意宣传大庆人将革命干劲与科学态度相结合的精神。如《永不卷刃的尖刀——记大庆油田一二〇二钻井队》一文的编后按语《要鼓实劲》讲道：“在同大自然的斗争中，没有冲天的干劲，当然是无法取胜的。但是，这种干劲，必须建立在对主观和客观条件冷静地分析、正确地判断的基础之上，必须辅之以切实可行的措施，才能取得良好的成效。这也就是说，必须通过人们的实践，通过大量的调查研究和科学实验，使这种干劲成为实劲，而不是虚劲。”与此同时，中央和各地报刊、电台都连续宣传报道了大庆石油会战的事迹和经验。

1964 年 12 月，第三届全国人民代表大会第一次会议在北京举行。周恩来在大会上代表国务院作了《政府工作报告》，这个报告多处讲到了大庆的先进事迹，总结了大庆经验，并向全国发出了学大庆的号召。

关于大庆，周恩来在《政府工作报告》中讲道：“第二个五年计划期间建设起来的大庆油田，是根据我国地质专家独创的石油地质理论进行勘探而发现的。它的全部开发工程，包括设计、钻探、采油以及现代化的炼

油厂的建设，完全是依靠我们自己的力量进行的。”周恩来指出，大庆油田的建设，是“两论”起家，就是通过学习《实践论》和《矛盾论》，用辩证唯物主义的观点，去分析、研究、解决建设工作中的一系列问题。这个油田的建设，也是学习解放军，具体运用解放军的政治工作经验的典范。这个油田的建设，自始至终地坚持了集中领导同群众运动相结合的原则，坚持了高度革命精神同严格科学态度相结合的原则，坚持了技术革命和勤俭建国的原则。

周恩来在报告中充分肯定了大庆石油会战的成绩。他说：“这个油田的勘探和开发速度是最快的，建设质量是优等的，采油技术和管理水平是很高的，有一些是世界第一流的。”

在肯定了大庆油田的成绩之后，周恩来满怀豪情地说：“现在，由于大庆油田的开发和一些新炼油厂的建成，我国经济建设、国防建设和人民生活所需要的石油，不论在数量或者品种方面，基本上都可以自给了。”

周恩来在政府工作报告中，还站在更高的层面上阐述了大庆经验的意义。他说，依靠党的领导，依靠群众，这是我们取得革命和建设胜利的最根本的保证。石油工业部、大庆油田，就是这方面的先进典型。

周恩来在报告的最后还特别强调，要在全国各行各业开展比先进、学先进、赶先进、帮后进的运动，形成学解放军、学大庆的热潮。强调，我们各级领导机关、各种事业单位和广大干部，要学习解放军、学习大庆的彻底革命的精神和工作作风，使自已在革命化的道路上向前迈进。

周恩来对大庆基本经验的概括，高屋建瓴，言简意赅。它表明，大庆经验并不是哪个人或是哪一些人的创造，而是毛泽东思想与石油工业具体实践相结合的产物；是党的路线、方针、政策在石油大会战中的生动体现；是党在革命战争和社会主义建设中积累的丰富斗争经验，在特殊条件下的创造性应用。

1965 年 1 月 14 日，中共中央将周恩来的这个报告发至党内县团级以上干部学习。

随着报纸、电台等新闻媒介的广泛宣传，“大庆”这个原来鲜为人知的名字开始传遍全国各地。人们赞颂大庆精神，学习铁人的榜样。表达崇敬之情和学习决心的来信开始从四面八方飞到大庆，飞到王进喜手中。有一段时间，王进喜每天都要接到10多封各地的来信。1964年上半年，王进喜应邀到北京作报告。他们的报告，在中央机关、北京市领导干部和社会各界引起强烈反响。在人们经历了重重困难和曲折之后，听到这样一个长我志气、扬我国威的生动报告，使广大干部和群众感到了振奋和鼓舞。年底，他被选为全国人大代表，到北京参加全国三届人大一次会议。会议期间，他还代表全国工人作了大会发言。

关于那次发言，他是作了认真准备的，康世恩还手把手地教他怎么讲。在繁星满天、金碧辉煌的人民大会堂里，王进喜面对万余名听众开始了讲话。开始时，他多少有点拘谨，为了不讲错，他用手在讲稿上比着一行一行地讲。他的讲话以大庆会战为背景，以1205队和钻井二大队工作为主线，重点汇报了大庆工人阶级迎着困难上，与恶劣的自然条件斗，与各种困难斗，终于取得了会战的伟大胜利。他的讲话内容充实，事迹感人，听众不时报以热烈的掌声。人们鼓掌时，王进喜也跟着鼓掌，但是等鼓掌过后，他却找不到自己刚才讲的那一行了。他索性脱开讲稿，按照自己准备好的内容讲了起来。他讲得自然、生动，又有气魄。当他在大会堂朗诵起自己的那一首短诗："石油工人一声吼，地球也要抖三抖。石油工人干劲大，天大的困难也不怕！"整个大会堂掌声雷动，经久不息！

王进喜成为那个时代千千万万个普通中国人心目中的英雄。他被请去参加座谈，到各单位作报告。在北京作报告时，他经常被热情的听众围住，人们请他签名，请他合影。有时他走在街上被人认出来，立刻会有成百成千的人围住他，以至于不得不请警察出来帮助维持秩序，疏导交通。

王进喜成为那个时代最为耀眼的明星，成为那个时代最受人爱戴的英雄。

8. “工业学大庆”

大庆石油会战取得的成绩及其成功经验，得到了毛泽东主席的高度评价。

大庆石油会战是在十分困难的情况下进行的，为了坚持会战，拿下大油田，大庆人采取了一些“非常手段”。当时经济形势严峻，国家拿不出更多的钱来投资，但搞会战，拿下大油田又必须有财力支持。在计划经济条件下，买醋的钱不能打酱油，打酱油的钱也不能买醋。当时担任石油部分管财务和农副业工作的副部长李人俊就想出了几条非常措施：一是将开发试验区生产的原油，作为试生产出油，只上交税金，不上缴利润。1960年生产原油97万多吨，李人俊建议每吨定价130元，当年就筹措资金上亿元；二是建立油田维护费，每出一吨原油，提取6元油田维护费，作为维持简单再生产的费用；三是加快提取油井、设备的折旧，用于设备更新；四是每吨油提取1元钱的科研试验费。这些重要措施在财政部的支持下得到实施，不仅解决了大庆会战时资金紧迫的问题，而且对石油工业长期稳定发展，也起到了十分重要的作用。后来毛泽东听过汇报后对大庆的这些做法表示赞许。他说：“大庆之所以发展快，就是因为他们打破了一些框框。”

1964年1月下旬的一天，余秋里接到通知，说毛泽东约他去中南海谈谈。等余秋里按时到达毛泽东在中南海丰泽园的会客厅时，周恩来、陈云、邓小平、李富春、李先念等领导人已经坐满了会客厅的沙发。余秋里和毛泽东握了手，又向在座的各位领导一一致意，然后在李富春身边坐下来。

毛泽东当时心情很好，满面春风的样子。他笑着说：“余秋里同志，你给我们讲讲石油大会战吧！”

余秋里没有想到毛泽东会出这个题目，一时有些不知所措。据《余秋里与石油大会战》一书披露，余秋里在去丰泽园的路上曾盘算过向毛泽东汇报些什么内容。当时他想，自己汇报石油工业发展情况时，毛泽东当时坐在主席台上。讲过了的内容没必要再讲，还不如讲一讲今年计划在渤海湾盆地的会战，这场会战的报告中央已经批准了。想好内容后，他还在路上为自己草拟了腹稿。但他没有想到，毛泽东还是要听他讲大庆石油会战的情况。

陈云似乎是在给他壮胆。陈云说：“余秋里，讲嘛，讲讲大会战的情况嘛！”

“主席，我有一个想法，”余秋里开始讲道：“我们在松辽搞的这个石油大会战，能这么快的取得胜利，关键是靠‘两论’起家，靠学习主席的《实践论》和《矛盾论》这两本书！”

毛泽东听后开怀大笑着说：“余秋里呀，我那两本小书有这么大的作用么？”

余秋里严肃地说：“主席，我觉得这两本书的作用是很大很大的！”

毛泽东收起笑容说道：“这个《实践论》比较好看，《矛盾论》比较难读。”

余秋里接着毛泽东的话说：“我们主要学基本观点，掌握认识论和方法论。”接下来，余秋里就开始向毛泽东和在座的各位领导系统地汇报了大庆石油会战的基本情况和基本经验。他虽然对这样的汇报事先并无准备，但对他亲身经历的那场大会战可说是如数家珍。因此，他讲的内容丰富，有条理。他原来计划讲半个小时，不知不觉中竟讲了两个半小时。

听过余秋里的汇报，毛泽东感到很满意。他笑着说：“我看这个工业，就要这个搞法，向你们学习嘛！要学大庆嘛！”

这次汇报后不久，在1964年1月25日，《人民日报》以一版头条通栏刊出毛泽东的号召：“工业学大庆”。毛泽东的号召，极大地振奋了全国人民自力更生、愤发图强的精神，促进了各行各业比、学、赶、帮、超运动的深入开展。

1964年12月26日是毛泽东的71岁生日。那一天，他在人民大会堂的小宴会厅里安排了三桌酒席，用他自己的话说，是用自己的稿费请大家吃顿饭。他很重视那次宴请客人的生日酒会，就连哪位客人坐在哪个座位上，他都亲自列了单子，交给汪东兴等人去办。

那些天王进喜正在北京参加三届人大一次会议。人代会散会时，王进喜被通知不要走。同时接到通知的还有陈永贵、董加耕、邢燕子等人。不一会儿，周恩来把他们领到一个休息室，朱德已等在那里。见面后聊了几句，周恩来又把他们领到一个小宴会厅，看到那里已经摆好几张桌子，许多党和国家领导人早已等在那里。他们这才知道是毛主席过生日，请他们几位来吃饭。

没过几分钟，毛泽东来了。全场起立，热烈鼓掌。王进喜等人被安排在主桌，挨毛泽东依次落座。董加耕坐在毛泽东左边，挨着董加耕的是王进喜，邢燕子在毛泽东右边，她身边是陈永贵。王进喜左边是余秋里，依次还有曾志、钱学森、彭真、罗瑞卿等。

人们坐定后，毛泽东开始讲宴会的开场白："今天既不是做生日，也不是祝寿，而是实行三同。我用自己的稿费请大家吃顿饭。我的孩子没让来，他们不够资格。这里有工人、农民、解放军，不光吃饭，还要谈谈话嘛!"

对于几位劳模，毛泽东一个一个地问情况。谈到大庆时，毛泽东说，余秋里和石油工人们一起搞出个大庆来，很不错嘛！石油工人干得很凶，打得好，要工业学大庆。

这顿饭吃得很简朴，桌上摆了红、白、黄三种酒，共有12道菜，以蔬菜为主。王进喜没喝酒，吃得也不多，很少说话，就是坐在那里看毛主席，听毛主席讲话。他看到，毛主席71岁的人了，身体很健康。席间，毛泽东给四位劳模都夹了菜，还不断地吩咐服务员给他们添饭添菜，叫他们一定吃好。

毛泽东过生日，自己的孩子不叫参加，特意请劳动模范和那么多国家领导人一起吃饭，这对王进喜来说是最高的奖赏。王进喜把这看成是大庆工人的光荣。毛泽东在席间语重心长地对他们说："你们不要翘尾巴，一辈子不要翘尾巴。有些人不好，尾巴翘得太高了，要夹着尾巴做人!"

第七章

大庆红旗处处飘

1. 大庆经验现场会

大庆石油工人自力更生、艰苦奋斗、战天斗地，高质量、高速度拿下大油田的成就，很快引起了全国各行各业的广泛关注。东北三省的工交企业由于地理的便利，“近水楼台”，在学习推广大庆经验中一开始就走在了前面。

1963年10月，在党中央正式号召学习大庆之前，中共东北局书记处专门开会研究推广大庆经验。与会者一致认为，大庆石油会战的经验，不仅适用于石油战线，而且具有普遍意义，是东北地区工业交通战线出现的新事物，应该在全区推广。会议决定召开大庆油田现场会议，推广大庆精神。会前，东北局派出工作组到大庆油田，与石油部领导一起搞调查研究，为开好现场会作准备。10月下旬，东北局在大庆油田召开了东北地区工业交通企业基层工作经验交流会。东北三省和15个市的工交部门及101个厂矿企业的领导干部共200多人参加了会议。石油部长余秋里和国家经委、国家计委的负责人也亲临会议。顾卓新代表东北局在会上讲了话。会上由会战副指挥张文彬等人作了“关于油田会战概况”、“在油田建设中打歼灭战”、“建立基层岗位责任制”、“油田地质科学研究”、“井下作业十大技术”和“会战政治工作”等报告。阜新机械厂、辽源发电厂、齐齐哈尔华安机械厂也在会上介绍了经验。现场会结束后，东北局给党中央和毛泽东主席写了《关于大庆油田现场会议的报告》，报告从大庆油田执行社会主义建设总路线、集中优势兵力打歼灭战、做大量细致艰苦的基础工作、加强基层建设、大胆突破技术关、搞好职工生活、建设好领导班子和做好政治思想工作等方面总结概括了大庆石油会战的基本经验。

为了进一步推广大庆经验，1964 年 1 月，中共东北局发出《关于切实推广大庆油田经验给各级党委的一封信》。信中说：东北局决定在全区工业部门和工业交通企业中普遍地学习和推广以大庆油田为主的各项先进经验。大庆油田经验是有普遍意义的，农业、财贸、科学、文教部门也要认真学习和运用。

1964 年初，大庆油田组织报告团到沈阳给东北局和辽宁省直属机关干部作报告，中共东北局第一书记宋任穷和其他领导人还会见了报告团的宋振明和王进喜等人。

2. “实现人的思想革命化”

工业学大庆运动在全国工业、交通领域产生了很大的影响。各地在学大庆运动中都十分注意学习大庆的基本经验和大庆精神，注意学习大庆“两论”起家的基本功，学习大庆人为国分忧，自力更生、艰苦奋斗的革命精神。用当时的语言来说，就是“实现人的思想革命化”。

太原化工厂七车间是一个比较典型的例子。这个车间从 1964 年年初开始学大庆。当时领导干部只是在会上给工人们讲要学大庆“三老四严”的制度，学大庆大搞技术革新和苦练基本功。但没从思想上帮助工人解决问题，也就是说，没有从“实现人的思想革命化”上下工夫。结果刚开始，规章制度制定了不少，执行起来也还有板有眼。但时间不长，就有些人松劲了，执行制度不再那么严格了，干部夜间也不来“上岗”了。有些人一看干部尽放空炮，也跟着松了下来。这样过了半年多的时间，学大庆就变成了“一紧二松三落空”。

1965年第四季度，这个车间重新组织学大庆。与上次不同的是，这次厂领导干部反复给大家讲学大庆的重要意义，并组织大家学习有关大庆的文件。车间领导在职工大会上作了检查，指出过去只是学习人家的制度，没从大庆人的精神学起，只是追求形式，所以全车间没学好大庆。在大家自觉学习的基础上，车间还发起了找差距、找教训的活动，全车间总共找出72条差距。通过讨论大家认识到，这教训那教训，最主要的教训是前一段只学形式，不学精神，只摆样子，不出实力。

差距找到了，他们就以大庆精神之“矢”，射自己如何实现革命化之“的”。有些人过去总觉得在化工厂工作，车间里气味难闻，技术低，没前途。通过学大庆，他们懂得了干化工也是为了革命。大伙在操作中都能自觉地遵守制度。在苦练技术基本功的时候，他们从严、从难出发。以前如果谁提出，要在夜间关了灯能操作设备才算技术上过硬，别人就觉得难度太大了，根本达不到。通过学习大庆精神，勤学苦练，大家都能在夜间关了灯熟练地操作设备了。

通过学习大庆精神，整个车间上上下下信心都很高，劲头很足。他们决心把大庆精神真正学到手，誓做“王铁人”式的工人，建成大庆式的车间。

各地在学大庆运动中，还注意总结自己的经验，注意培养自己的先进典型，树立自己的“大庆”。

第一汽车制造厂是我国工业领域的重点单位。用这个厂党委副书记王黎山的话来说，在学大庆以前，他们对自己周围的先进事物缺乏敏感，对于群众中的许多先进典型没有进行认真的培养和总结；有些好的经验，虽然被发现了，但是树得不高，推得不广，没有坚持下来。

大庆经验在这一点上给了第一汽车制造厂很大启发，他们开始认识到，要学好大庆必须抓住树立先进典型这一条。因此，从1964年以后，这个厂的各级领导干部亲自挂帅，深入基层，注意培养、总结自己的先进典型。这个厂所属的车身厂有一条车轮生产线，职工们坚持八年大搞技术革命，自己设计、自己制造，在这条生产线上搞了60多项革新，台台机床、道道工序都有革新。通过革新，减轻了劳动强度，提高了生产效率，把工人从每天需要搬运 15 吨零件的繁重体力劳动中解放出来，实现了机械化、自动化，大大改变了车轮生产面貌，使产量由 53 辆份提高到 120 辆份。领导干部深入下去蹲点以后，类似这些长期埋藏在基层中的“宝贝”被一一发掘出来。

领导干部深入基层蹲点，还和基层干部一起，总结出了一些自己的大庆式经验。如发动机厂开展家属工作的经验和加强集体宿舍思想政治工作的经验，热处理车间电气焊小组做后进人工作、改造落后小组等工作经验，底盘厂大搞“三变样”的经验等。从 1964 年初到 1966 年初的两年时间里，这个厂先后四次比较集中地总结、树立了自己的样板，使各个时期、各个方面都有了自己的经验和自己的先进典型，这就有力地推进了学大庆的比学赶帮超运动。

第一汽车制造厂在学大庆运动中还注意学习其他先进单位的成功经验，特别是注意将别人的先进经验与自己的实际情况相结合，注意在运动中及时总结自己的经验。1965 年第三季度，他们听说马鞍山钢铁公司文明生产搞得好，就号召全厂学马钢文明生产经验。但是，号召是提出来了，行动却不快，声势不大，成效不显著。不久，这个厂所属的底盘厂提出了“三变样”的口号，他们提出在一个不长的时间内，争取在职工的精神状态、生产技术、文明生产三个方面都能有一个比较显著的转变。厂党委发现这个苗头以后，领导干部亲自挂帅，深入基层，总结了他们的经验，并在适当时机，召开现场会，加以推广。这样一来就把全厂文明生产活动带动起来了。现场会以后，每天都有不少人去底盘厂参观、学习，很快形成了一个“学底盘、赶底盘、超底盘”的热潮。这种形势又促进了底盘厂，使他们感到“形势逼人”，要不断前进才行。这样，全厂的学大庆运动便呈现出一派生机勃勃的喜人景象。

锦州铁路局的例子也很能说明这方面的问题。这个局在学大庆运动以前，也曾树立过一些自己的先进典型，例如在全局开展的机车满载、超轴和安全运行五百公里的“满超五”运动中，就注意总结和推广孙福佑调车经验、袁成龙机车操纵经验、杨维学机车焚火经验等。这些经验的总结与推广，尽管对提高生产效率发挥了一定的积极作用，但是，由于它们都是一些技术业务领域的具体经验，局限性较大，只能在相关技术业务部门和个别工种推广，其他部门、工种的职工很难学习。

通过学大庆，这个局受到了很大的启发。他们发现大庆树立的王铁人、三矿四队等典型，都是发扬自力更生、艰苦奋斗的革命精神和优良传统的典型。大庆的这个经验给他们很大启发。后来这个局在总结孙家工区经验的时候，就没有单纯去总结他们的养路方法和怎样搬砂丘、治病害、灭草荒，而是着重总结他们忠于党、忠于社会主义的革命精神和“愚公移山”的革命气概，精益求精、一丝不苟的作风。在总结新民车站经验的时候，就不是单纯总结他们怎样美化站容，装饰图表等，而是集中地总结了他们全心全意为人民服务的思想。总结张德有的经验时，不仅总结他怎样练硬功，更重要的是总结他用什么思想去练硬功，突出了他“为人民而练”的思想。这样总结出来的典型不受部门、工种的限制，任何部门、任何人都可以学习，生命力强，能巩固持久。

锦州铁路局在树立自己先进典型的过程中，注意学习大庆“两分法”走路的经验。过去他们一讲典型就追求完美，在总结典型经验的时候，只注意总结成绩的一面，对缺点和问题注意不够。通过学习大庆的经验，他们认识到，对先进典型的态度应该同任何事物一样要一分为二。首先，发现典型时要全面衡量，看主流，看本质。只要看准苗头，就要抓下去，帮助它，扶持它，提高它，使其健康成长。这个局的先进单位孙家工区、新民车站和陈淑华、张德有等先进人物，也不是完美无缺的。如新民车站，最初各部门发展不平衡，客运部门好于货运和运转部门，而且安全生产方面还不够稳定，但是他们全心全意为人民服务的精神是主导方面。锦州铁路局领导抓住这个先进苗头，不断帮助培养，使其不断得到提高。

3. 对照大庆找差距

1966年2月，《人民日报》社记者邀集西北五省区部分企业的干部和工人座谈学大庆运动的经验和体会。与会者在发言中，交流了学大庆运动的经验，畅谈了学大庆的体会，有的还对下一步的运动作出了计划与安排。

青海石油管理局政治办公室主任陈启发在发言时说：我们同大庆的差距很多，人的革命化不如大庆，这一条是最根本的差距。刚开始学大庆时，我们那里有人说："像大庆人那样不怕苦、不怕累地干，三天五天可以，三年五年就难了。"也有人对大庆会战"六年如一日"感到不能理解。这就是人的革命化的差距。思想没有革命化，对大庆经验就感到不能理解，接受不了，也就学不到手。大庆经验告诉我们，带队伍，一带思想，二带作风，三带方法和技术。因为职工队伍有了革命思想，有了革命作风，才会有顽强的战斗力；再加上好的方法和技术，就会使任务完成得更出色。陈启发还介绍说，从1965年以来，他们从上述三个方面下工夫学大庆，使大庆的革命精神在群众思想上扎了根，就开始取得了比较显著的成效。

石油部六五〇二生产队中队长朱和增谈起自己所在单位学大庆的经验时发言说：我们学大庆，一学大庆"严"字当头，从操作上、技术上、管理上严格要求；二学大庆生活设施从简，自己动手盖房子；三学大庆"三老四严"、"四个一样"的作风，实行岗位责任制；四学大庆艰苦奋斗的革命精神，激励全体职工同大庆比干劲，找差距。他还介绍说，前一个时

期，我们的材料部门学习大庆送材料上门，没有学好。为什么呢？原因就是没有把人家的精神学到手。大庆职能部门为基层服务的思想明确，熟知生产情况；我们不了解生产需要，送下去的材料用不上，工人自然不欢迎。

兰州化肥厂徐永春工长介绍他们厂学大庆的经验时说：以前我们学习大庆那样建立交接班制度，处处严格要求，但是由于人的思想没有跟上，收效不大，“严格要求”变成了互相挑剔，甚至影响到工人之间的团结。后来我们体会到，人的思想没有革命化，光是要求严格，是不会有什么效果的。于是，我们便着重抓人的思想革命化，还轮流把班组长送到兰州炼油厂，学先进找差距。这样把人的积极性调动起来了，收效就比较大。过去我们厂的设备状况不很好，影响生产计划的完成，现在设备的完好率大大提高，生产计划也完成得比较好。

新疆莫索湾拖拉机修配厂政委杨培臣发言说：我们开始学大庆时，先学职工宿舍“五条线”，后来体会到人的思想革命化才是首要的，便从组织职工学习毛主席著作入手。人们思想面貌改变了，出现了许多新气象。在这个基础上再组织文明生产，搞五好设备和工作条理化，树立了严细作风。过去，我们厂因为修理质量不高，一度弄到全年只接到八台拖拉机的修理任务。学大庆以后，修理质量提高了，许多农场都争着把拖拉机送来修。

西北国棉一厂厂长边丰在发言中谈到，企业学大庆，关键在领导。他说：一个企业学大庆学得好不好，关键是领导的问题，是企业党委的问题。我们认为，哪里有好领导，哪里都能出“王铁人”。工人都愿意学大庆，都愿意像大庆那样对国家作出更大的贡献，就看领导得好不好！

边丰还从中国工业发展的道路和方向的高度进一步谈了学大庆的问题，他说：要真正把一个企业办好，非学大庆不可，非走大庆的道路不可。这是我们努力的方向。既然是方向，就要从上到下目标一致，有一个通盘的规划，不要只是喊一喊，抓一阵，就算了事。石油部系统为什么学大庆学得好呢？是石油部抓得好，抓住不放。当然，这不是说我们学大庆学得好不好，要上面来负责。责任还在我们自己。但是，要使本系统的企业成为大庆式的企业，领导机关就要学石油部那样从上到下，一抓到底。

玉门石油管理局代局长余群立对此深有同感。他在座谈会上说：群众学大庆的心很切，情绪很高，斗志很旺盛。一个企业学大庆学得好不好，问题在领导方面。大庆的群众路线就贯彻得很好。大庆的岗位责任制从哪里来的？从群众中来的。他们看准了，就一抓到底，抓什么就抓住不放，抓什么就什么成风。玉门很早就搞过巡回检查制，交接班制，但是谁也没有把它当成基层建设的根本问题抓住不放。因此，起来了，又下去了。

余群立还从领导方法与领导艺术的角度谈了学大庆的体会。他说：大庆的干部有很多都是从玉门去的。到了大庆以后，他们生龙活虎，办法很多，水平很高，好像完全变了一个人。为什么呢？因为大庆的领导干部很注意用毛泽东思想去启发干部的思路，使人开窍，敢于破旧，敢于立新。我们对干部常常是把住不放，把许多活事都办死了。大庆对干部的批评也很严，有时批评得你满头大汗。但是，被批评的人口服心服。为什么呢？因为大庆领导干部很了解人，批评的是地方，能够激发人的干劲。要把大庆的这些领导方法、领导艺术学到手，需要我们狠下工夫。

4. 把亏损丢进富春江

经过两年的宣传推动，到1966年上半年，工业学大庆运动进入了一个新的高潮，报纸上关于大庆经验的报道越来越多。尽管当时我国在政治和思想文化领域中“左”的色彩越来越浓厚，这种情况不可避免地影响到刚刚兴起的工业学大庆运动。但是，从总体上看，初期的工业学大庆运动对于调动工业交通企业领导和广大职工的劳动积极性，对于各地狠抓企业管理，

提高劳动效率和工作效率，严把产品质量关等都发挥了积极的推动作用。

1966 年 1 月 27 日至 3 月 5 日，由国家经济委员会、中共中央工业交通政治部联合召开的全国工业交通工作会议和工业交通政治工作会议在北京召开，会议根据各省市自治区和中央工业交通各部提名，推荐出七十个大庆式先进单位。会议认为，这七十个单位，是全国各地区、各行业先进单位的代表，是全国工业交通企业的学习榜样。

这一批大庆式先进单位当中，有全国闻名的大庆油田；有襄樊棉织厂、潞安硬设备局石圪节煤厂、兰州炼油厂、湖南橡胶厂、上海嘉丰棉纺织厂等五个在 1963 年受到国家经委表扬的勤俭办企业的先进单位；有中央工业交通各部所属的企业，也有各省、市、自治区所属的企业；有冶金、化工、煤炭、石油、电力、建筑材料、林业、机械、农业机械等部门的重工业企业，也有纺织、轻工、手工业部门的企业，以及铁道、交通、邮电、地质和物资部门的企业；有工业交通企业，也有新兴的工业地区。

全国工业交通工作会议和全国工业交通政治工作会议认为，推广这七十个大庆式企业的经验，将会进一步促进工业交通战线学大庆运动的继续深入发展，进一步促进工业生产达到新高潮。

富春江冶炼厂是这次会议推荐的大庆式企业之一。《人民日报》在随后发表的文章中，称这个厂“学大庆学到了点子上”。

富春江冶炼厂，是在 1958 年用土法建成的一个小工厂，初建时，全靠手拉风箱的土炉生产，炼出的第一炉半成品只有 8.3 斤重。经过职工几年来的努力，特别是学习大庆以来，这个工厂的生产水平迅速上升，逐步建成了一个土洋结合、机械化程度不断提高的小型有色金属联合企业。

在建厂最初的几年里，这个工厂虽然每年都能超额完成国家下达的生产计划，但由于企业管理不善，生产成本高，经济核算起来连年亏损。1963 年企业党委书记伊方安和厂长于金銮参加杭州市委召开的工业会议，听到许多兄弟厂开展增产节约运动的经验，开始感到自己头上戴的“亏损帽子”是一种压力。1964 年年初，企业开始响应上级号召学习大庆的先进经验。工厂领导召开专门会议向全厂职工传达了大庆经验，职工群众情绪激动。大家立志摘掉亏损帽子，要把亏损帽子“丢到富春江去”。职工们的决心书、保证书，在几天之内贴满了车间、宿舍、食堂的墙壁，要求工厂党委马上挥动大旗，领导大伙闹革命，摘掉亏损帽子。

职工群众的决心，使企业领导感触很深，工厂党委一连开了多次会议，最后在领导干部中统一了认识。他们认识到，要领导职工群众革企业落后的命，首先要革思想落后的命，特别是领导干部要带头自我革命。通过学习大庆经验，富春江冶炼厂的领导干部认识到，一支好的职工队伍，是靠好的领导干部带出来的。而领导干部要有过得硬的好作风，跟职工群众保持最广泛、最经常、最密切的联系，必须像普通劳动者那样参加劳动，真干、实干。

工厂党委书记伊方安是参加劳动最过得硬的一个干部。他从大庆学习参观回来后，第一个搬到工人宿舍去住，到最艰苦的岗位，拣最脏、最重的活干。他赤膊背石头，手脚都磨起了泡，背脊晒得油黑，从不叫苦。工人们说他活像个人民的“老黄牛”。

全厂各科室工作人员在企业领导的带动下，也纷纷下到车间去参加劳动。哪里困难，哪里是关键，他们就到哪里干。严冬时节，矿山最冷，有干部在那里和工人一起推矿车；三伏酷暑，炉前最热，有干部在那里和工人一起搞冶炼。各主要工种，不论日班、夜班，都有干部在那里顶班劳动。他们逐步从外行变成了内行，做到既是一个普通劳动者，又是一个好的领导者。在 1964、1965 两年间，全厂干部平均每人每月有三分之一的时间参加劳动。

干部通过参加劳动，和工人建立了深厚的感情，更加关心工人的劳动状况。冶炼车间的烧结工序，是全厂劳动条件最差的地方，温度高，硫气重，灰尘多，费力大。过去，干部一般不到这里参加劳动，对工人的疾苦没有体会，因此，当烧结块的生产跟不上生产需要时，厂长批评车间主任，车间主任埋怨工段长，工段长就责怪工人。工厂党委和有关科室的干部在这里顶班劳动后，亲身体会到操作中的劳累，把改善这里的劳动条件看做是一个关系群众观点、生产观点的大问题。经过反复试验，成功地用机器制团的新工艺代替了原来的落后办法，大大改善了劳动条件，节约了三分之二的劳动力，降低了成本，产量也成倍增长。

通过学大庆，这个厂生产状况发生了显著变化。学大庆的第一年——1964 年，他们摘掉了建厂 5 年来连年亏损的帽子，向国家上交了数目可观的利润；学大庆的第二年——1965 年，他们又在生产上实现了大的发展，产量比上一年提高了一倍，上缴利润超过了 1964 年的三倍以上，有些主要经济技术指标赶上或超过了国内先进水平，手工操作基本上改变为机械化。他们还大搞综合利用，除主产品外，又搞成了包括两种贵重金属在内的五种副产品。

5. 立下愚公志，三老赶三新

上海卫海铁工厂是全国工交工作会议和工交政治工作会议推荐的另一家大庆式企业。

这是大上海的一家小工厂，1958 年，卫海铁工厂刚成立时，厂里的工人还天天与铁锤、风箱打交道，沿用着传统的手工方式从事生产。从 1960 年开始，由于连续三年的经济困难，这个厂面临着原材料不足、燃料不足、生产任务不足等困难。由于前几年盲目贪多求快，产品质量问题严重，当时厂里的产品，三分之二是等外品，三分之一是二等品。企业内部不团结，部分人自由散漫习气比较严重，劳动纪律松弛。

在困难面前，工厂党支部带领职工愤发图强，他们通过“忆苦思甜”，忆出了一个坚决克服困难的精神面貌。干部和工人，在困难面前，亲密无间，无所畏惧。

这个厂的主业是生产钢板弹簧，但当时生产任务不足，他们就主动承接了其他大型设备的加工任务。特别值得称道的是，这个厂从上到下都努

▶ 王进喜在学铁人现场会上作报告

力树立起强烈的质量意识。厂里的工人大部分没有文化，以往工作多凭自己的经验，因此操作很不统一。副厂长吴庙祥也只读过五年小学，但他肯动脑筋。他带着几个工人，在热处理工段观察老师傅们的操作，并如实地把三个技术最好的工人的操作描绘记录下来，又组织群众反复总结、讨论，最后制订了41条热处理工艺。制造钢板弹簧的40多道工序，就这样有了新的工艺操作规程。一套严格的检验制度也随之建立起来，一套科学的测试设备也依靠自己的力量制造出来了。而且，企业还依靠自己的力量，发动群众广泛开展了技术革新与技术革命，到1963年，他们自己制造的设备增加到50多台，全厂85％的操作实现了机械化、半自动化。

卫海铁工厂的产品质量从此迅速提高。单片钢板弹簧的寿命，从7、8万次提高到25万次。1963年度全国钢板弹簧质量评比，卫海铁工厂产品的质量被评为先进。

当上先进之后，卫海铁工厂没有止步不前。工厂党支部组织全厂职工学习毛泽东关于“虚心使人进步，骄傲使人落后”的教导，职工们把自己的钢板弹簧质量，跟国内最先进的长春第一汽车厂比，比出了6项差距；与世界先进水平比，差距更大。经过群众的酝酿讨论，工厂领导及时提出：在1964年内赶上长春第一汽车厂！

卫海铁工厂的设备经过几年的技术革新与改造，虽然较之从前有了巨大的变化，但与长春第一汽车厂相比，毕竟还相差很远。有人说，长春是“三新”，即现代化的厂房，现代化的设备，第一流的技术队伍。而卫海铁工厂是“三老”，即厂房“老”，三分之二是芦席棚；设备“老”，绝大部分是土设备；人也“老”，文化水平低。

小厂能不能赶上和超过大厂？“三老”能不能赶上和超过“三新”？卫海铁工厂的职工们从学习大庆精神的过程中，看到了这种可能。职工们说：“大庆人头顶青天，脚踏草原，凭着一股革命志气，赶上了世界先进水平，建成了技术第一流的大油田。我们头上还有芦席棚，脚下还有煤渣地，条件比大庆好，为什么赶不上长春?”大家分析：“三老”是赶长春的不利条件，但是也有有利方面：设备是自制的土设备，专用性强，工人使用熟悉；厂房破旧，可以激发自力更生的精神；老工人在旧社会受苦深，阶级觉悟高。于是，卫海铁工厂的职工提出：“头顶芦席棚，脚踏煤渣地，立下愚公志，三老赶三新。”

要消灭与长春的6个差距，关键在于制造“三机”：造出喷丸机；造出更高水平的卷耳机；造出一批新型的淬火机。

全厂抽调专人组成了造“三机”的攻关队伍。“三机”的零部件上千，需要有加工设备。厂里没有足够的机床，他们趁兄弟厂休息的时候，借人家的设备干。试制新的机器，厂里没有合适的场所，他们把废料、堆煤的地方清理干净，搭个架子，拉上油布，就在油布棚下干。大热天，喷丸机机身像个烘箱，他们还是钻进机身去凿、去锉、去刮。台风暴雨季节，一阵雨过，场地一片泥泞，大家还穿着套鞋继续干。有的零部件，是工人们用凿子凿、锉刀锉、手提砂轮磨，一点一滴“修”出来的。

1964年，“三机”制造出来了，卫海铁工厂实现了“三老”赶“三新”的目标，赶上了长春第一汽车厂。这一年度全国钢板弹簧质量评比，卫海铁工厂又被评为全国新技术先进厂。

卫海铁工厂在学大庆运动中注意学习大庆人敢于迎着困难上的勇气和志气。副厂长顾耀祖谈起学大庆的体会时说：“不怕生产上一穷二白，就怕思想上一穷二白，没有志气。只要有志气，即使没机器，也可以造出机器来。如果没志气，即使有机器，也可能没有多大作为。”他还说：“机器都是人造出来的，技术都是人去掌握的。外国人是一个脑袋两只手，我们也有一个脑袋两只手，只要有志气，又肯下工夫，为什么他们能干出来的事，我们就不能干出来呢?”

6. 全国处处有大庆

工业学大庆运动开始的时候，我国政治生活中阶级斗争扩大化的问题已经比较严重，在这场运动中也不可避免地会有一些这样、那样的问题。

▶ 学生们举办的井场演出活动

但是，从总体上看，当时对大庆的宣传还比较客观；对于各地学大庆的要求比较实事求是；对于各项工作的发动与布置，大体上能够结合各地的生产与自然环境的实际情况，强调要因地制宜。因而，学大庆的内容比较扎实，成就也是丰富多彩的。

当时，对于先进典型的宣传还较少片面化、绝对化、神秘化的倾向，各地在学大庆运动中，十分强调要将大庆经验与本地、本单位的具体实际相结合，要注意总结自己正反两方面的经验，树立自己的“大庆”。

坐落在北部湾畔的北暮盐场，已经有三百多年的历史了。原来，这里的盐田总面积只有 1 平方公里，生产落后，产量很低，最高年产量不过三千吨。新中国成立后，生产有了发展，但企业的规模仍比较小。1964 年，党中央发出“工业学大庆”的号召，北暮盐场的干部、工人决心以大庆为榜样，发扬自力更生、艰苦奋斗的精神，改变盐场面貌，为国家作出新的贡献。

1965 年底，北暮盐场学习了兄弟省改造旧盐田的经验，提出了一个彻底改造旧盐田的计划。这就是，把盐场一工区一万零五百公亩高低不平的旧盐田加以改造，实现扬水、顺水自流化；同时，把这些盐田上的五百多个石子铺底的结晶池，挖去石子，铺上陶片，实现结果池陶片化。

计划作出后，全场 130 多名盐工便顶住各种压力，投入了改造旧盐田的斗争。他们坚持自力更生、艰苦奋斗，不向国家伸手要投资。没有陶片，他们下班后挑上泥箕，步行二三十公里，到合浦县城附近的一个陶器厂去拣碎陶片。有些盐工还回家动员自己的亲属也东村西舍地帮助找陶片，然后一担一担地送到盐场。在工人、家属的共同努力下，盐场没花国家一分钱，在短短的两个月时间里，将 61 块盐田铺成陶片结晶池。这些结晶池，由原来开晒四天才产盐，变成只要有半个连晴天就可以收盐，大大缩短了生产周期。

1966 年 1 月 10 日，《人民日报》在头版头条发表了《锦州建成大庆式新兴工业区》的长篇报道，在同一版，该报还发表了题为《全国都能有大庆》的社论。社论指出：“在毛泽东思想光辉照耀下，在我们伟大的国家里，大庆精神到处可以发芽、滋长、开花、结果。……应该说，全国各地都能有大庆。”社论强调：“学大庆、赶大庆、超大庆，各地区、各企业都必须从自己的实际出发。”3 月 21 日，《人民日报》在《学大庆、赶大庆、超大庆，创造更多的大庆式企业》的总标题下，发表了一组各地学大庆的先进典型事迹。《人民日报》在为此发表的“编者按”中指出：“学大庆应该从各个企业的具体情况出发，应该把大庆的先进经验同本企业的具体情况结合起来。”“兄弟单位的任何先进经验，不通过自己的实践，不通过总结和推广自己的经验，是不可能生根、发芽、开花、结果的。”“每个地区、每个单位、每个企业学大庆，都要总结自己的经验，这样才能把大庆的经验真正学到手。”

值得重视的是，在上述《人民日报》的社论和“编者按”中，不仅讲到了学大庆、赶大庆，还提出了“超大庆”的口号。而且各地在总结出的学大庆的先进经验中都反复强调，学大庆首先要学大庆精神，不能单纯照搬大庆的某些制度。

第八章

靠『两分法』前进

1. 全国学大庆，大庆怎么办

工业学大庆运动在全国兴起后，一个十分严肃的问题摆在了大庆人面前：全国学大庆，大庆怎么办？

在成绩、荣誉、赞歌和颂词面前，多数大庆人的头脑是清醒的，但也确有一些人头脑昏沉沉，脚步轻飘飘。有人头脑开始发热，看成绩多，看缺点少；看有利因素多，看不利因素少，不重视实际困难和解决具体问题，一味盲目地带领群众打冲锋。因此，1964 年初出现了一些不好的苗头。有一个钻井队，安装的井架还没有校正好，就急忙开钻，井只打到一半，井斜就超过了规定。这种情况引起了石油部和大庆工委领导的警觉。余秋里等人意识到，大庆正面临着一个新的考验。这个考验，不是过去那种艰难困苦，而是成绩和荣誉的考验。能不能经得起这个考验，关系到大庆油田乃至整个石油工业能否继续前进。

还在石油会战正紧张进行、成功已经在望的时候，石油部领导就已经警觉到在成绩面前保持谦虚谨慎作风的重要性。1963 年 6 月，余秋里在一次全国石油系统电话会议上专门讲了一番如何正确对待荣誉的问题。他说：“我最近看到一些简报，想说一个问题：不要居功，不要贪图名利，不要宣传我们个人，不能接受这种精神享受！谁要搞这个精神享受，突出个人，我看就要身败名裂，受到历史的惩罚！当然，我们的英雄人物是可以享受的，因为他们是革命的红旗，是我们学习的榜样。我们干部就不一样了，我们要谦虚谨慎，埋头工作，这才是共产党员的本分。玉门送来的一个材料上说，洛阳拖拉机厂去那里参观，里面有两句话，我看是胡说八道！一句是‘以余部长的作风为榜样’，一句是‘我们厂的领导享有很高的威信’，太不严肃了！谁对这样的话满意，听了心情舒畅，说轻一点是头脑发昏，说重一点就是党性不纯的表现。什么余部长的作风？什么厂领导的威信？简直是胡吹！我们是共产党员，是普通干部，我们所做的一切，都是尽党员的义务，应尽的职责！任何成绩都是党领导的结果，人民群众努力的结果，这个基本点不清楚，有点成绩不头昏脑胀才怪！我再重复一遍：从今以后，第一，报纸再不准出现领导的名字；第二，不要随便题字；第三，不要吹嘘自己！”他的这个讲话传达到基层，在大庆乃至全国石油系统都产生了很大的反响。此后，在大庆《战报》上再也看不到“余秋里部长”这样的字句，取而代之的是“石油部领导”。

1963 年 12 月，毛泽东为中共中央起草的《关于加强学习，克服故步自封、骄傲自满》的党内指示传达下来。毛泽东在这个党内指示中指出：中央和各地同志中，有许多人很少认真地用马克思主义的辩证方法去思索、去工作，长期存在着形而上学的思想方法而不能解脱，故步自封，骄傲自满，只见成绩，不见缺点，只愿听好话，不愿听批评话。自己不愿意批评，更怕别人批评。毛泽东强调要进行马克思主义辩证思想教育，要把别部、别省、别市、别区、别单位的好经验、好作风、好方法学过来这样一种方法，定为制度。

1964 年 2 月 19 日、21 日，石油部党组连续召开扩大会议，讨论怎样对待成绩和荣誉。余秋里在会上强调：“面对中央的表扬，我们有几种可能：一种是继续前进，一种是踏步不前，一种是后退。现在不是你想前进不想前进的问题，大家都在前进，你不前进就落后。我们一定要坚持前进，决不后退。工作要做得更好，做出个好样子。要善于学习别省、别市、别部门的好经验、好方法。要坚持学习解放军。”康世恩说：对于大庆“实际上只有一个选择，就是靠‘两分法’前进”。根据余秋里、康世恩的意见，会议形成决定：为了防止滋长骄傲自满情绪，保持清醒的头脑，组织全体干部和职工学习毛泽东关于《加强相互学习，克服故步自封、骄傲自满》的指示，号召大庆和全体石油职工，以“两分法”为武器，“一分为二”地看待自己的工作，对照先进找出差距，并制定改进工

作的措施。

3月初，陈毅副总理随周恩来总理出访亚非欧十四国归来，在机场见到石油部副部长邓洁。陈毅关切地问起石油部的情况。邓洁对陈毅讲：我们党组讨论了，提出要打着灯笼找缺点，把各项工作做得更好。陈毅说："这就对了，中央表扬了，石油部更要谦虚谨慎，千万不要骄傲自满。你们自己可要谦虚谨慎，好好做工作。"

3月7日，石油部召开机关处以上党员干部会议，余秋里在会议上讲话说："我们在工作中，必须掌握'两分法'这个武器，既要看到有利形势，又要看到不利方面；既要看到积极因素，又要看到消极因素；既要保持发扬成绩、优点，更要着重看到缺点，认真地找差距。"他还说："中央这次表扬我们，我们自己是没有想到过的，我们的缺点、错误和存在的问题是不少的。总的来说，在大的方面我们要看主流，成绩是主要的；而在具体工作中，就必须着重发现缺点，认真改正缺点。"12日，大庆油田专门召开"五级三结合会议"，康世恩在有3000人参加的大会上专门讲"两分法"。他强调："不但要懂得'两分法'，而且还要把'两分法'具体运用到我们的工作之中，成为每个人应有的思想武器，成为我们的领导方法。"

为了让事实教育全体干部，康世恩组织大庆会战工委领导成员一面学习，一面到基层蹲点，先后去了35个钻井队，包括1202、1205这样全国著名的先进队，用"两分法"一个队一个队进行分析：成绩是怎么取得的？缺点是如何发生的？用活的事实，大张旗鼓地向职工宣传"两分法"。大庆石油《战报》从年初到年底，经常刊登职工学习"两分法"的体会和用"两分法"找差距的文章。

与此同时，余秋里、康世恩还按照毛泽东关于要把别部、别省、别市、别区、别单位的好经验、好作风、好方法学过来的指示，派出学习团到外地学习取经。其中有的到沈阳军区和解放军政治学院去学习，有的到沈阳、哈尔滨、齐齐哈尔等地的先进部门学习；还专门请著名的全国劳动模范和技术能手钻头大王倪志福、刀具大王金福长、革新能手苏广铭到油田来为职工表演献艺，传经送宝，使大庆广大职工亲眼看到"山外有山，天外有天"。

随后，大庆会战工委领导成员，对照先进部门、先进单位，对照解放军找差距、找缺点，找自己的不足。不仅领导班子找，还在全油田发动群众揭露矛盾，暴露缺点找差距。他们从外部找到内部，从工作找到思想作风。找出的大量差距、问题，反映了队伍的思想作风不过硬，也反映了领导工作上的缺点、错误。会战工委领导在各级领导干部和工人代表参加的大会上，首先检查了自己思想作风上的问题。随后，各指挥部的领导干部，分别在大小会议上，向职工面对面进行了检查。他们对照解放军和先进部门，找出18条差距，印发给油田职工进行讨论。康世恩认为，这些问题，有些虽然是基层的具体问题，但反映了我们的工作和思想作风还大有缺点，大有差距。他说："基层和职工是机关和领导干部的一面镜子。问题出在基层和职工手上，根子却在机关和领导干部身上。"康世恩决定召开各级干部和工人代表参加的大会，由领导干部带头在会上用"两分法"检查自己的缺点和不足。各指挥部有52名主要领导干部分别在74个会场向3万多名会战职工面对面、实打实地作了检查。

在领导干部的带动下，很多工人也主动检查了自己。他们说："井打斜了，不能都怪领导，主要是我们思想上有问题。人的思想出了毛病，井就打不好。"在党委带动下，全油田从人到物，从工作到思想，从施工质量到执行规章制度，找出了120万个问题。这些存在的问题，震动了领导干部中的骄傲自满和麻痹思想，从而使人们认识到：这是对我们工作上的缺点、错误的一次大暴露，将了领导上的军。我们领导思想、领导作风、领导方法上，还存在许多问题，主要是工作上不够扎实，对日常生产中的具体问题要求不够严、工作不够细。

在狠抓整改、反对工作中的低标准、低水平、老毛病的基础上，会战党委根据广大职工的愿望提出了"项项工程质量全优，事事做到规格化，人人做出事情过得硬"的三条要求，各级领导亲自蹲点、总结，树立做到"三条要求"的样板工程、先进单位。总结出了"严细成风"的三矿四队，思想过硬、作风过硬、技术过硬的"硬骨头32139钻井队"等经验。

会战党委在总结1964年工作时指出：第一，在任何时候，对任何事情，都要坚持两分法，成绩越大，形势越好，越要一分为二。只看成绩，

只看好的一面，思想上骄傲自满，成绩就会变成包袱，大好形势也会向反面发展。第二，对待干劲也要用两分法。干劲一来，引导不好，就会只图速度，不顾质量，结果好心肠出不来好效果，反而会挫伤职工的积极性。第三，领导要及时提出新的、鲜明的、经过努力能够办得到的高标准，引导职工始终向前看。第四，以两分法为武器，坚持抓好工作总结。走一步总结一步，步步有提高，方向就始终明确。与此同时，广大职工也在实践中形成了一套用两分法总结工作的制度和做法，如完井整训、阶段整训、单项工程总结、战役总结和年终的全面检查、总结、评比。群众说："脑子里有了两分法，取得成绩喜不倒，有了困难吓不倒，碰了钉子弯不了。我们是靠'两论'起家，又靠两分法前进。"

2. 解决"注水三年，水淹一半"

1964年8月28日至9月25日，大庆油田召开了一年一度的油田开发技术座谈会。当时，中部试验区的开发已进入第5个年头，油田地下暴露出各种各样的矛盾和问题，其中最为突出的是注水反应问题。油田注水后，一方面效果反应灵敏，油井压力、产量明显上升；但同时问题也很严重，第一排生产井已有60%见水，综合含水已达16.6%，而且平均每个月含水上升1%至1.5%，每采出1%的地质储量含水上升6%至7%。

康世恩对油田开发的形势非常担心，听了大家的发言后严肃地指出："注水三年，水淹一半，采收率不到5%，水都淹到脖子上了，这样下去可怎么了得？"

会上大家就此展开激烈讨论，摆差距，找原因，想办法。一次讨论中，小层动态攻关队的人分析说：油田水淹严重的形势主要是少数几个高渗透油层影响的结果。如中区45个小层中，含水较高的只有5个小层，绝大多数小层尚未见水或含水很低，假如依照这个形势自然发展下去，预测采收率只能达到20%左右。康世恩非常赞同这个发言和分析。他说，你们挖出了地下两个“定时炸弹”，一个是照这样开采下去，大量中低渗透油层的原油可能会被高渗透层的水淹没而采不出来；再一个是按照这种趋势任其自然发展下去，采收率将大大降低。他在会上明确指出，在认识油层、分析油田动态上，我们的主要毛病是什么呢？第一，我们搞了大量第一性资料，这是好事，是什么时候也不能丢掉的，但只是在大量资料、大量数据、大量的名词中兜圈子，看不到问题的本质。我们的认识只停留在低级的感性认识阶段，而不能通过大量的资料、大量的数据消化上升为理性认识。第二，我们对油田动态的认识远远落后于实际情况。我们油田是早期注水、内部切割注水，事物已经发展了，而且注水有些太强了，可有些人还是担心注不进去，压力保持不住。这和实际情况距离多远！第三，在分析油田动态时总是千头万绪，矛盾百出，抓不住中心，找不到解决问题的办法。第四，缺少“两分法”。我们的油田早注水有有利的一面，也有不利的一面。但是，有利的一面是根本的，主要的，因为它保持了压力。他还提出，要建立地下岗位责任制，把油层管好。要在全油田开发区内，开展“四定、三稳、迟见水”活动。对每口油井进行“四定”，即定产量、定无水采收率、定见水时间、定压力。要求所有油井在“四定”基础上稳定生产，实现产量稳、地层压力稳、流动压力稳；油井见水要迟，力争较长的无水采油期和较高的无水采收率。

会后，大庆油田成立了“四定、三稳、迟见水”指挥部，组织50多名技术人员奋战一个月，编制了注水井分层注水方案。为了迅速使这个方案得到贯彻，组织了有名的“101”、“444”分层配注会战。就是要对101口注水井、444个层段分层配注。广大井下作业职工冒着摄氏零下30多度的严寒，“身穿冰淇淋，北风当电扇”，英勇奋战，写下了大庆油田开发史上又一光辉篇章。

在这场分层配注会战中，大庆人发明的“糖葫芦封隔器”起到了十分

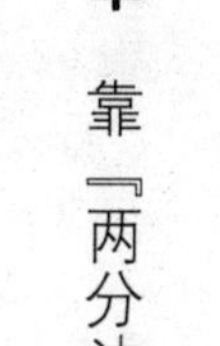

重要的作用。分层注水后，水淹问题得到基本控制，中区含水率1964年高达12%，1965年下降到9%，1966年进一步降到5%。

1966年，大庆第一次将油田分层开采的科学技术总结概括为“六分、四清”工艺技术。“六分”是：分层注水、分层采油、分层测试、分层改造、分层研究、分层管理。“四清”是：分层注水量清、分层采油量清、分层出水状况清、分层压力清。这一套采油工艺技术，不仅保证了大庆油田的长期稳产，而且对国内各个油田的开发，都有重要的指导意义，创立了多层、非均质砂岩油田开发的基本模式。

3. 油田上《初升的太阳》

1965年“三八”妇女节，全国妇联在北京人民大会堂举行报告会，请大庆家属代表薛桂芳作报告，介绍大庆职工家属愤发图强、战胜重重困难的先进事迹。全国妇联主席蔡畅主持了那天的大会。蔡畅说：“大庆职工家属在革命化的道路上前进，她们为我们全国职工家属，树立了学习的榜样。……”

在全场爆发出的雷鸣般的掌声中，薛桂芳走上了讲台。她心情激动地说：“我们过了好日子，不能忘了旧社会的苦，不能忘了世界上还有没解放的人民，我要在油田上干一辈子劳动，闹一辈子革命。”

在同一天，全国妇联主席蔡畅还发表广播讲话，号召全国妇女以大庆妇女为榜样，学习她们自力更生、愤发图强、艰苦奋斗、勤俭建国的精神。她在讲话中说：“大庆职工家属在革命化、劳动化方面，为全国职工家属树立了光辉榜样。”“英雄的大庆职工家属，坚决贯彻执行了大庆油田党委的矿区建设方针。从五把铁锹闹革命开始，到现在全矿区95%以上有劳动能力的家属，都参加了集体劳动。她们积极响应党委的号召，除参加工业生产，还担负起全部农、副业生产的任务。”

大庆职工家属的事迹引起了社会各界的广泛关注。1964年春天，孙维世等一批艺术家遵照周恩来总理的指示来到大庆深入生活，进行创作。在此基础上，1965年冬天由孙维世执笔，写出了一出反映大庆职工家属艰苦创业事迹的六场话剧——《初升的太阳》。这年12月中旬，石油工业部党组和大庆党委决定由大庆职工家属自己排演这出歌颂大庆精神的话剧。

由职工家属排演大型话剧，这在当时还是一件新鲜事，大庆上上下下对此都很重视。12月12日，大庆家属政治处主任钟珊召开全体大会，宣布接受演话剧的任务。据《人民日报》后来报道，各单位、各部门接到通知后，立即行动起来，选送了一批思想好、生产好的家属和工人，几天之内就把演员队伍组织起来。

《初升的太阳》反映的是大庆职工家属破除传统观念，自力更生、艰苦奋斗，发扬“五把铁锹闹革命”的精神，积极参加石油会战，开展农业生产的事迹，热情讴歌了“工农结合，城乡结合，有利生产，方便生活”的社会主义新型矿区建设方针。演员们都是在大庆劳动、工作的职工家属和工人。在话剧里扮演家属生产队长辛玉红的是家属缝补工邓淑琴，扮演指导员郭德英的是家属售货员范桂林，扮演铁蛋妈的是大庆五好家属、生产队指导员曲淑琴。曲淑琴还是大庆群众性文艺活动的积极分子。1965年在全国发行的唱片中，有一首《大庆妇女学大寨》的新歌，歌词就是她创作的。

大庆职工和家属们对排演这出戏都很支持。在排戏的时候，许多人自动来到排练场地，有的当义务“导演”，有的当义务“勤务员”。当演出需要增加个什么布景、道具的时候，一些家属、工人不声不响地做好，送上门来；当谈到某一段戏难演的时候，在场看排练的家属、工人就随时议论起来，帮助设计动作，修改台词。不少家属、工人甚至远路跑来，向演员介绍和角色有关的真人、真事，帮助演员理解、塑造人物形象。著名艺术家孙维世、金山更是一遍一遍地为演员们讲解表演要领。当时扮演家属生

产队指导员的范桂林后来回忆说："我们这些演员有生活，但不懂得表演，更不知如何塑造人物。因此，孙维世在导戏时是那么亲切、那么细心，又那么有耐心，从不说我们不懂的专业术语。我们紧张的心情消除了，也渐渐地进戏了。每当表演不合要求让我们停下来时，她总是先说：'好极了，非常好……'而后再指出该如何做、如何演。于是我们也一遍遍地练习，每个人都很努力。"

在各方面的努力与配合下，《初升的太阳》只用了 12 天便排练好了。1965 年 12 月 30 日晚，家属演出队在采油一部礼堂向大庆党委领导做了汇报演出。孙维世和金山比较满意，也发现了一些新的问题。第二天上午，孙维世和金山又领着演员找差距，以求使这出话剧尽可能地完善些。

1966 年 1 月 10 日，演出队领导钟珊宣布：《初升的太阳》即将赴京汇报演出，同时还要带上一台歌舞节目。几天之后，这支成立不久的家属职工演出队，便带上他们的话剧和歌舞节目，踏上了进京的列车。

进京后，演出队先是向石油部领导汇报演出。康世恩等领导人观看了演出，亲切接见了演员。随后，郭沫若、刘白羽、杨朔、曹禺、荣高堂等

▲周恩来与《初升的太阳》演职人员一同演唱《大庆家属闹革命》主题歌

作家和体育名人观看了演出。1 月 31 日晚，他们又在国务院小礼堂向中央机关各部门领导汇报演出。第二天，周恩来兴致勃勃地观看了他们的表演，并在演出后走到后台与演员亲切握手。在后台，周恩来还指挥演出队全体人员高唱当时人们经常演唱的革命歌曲——《大海航行靠舵手》、《我们走在大路上》。

1966 年 3 月，《初升的太阳》开始在北京公开演出，观众反响强烈。从 3 月到 6 月，三个多月时间里，《初升的太阳》在北京总共上演了 133 场，观众达 22 万人次之多。广大观众对来自大庆职工家属的演出给予了极其热烈的欢迎和赞扬。几乎每一场演出，都有许多观众流下激动的泪水。观众对演出报以长时间的、热烈的掌声。有时候，戏演完了，许多观众还不肯退场，非要演员们出来讲话，介绍大庆精神和大庆经验。看戏以后，有些观众跑上后台，赶到住所去探望演员，有些观众自发组织座谈会，畅谈从戏里受到的教育。还有些观众，干脆把台上的人物当做自己的领导和战友，找着去汇报思想，争取帮助。

由于观众反响强烈，一支表演队伍不能满足众人观看演出的愿望，大庆油田又成立了家属演出二队。经过紧张的排练，2 月中旬进京。这支队伍较之一队更加年轻，而且排练时间更短，如果从艺术角度衡量，演出可能更显不成熟。但广大观众对他们的演出仍报以热烈的回应。他们所到之处，都受到人们的热烈欢迎。家属演出二队除了在北京演出，4 月中旬又赴济南、烟台等地演出了 100 余场。而且场场爆满，反响热烈。

4. 千万不要忘了一分为二

1966 年的大庆，春天来得特别早。“5・1”刚过，周恩来总理便第三次来到大庆。

周恩来这次是陪同外宾来大庆的。5 月 3 日中午，康世恩陪同周恩来乘坐直升机降落在大庆临时停机场。周恩来一走下飞机，就挥动双臂，向大家问候。

按理说，不管大庆的条件多么差，总可以想办法让总理吃上一顿比较丰盛的饭菜。可事前周恩来就严肃指示：顿顿要有粗粮，餐餐不上酒，菜要吃大庆自产的。

吃过午饭，周恩来顾不上休息，就在大庆工委领导人的陪同下来到南二区 6 排 32 井。采油一部副指挥孙燕文介绍说，现在全部油井生产旺盛，保持自喷。周恩来笑着说：“你们没有自己夸自己吧?”大庆领导认真地回答说，实事求是。周恩来听后满意地说：“实事求是好。”

在炼油厂，周恩来对岗位责任制和巡回检查路线图很赞赏。他说：“这么搞责任就明确了。”他还细致地询问了工厂的人员、设备和技术革新情况。周恩来听完汇报后说：“你们厂管理得不错，很先进，要继续努力!”

这一天，周恩来一刻也没有休息，从钻台到油井，从工厂到车间，一直毫无倦意，谈笑风生。晚上 9 点半，大庆工委召开座谈会，周恩来听取了大庆全面工作汇报。周恩来一再嘱咐大庆人：“不能忘记一分为二的观点，任何时候都不能满足。”他非常关心家属来矿的安置，农副业生产和计划生育问题。座谈会结束，他又邀康世恩和徐今强谈了建设新型矿区、改革教育制度的情况。周恩来强调要办好半工半读，在油田逐步形成一个完整的教育体系，要坚持教学、科研与生产相结合。对于汇报中讲到大庆油田人人生活在组织之中，人人生活在制度之中，人人参加学习，人人参加劳动等情况，周恩来十分赞赏，并谆谆告诫大庆人一定要继续发扬艰苦奋斗的好传统。

谈话结束时，已是 5 月 4 日凌晨 1 点 30 分了。可周恩来仍旧不肯休息。他又到生产会议室看了生产模型、技术革新和油田建设图表。

5 月 4 日上午，周恩来到油田丰收村视察。汽车快进村时，周恩来从车窗看见村北有 10 名职工家属正在播种，马上让汽车停下，快步向她们走去，和家属们一一握手。他问身边的一位家属：“你这地一埯几株，株距多少，预计亩产多少?”一面问着，一面蹲下去伸手扒开冰凉的泥土，仔细察看播种的深度和株距。他还和蹲在身边的家属们拉家常。听说家属们分别来自山东、河北、山西等地时，他高兴地说：“我们都是来自五湖四海，为了一个共同目标走到一起来的。”他那和蔼可亲的作风很快使家属们消除了拘谨，大家不约而同地唱起了《大庆家属闹革命》。周恩来挥动双手为她们打着拍子。唱完后，家属们为总理热烈鼓掌，周恩来笑着说：“来大庆，不学会几首大庆歌儿还行?”

随后，周恩来邀请家属们和他同坐一辆大客车回村，还把一个家属让到自己身边的椅子上坐。进村后，周恩来先看了丰收管理站食堂里的全村远景规划图和家属们自制的生产生活用具。站教导员李春云向他介绍了这个站建设新型工农村的成果，他非常高兴地说：“好！这样做很好，有利于缩小三大差别。”

随后，周恩来走进加工食品的作坊参观。作坊里正用机器加工白面面条和玉米面烙煎饼。李春云介绍说，有了这些加工好的食品，家属下工后，拿点粮食兑换一下，一顿饭 20 多分钟就行了，非常方便。周恩来点点头说：“这样很好，粗粮细做，改善了生活，又解放了生产力。”他边说边拿起一张刚烙好的煎饼，细细地品尝起来，边吃边称赞说，比昨天在机关吃的煎饼好。他还风趣地对李春云说：“我可没带玉米面来，吃煎饼可不

能兑换哪!”说得在场的人都笑了起来。

从作坊出来，周恩来又看了村里的理发室、卫生所。最后又到李春云家里做客。周恩来盘腿坐在李春云家的土坑上，从家庭人口谈到丈夫孩子，唠起了家常。周恩来说：“干打垒来的快，等条件好了，还可以逐步改善。”

那天 11 点多，周恩来不顾劳累又来到大庆缝补厂。在厂里，周恩来拿起一件用 160 多块旧布拼成里子的棉工作服，看了又看，摸了又摸，高兴地说：“好、好，你们要永远保持这种艰苦奋斗的精神。”

接着，周恩来又由缝补厂党支部书记王凤允陪同，视察了各个修旧利废岗位。他首先走进又脏又累的拆旧班。这里遍地油衣，满屋灰尘。正在紧张工作的家属们，发现日夜思念的周总理站在面前，激动得光知道笑，谁也说不出话来。周恩来仔细打量着屋里的一切，满意地点点头。他一面同大家握手，一面亲切地鼓励说：“你们这样做很好，要永远艰苦奋斗!”有个家属刚把手伸到他面前，猛然想起自己手上沾满了油污，就急忙要收回去擦，谁知手已被周总理紧紧握住。这个家属激动得流出了热泪。当时的弹棉房，又矮又窄。陪同的厂党支部书记王凤允考虑到总理的身体健康，在路过弹棉房时就没有多作介绍。可是，周恩来听到机器的响声，又见灰尘不断从敞开的门里飞出，便不顾劝阻，进去同当班的工人一一握手。

周恩来第三次来大庆视察，一共在大庆度过了 28 个小时。临回京前，他再三告诫大庆工委的领导成员：“大庆是成功的，你们自己可不要忘了一分为二呀!”

5. 组织进京报捷团

1966年是我国“三五”计划的第一年，也是工业学大庆运动进入高潮的一年。大庆工委按照“两分法”前进的指导思想，适时地提出了“全国学大庆，大庆怎么办”的严峻课题，确立了“支援四川，发展大庆，再创新水平”的奋斗目标。

在这种形势下，1202、1205两个“标杆钻井队”坐不住了，他们瞄准苏联的一个“功勋队”曾创造年钻40861米的高纪录，提出要在1966年实现“年钻5万米，超过功勋队”的口号。这两个队，一个是连年跃进“永不卷刃的尖刀”，一个是铁人王进喜带过的“钢铁钻井队”。两队在1965年双双打上了3万米。经过冬训，思想产生了飞跃，设备经过整修和部分更新，战斗力更强。

会战工委批准了他们的请求。

两个队要“上5万”，王进喜高兴得睡不着觉。他此时已经被会战工委任命为钻井党委常委、钻井指挥部副指挥。但他当了干部仍像工人一样坚持劳动。他抓紧一切时间穿梭来往于两个队之间，和他们一起研究技术措施，帮助他们解决一些实际困难，并和他们一起一点一滴地想点子，定措施，挖潜力。为了缩短时间，提高效率，他们改接单根为双根，把高压管线接头改为连接，把所有零碎备件、小工具分类上爬犁，易损易坏部件配双套等等。

一切准备就绪，1966年1月21日，农历正月初一，1202、1205两个钻井队打响了“上5万、超功勋”的战斗。

他们确实不愧是标杆队，第一口井就创出了冬季打井的最高水平：用3天20几个小时，打出一口优质井，井斜在1.9度以内。以后，两个队越打越勇，到4月底就打到了2万米。

5月3日，周恩来陪同外宾来大庆视察。当他听说1202、1205两个队要“上5万，超过苏联功勋队”的消息，心里很高兴。对身边的工委副书记宋振明说：“这两个队打上5万米时，国务院要给予鼓励，你要向工人们讲。”说完后，他还亲自到1202队视察。他登上正在打井的钻台，钻井大队长王进喜亲自手扶刹把，给总理表演起钻、下钻和接钻杆的操作。王进喜对周总理说：“您上次来，钻机用的是柴油机，现在改成电动机了，快多了。”周恩来高兴地边看边问：能打多少米？铁人说，今年保证上5万米。周恩来高兴地举起双手，连声说了三个好。临离开井队时，周恩来又握着王进喜的手一再嘱咐说：“你们这两个队，今年如果都打上5万米，要告诉我。”

周恩来走后，王进喜向工人们传达了总理的心意和嘱托。总理的关怀给两个队的工人以巨大的鼓舞。他们6月份打上了3万米，7月份双双实现了“九开九完”，只用6个月零10天就打井42718米，超过了苏联“功勋队”。到8月18日，两队双双打了上5万米，实现了年初提出的奋斗目标。

当时，“文化大革命”在全国范围已经搞得轰轰烈烈了。但在石油系统，运动对生产的冲击还没有很突出地表现出来。在大庆1202、1205钻井队取得优异成绩的同时，其他油田也不断有好消息传出。比如，胜利油田的32104钻井队登上了一次取岩心102.32米的世界取心技术高峰；四川会战前线打出了产量大、压力高的天然气井。在一口井喷着火时，32111钻井队全体职工经过30多分钟拼死搏斗，扑灭了大火，保住了这个高产气田。《人民日报》为此发表了社论，号召全国人民向这个钻井队学习。

在“文化大革命”初期，周恩来对运动可能对生产造成的冲击已经有所感觉，为稳定经济并兑现在大庆许下的诺言，进一步促进大庆石油生产和全国工业生产的发展，他指示石油部组织报捷团进京报捷，并参加国庆17周年观礼。石油部接到周恩来的指示后，迅速行动。报捷团很快就组织

▸ 大庆家属生产的蔬菜

起来了。报捷团由大庆1202钻井队、1205钻井队、大庆职工家属的代表和四川石油会战的32111钻井队、胜利油田的32104钻井队的代表组成。王进喜任团长。

9月3日，王进喜带领大庆部分代表来到北京。27日，国家经委、计委在北京展览馆召开了报捷大会。余秋里、谷牧及国务院20多个部委的领导及司局级以上干部2000余人参加了大会。在会上，4个钻井队和大庆家属代表报了捷。王进喜汇报了大庆油田的情况和1202、1205两个队打井上5万米的好成绩。他讲得生动、具体，受到与会者的热烈欢迎。当场就有几十张条子，要求他到各部委去作报告。第二天，王进喜与1202队队长屈清华、1205队队长王作福应邀到北京电视台向北京市民介绍大庆先进事迹及大庆经验。

9月29日下午，周恩来亲切接见了报捷团。参加接见的有陶铸、李富春、叶剑英等中央领导人。接见时，周恩来和站在前排的人们一一握手，并和大家一起照了相。周恩来把大庆家属送的南瓜、土豆、玉米看了又看，不断地说："很好，很好，这么大!"报捷时，王进喜把大庆职工和家属的两份报捷书放在一起送到周恩来手中。周恩来没看到家属的报捷书，就问大庆家属怎么没来。王进喜说来了。周恩来又问：报捷书呢？王进喜说放在一起了。周恩来说，还是叫家属们自己来报捷嘛。于是，家属代表又拿着报捷书重新报捷。

报捷结束后，周恩来又留下部分成员参加座谈会。座谈中，当王进喜汇报到1202、1205钻井队的情况时，周恩来问：“打到多少米了?”王进喜说：“8月份已上5万米。10月2日打到7万米。年内一定要打上10万米!”周恩来说：“你们一定要超过美帝!”王进喜说：“12月份一定上10万，超过它!”

1966年10月1日，是中华人民共和国成立17周年纪念日，北京天安门广场举行了盛大的庆祝大会和群众游行。王进喜等人坐在西平台上接受了毛泽东和其他中央领导人的接见。那天的庆祝大会上，安排了工农兵代表讲话。代表农民讲话的是大寨党支部书记陈永贵，代表工人讲话的是参加四川石油会战的32111钻井队的工人代表王有发。据说，原来安排由王进喜代表工人讲话，但周恩来考虑到32111英雄集体刚刚取得了突出的成绩，所以就换成了王有发讲话。

在王进喜等人进京报捷的同时，北京历史博物馆举办了大庆展览。全国范围的工业学大庆运动掀起了新的高潮。

第九章

严峻考验

1. 有人要搞乱大庆

1966年，大庆油田原油产量达到了1060.89万吨，占全国原油产量的72%，在石油工业生产中处于举足轻重的地位。从资源基础来看，虽然大庆油田已经开发了7年，但1966年以前，在大庆已探明的油田中，只运用了一个萨尔图油田，后备资源比较雄厚。开发好大庆油田，对石油工业来说，至关重要。可是，1966年下半年出现的全国性动乱，使大庆油田的开发建设遇到了前所未有的困难。

“文化大革命”爆发以后，在党内占据高位的林彪、江青两个反革命集团，为了搞乱全国，乱中夺权，有意扰乱一些经济建设成绩突出的地方和单位的秩序。大庆自然成为他们要搞乱的重点。从这年的8月、9月份，他们就开始了对大庆的围攻。他们先是说，“大庆和平演变了”，说大庆变成了“资本主义的试验田”。后来又进一步试图全面否定大庆成绩。

1966年10月，大庆展览在北京历史博物馆展出。当时全国的“文化大革命”尚在初期，国家主席刘少奇虽然受到了严重冲击，但还没有被公开打倒，刘少奇视察大庆的巨幅照片仍挂在展览馆的显要位置。江青一伙发现后，攻击这个展览是“突出刘少奇的黑展览”，说这个展览是“反毛泽东思想的大毒草”，并唆使北师大的一个造反派组织去批判。他们在北京大造舆论，说大庆是“刘邓修正主义的典型”，是“刘少奇假共产主义试验田”。陈伯达指使一些人砸了大庆展览，还亲笔写信派所谓“战斗队”、“调查组”到大庆煽风点火。这些人到大庆后，怀疑一切，打倒一切，鼓吹“踢开党委，停产闹革命”。一时之间，把大庆搞得一团混乱。

大庆领导班子17名成员中，16名被揪斗，12名被戴上“叛徒”、“走资派”的帽子后，关进了“牛棚”。钻井、采油、油田建设等二级公司、厂的300多名领导干部、技术专家都被戴上各种帽子统统打倒“靠边站”。到1966年底，全油田共有6000多名干部被揪斗，占科以上干部的90%。数以万计的一线生产单位的班组长、劳模、技术骨干甚至家属标兵也都受到批判。坚守生产岗位的工人，被辱骂为“只知生产干活，不懂路线的‘老瞎牛’”。大庆油田的生产失去正常的指挥，受到严重的破坏。

1966年10月7日，王进喜带领几名报捷团成员兴冲冲地回到大庆。没有想到的是，他一下火车，来到“二号院”，竟连一个工委领导也没有找到，出出进进的全是一些臂戴红袖标的人。在走廊里、墙壁上，到处贴满了大字报，什么“踢开党委闹革命!”“砸烂工委!”“打倒宋陈季王!”

在旧社会受尽苦难的王进喜对毛泽东有着很深的感情，对毛泽东亲自发动的“文化大革命”，王进喜最初是衷心拥护的。他曾经喊过“谁反对毛主席，谁反对文化大革命，我就一拳头把他砸到地底下去”。1966年5月，全国上下批判“三家村”，王进喜听说有人反对毛主席，想要复辟资本主义，在批判会上便情绪激昂地说：“想把我们拉回到旧社会，吃二遍苦，受二茬罪，我们坚决不答应。我们要和藏着黑心肝，戴着红帽子的阶级敌人斗到底!”7月份，大庆成立“赤卫队”，王进喜积极热情地参与，定章程，组织队伍，还当上了“总司令”。8月底，大庆召开“赤卫队”成

▸“文化大革命”开始后，王进喜在各种场合反复宣讲要“抓革命、促生产”。

立大会，王进喜很郑重地给第一批队员戴上红袖标，发了队旗。他当时的想法是，有党中央、毛主席的正确指引，有各级党组织的坚强领导，有广大职工的积极努力和实干，这样把革命搞好了，生产也就上去了。

但眼前的情况却使王进喜开始感到不可理解，种种疑问随之产生。随后，他利用一切可以利用的机会向人们做工作，说服群众不能揪斗干部。

那个时候，群众运动还没有触及到王进喜本人，有些造反派组织觉得他是一面可以利用的大旗，想拉他到自己一边。这些人把他请了去，给他戴上红袖标，让他当“顾问”、做“高参”。但他在各种场合的群众大会上总是说：对干部，“有错误可以批评，但不能揪斗，不能不让他们工作”。他反复呼吁工人群众要坚持抓革命、促生产，坚守岗位，搞好油田建设。在一次各种串连组织召开的“纪念一二·九大会”上，他情绪激动地说：“红卫兵小将们、工人同志，我们都是国家的主人，我们不能看着油田工作瘫痪，不能眼巴巴地看着油田生产垮下来。大庆原油总产量占全国的一半，可不能有一点伤风感冒。不得了呀，同志们。我们拥护‘文化大革命’，就要搞好大庆油田的生产！”

单单凭王进喜的呼吁当然不可能平息动乱不已的局面。到了1966年年底，大庆油田各级党组织已基本无法工作，各种造反派组织纷纷“揭竿而起”。“造反”、“打倒”、“砸烂”之声弥漫整个大庆油田，局面已到了难以控制的地步。12月26日，大庆1202队、1205两个钻井队双双超过了美国“王牌队”，钻井10万米。这本是大庆乃至全国石油工业的一件大事、喜事，但在大庆却连个庆功会都开不起来。当时，主管生产的一位工委副书记看到王进喜还可以在群众组织间活动，就偷偷找到他，请他想办法无论如何要召开一个庆功会。于是，王进喜便在打虎庄原钻井指挥部调度室召开了一次钻井系统一百个群众组织头头参加的联席会。王进喜在会上反复说明，两个队“上10万米”是大事，是周总理关心、鼓励的，是向毛主席报过喜的，不管怎么说也要开一个像样的庆功会；油田这样乱下去不得了，应当有人管生产。他还建议让宋振明、陈烈民主管生产。

作为一场席卷全国的大动乱，“文化大革命”正在按照自己的逻辑发展演进，任何试图稳定局势的努力都将与这场运动发生冲突。就在王进喜为维持大庆生产秩序而不懈努力的时候，在北京，有个在“文化大革命”初期迅速蹿升的大人物却向他射来一枝枝毒箭。1966 年 12 月 23 日，张春桥在北京接见一个上海代表团时讲话说：“王铁人也表现得很不好，可能走向他的反面。”“他地位发生了变化，影响很大，是个既得利益者，有名有利有地位，还有什么革命要求呢?”

有了上面的“旨意”，北京、哈尔滨和大庆的一些造反派组织便联合起来，要在大庆油田“刮十二级台风”，声称要揪“大人物”，揪“有影响的人物”，要把大庆的阶级斗争盖子彻底揭开。他们给王进喜扣上“叛徒”、“工贼”、“铁杆保皇派”等大帽子，开始对王进喜进行批判、迫害。

2. 庆功会开成了批斗会

1966 年 12 月 29 日，1202 钻井队、1205 钻井队双上十万米的庆功大会在大庆八百垧新建的钻井礼堂召开。由于钻井队是大庆油田的“火车头”，这次庆功会引起了全油田的注意。各单位大小造反派组织都派人来参加，北京的《红旗》杂志和新华社也派记者到了会场。

尽管王进喜做了大量的说服工作，但他最不愿意看到的事情还是发生了。大会一开起来，局面马上失控。造反派不仅把油田和钻井指挥部的“当权派”揪上台，还给他们戴高帽、挂牌子，剃了“鬼头”。王进喜对此非常气愤，在庆功大会的筹备会上，他曾千叮咛、万嘱咐，一定要坚持不揪斗、不批判，好好庆功，但眼下还是出现了他所不愿意看到的情况。在讲话中，王进喜再次大声疾呼：“02 队、05 队打上 10 万米是扬眉吐气的事情，立了大功，我们就要奖励。大庆油田生产是保证全国人民对石油的需

◂ 1205 钻井队钻井进尺上百万米

要，一点也不能伤风感冒。我们一定要坚持抓革命、促生产，保证油田生产正常进行。特别是采油、煤厂、水电、运销等等单位，生产一天也不能停。相信广大群众有这个觉悟，红卫兵小将更有这个觉悟！”

王进喜的讲话令造反派组织的头头们大为不满。他的讲话不时被打断。在各造反派组织头头们的策动组织下，庆功会开成了批判会、点火会。会后，造反派让那些“当权派”把两头大猪抬上游行，从八百垧转到让胡路，又转到萨尔图，最后到龙凤。使这些在大会战中冲锋陷阵的油田的领导干部无论在身体还是在精神上都受到极大的迫害。

为了尽量稳定大庆的生产局面，王进喜决定到北京向石油部领导汇报工作，请求指示。1966 年的最后一天，他坐上了从哈尔滨至北京的 18 次特快列车。1967 年元旦，他带着一个工作人员来到石油部办公大楼。但那里同样是一片混乱，部机关的造反派、北京石油学院的红卫兵，还有许多油田的、炼油厂的造反派成员进进出出，而石油部的领导都在接受批判。王进喜没能见到康世恩等他所熟悉的石油部领导。

王进喜决定直接向周恩来总理汇报，请总理在百忙中出面制止一些人的混乱行为。1 月 2 日晚间，王进喜来到中南海西门的国务院接待站。通过接待站的工作人员给周恩来送去一张纸条，上面写着：“总理，请您抽出一点时间，我要向您汇报大庆的情况。”工作人员在送纸条的时候，请他在后院二楼等候。不长时间，周恩来打来电话，问他什么时候到的北京，要汇报哪方面的内容。王进喜说主要是油田运动和生产情况。周恩来在电话里说：“现在我很忙，大概要你等个十多天!”

当时大庆已经陷入混乱之中，王进喜心里很着急。他急迫地对周恩来说：“总理您不知道，大庆已经乱了，我担心油田生产……”

周恩来能够理解王进喜的心情，但全国到处都在混乱之中，需要他处理的事情实在太多了。他想了想说：“好吧。你明天先向余秋里同志汇报一下。大约一周后我见你。”

当时余秋里已经奉调担任国家计委主任。1月3日下午，余秋里在京西宾馆一间会议室里听取了王进喜和大庆代表的汇报。王进喜对这位老领导讲，大庆工委已无法工作，基层队长指导员也遭到揪斗，油田已经乱得不成样子，可现在有的人竟然还嫌乱得不够，提出要停产闹革命。这时，一个“群众代表”情绪激动地说：“应该停下来。每年冬训不也是停下来吗？今年更得停。”余秋里表态说：“停也不是不可以的。咱们来商量一下看看停什么？停止采油行不行？采油停了全国工农业生产、部队战备没油用，不得了，不能停。停注水行不行？注水停了地下压力补不上，不能停。供应部门停喽？可油田生产物资、套管、钻杆得提前调进，为全年作准备，也不能停。地下观察停喽？但油田生产需要及时了解地下动态，不能停。运输停喽？那咱们靠什么走路呢？油田生产、生活、吃饭离了运输寸步难行，不能停……”余秋里越说越激动，他在屋里走来走去，大声说：“采油不能停，井下不能停，炼厂不能停，水电不能停，科研不能停，维修不能停……”一连说了十几个“不能停”。余秋里接着说：“大庆生产不能停。在这种乱七八糟的情况下，我建议你们和群众组织一起商量，在各指挥部建立起一个管生产的班子，人员不要论资格，只要能干起来就行。把真干工作的选出来，把生产指挥系统健全起来。如果重要岗位人不够可以从其他油田厂矿调一点补充，一定要保证生产正常运行。”

余秋里最后对王进喜说：“这次运动不少劳模都受冲击，你可要有个思想准备。不管什么情况下一定要坚持党的原则。”临别时他又握住王进喜的手，嘱咐了很多话，最后笑着说：“铁人，你铁人也可以造反嘛。但

一定要造错误的反，我有错误你就造我的反！”

第二天，周恩来几经调整日程安排提前接见了王进喜。石油部的康世恩、李人俊、唐克等人也参加了接见。

一见面周恩来就对王进喜说：“我只有半个小时的时间，你谈主要的。”

王进喜说：“总理，现在大庆乱得不行，眼看生产受到影响啦，实在让人着急。”接着，他把领导干部被揪斗，基层干部受冲击，技术干部被打成“反动权威”不能工作，生产没人管，一些青年工人离开了工作岗位，大批的人进京等等情况向周恩来作了汇报。周恩来一边听一边记，还不时地插话问情况。

听完王进喜的汇报，周恩来说：“前些日子陈永贵同志也来了，也是为了山西的革命形势。今天你谈的情况很重要。石油是保证国计民生和国防的重要物资，出了问题不好交代。毛主席很关心石油工业，很关心大庆，我们可不敢掉以轻心。你回去要向干部工人传达，向大家讲，一定坚持抓革命，促生产，决不允许停产闹革命。现在形势很复杂，我们每个同志都要清醒。我们都要忠诚于党，忠诚于党的事业，坚持真理，坚持党的原则，不能落井下石。防止在大风大浪里摔跤犯错误。”

3. “铁人”遭迫害

带着周总理的嘱托，1 月 10 日，王进喜转道哈尔滨回到了大庆。虽然离开仅 10 天时间，但大庆更加乱得不成样子：群众组织遍地开花，各级干部、包括班组长都被揪的揪，靠边的靠边。正常工作秩序完全被打乱。这些群众组织都有油印机，都可以贴大字报，出小报，撒传单。他们在上海

“一月风暴”的影响下大造夺权舆论。

为了贯彻周恩来的指示和讲话精神，王进喜一面深入基层井队、车间、管理站直接向群众传达；一面想争取得到油田群众组织的支持，造成较大的声势，形成统一的舆论。1月13日，经过多方工作，油田几十个有影响的较大的群众组织的代表在职工医院召开联席会，王进喜在会上传达了周恩来的指示，并提出要开一次全油田的大会，贯彻总理讲话精神。

王进喜的传达立即引起激烈争论，会场形成了尖锐的对立。最后会议围绕着“大庆是红旗还是黑旗”，“王铁人是红线人物还是黑线人物”展开了激烈的辩论。

王进喜在大会上作了发言。他说：“王进喜是铁人是泥人问题不大，我才值几个钱？但大庆油田必须肯定，她是我们广大干部、工人、家属苦干6年干出来的。大庆就是毛主席树立的一面红旗。谁要是造大庆红旗的反，广大职工决不会答应，就要一拳头把他砸到地底下去。当前革命要搞好，生产更要搞好！怎么搞好？我想最最重要的是贯彻总理指示和‘一·八讲话’精神。希望大家可不能糊涂，不能含糊。”

王进喜反对停产闹革命，努力维护大庆生产局面的努力，得到了广大干部、群众的拥护，但也成为一些唯恐天下不乱的人们的眼中钉。在张春桥攻击王进喜之后，1月6日，“中央文革小组”组长陈伯达又在对红卫兵的讲话中大肆攻击先进人物，号召起来造标兵模范的反。

危险正一步步向王进喜逼近。1月25日，王进喜来到大庆总机厂宣传周恩来指示，动员职工坚持抓革命、促生产。他正和几个工人谈话，突然进来几个人把他抓了起来，弄到一个小黑屋里。造反派的人们拿出皮鞭、尖刀、棍棒，摆上录音机，逼迫王进喜承认自己是“国民党员”，“有男女作风问题”，要承认上北京向总理汇报的是“假情况”，要他承认“大庆红旗是黑的”。他们在大庆召开了对王进喜的批斗大会，大会除中心会场外还设了114个分会场。当时的斗争很残酷，王进喜身心受到极大摧残。在批斗会上，造反派让他跪玻璃碴子，要他承认是叛徒、工贼，是“保皇派”。王进喜只是说：“我是苦出身，根本就不是什么叛徒、保皇派。我只保毛主席，保党中央，我们打井没有错。”

当时，大庆的形势十分严峻，有的单位把王进喜“揪走”，轮流批斗。在一次批斗会上，一个人正声嘶力竭地批判大庆、大庆红旗、大庆精神，王进喜越听越气愤，他霍地站起来，甩掉身上的棉大衣，大声吼道：“大庆是毛主席的大庆，是全国人民的大庆，谁敢反对毛主席，谁敢诬蔑大庆红旗，我们就一拳把他砸到地底下去。”

造反派将王进喜关进了“牛棚”，一个造反派小头头拿着一份写好的攻击大庆红旗“十大罪状”的材料对他说：“只要你画个道道，就放你出去。”但铁人不为所动，他说：“我识字不多，可是你们写的这些字，我还认得，你们就是把刀架在我的脖子上，也别想让我画上一笔！”这些人在王进喜身上施加暴刑，脖子上挂开水桶，用烟头烫后背，扒掉身上的衣服，把他按倒在地，又脚踩在身上。王进喜硬是挺住，没说过一句软话。

由于大庆生产指挥系统被打破，各项行之有效的生产制度和工作制度无法坚持，注水系统不完善，泵站生产不正常，该注水的不注水，新井投产大量增加，而注水量反而下降，油井含水量急剧上升，油田的形势越来越危急。

4. 努力扭转混乱局面

周恩来一直关注着大庆和王进喜的情况。王进喜遭受迫害的消息传到北京，大庆油田生产形势恶化，周恩来非常痛心，也十分着急。一次石油部的几位领导到周恩来那里开会，当石油部汇报到王进喜受迫害的情况时，周恩来听着听着竟流下了泪水。他哽咽着说：“大庆是毛主席树立的红旗，王铁人是大庆红旗的模范代表，他对发展中国的石油工业有功，听说有人把他抓起来，还要打倒他，我很痛心。”后来康世恩回忆说，他一生见到周恩来流过三次泪，为王进喜流泪便是其中的一次。

后来周恩来亲自安排黑龙江省军区副司令员安怀负责将王进喜接到北京。2月26日，主管石油工业的李富春副总理在他的办公室接见了王进喜和石油部机关及大庆的群众组织代表。随后周恩来又抽出时间接见了他，并当着一些群众组织代表的面表态说：“铁人是大庆红旗的模范代表，怎样对待铁人不是他一个人的问题，关系到大庆，关系到一大批劳模标兵。”

面对大庆的混乱局面，周恩来心中十分焦虑。他在不同的场合多次发表讲话，强调“大庆不能乱”。

1967年1月8日，在北京工人体育馆，周恩来接见了大庆油田及其他油田群众组织的代表。为了防止有人借机闹事，在接见之前周恩来作出明确规定：我是接见石油系统群众组织的代表，会场不能有任何带有“打倒”字样的标语；不准揪石油部领导，开批判会我就走；不能喊打倒口号，可喊毛主席万岁。不准录音。

在接见时，有人提出“大庆要停产闹革命”。周恩来说：“抓革命，促生产，不能停产闹革命，要继续抓好革命，促好生产。”有人提出中央应当派人去大庆了解“文化大革命”情况，指导运动。周恩来说：“大庆的情况我们了解一些，大庆红旗不能倒，大庆是毛主席亲自树立的一面红旗，我们要爱护这面红旗。”接着，周恩来严肃地指出：“为什么有的人硬要反对这面红旗？为什么他们硬要打倒铁人王进喜？这是为什么？是阴谋，是为了毁掉毛主席树立的大庆红旗。”他还对工人们讲：工友同志们，你们想一想，这么多人离开大庆油田，放弃生产不管，无数的油井停下来了，我们忍心看着这样的情况继续下去吗？抓革命、促生产是这样的抓法？革命串连，我不反对，但总要有个规定嘛！生产部门跟学校不同，学校放假闹革命，生产部门、党政工作机关、事业部门及农村人民公社我看是既要闹革命又要促生产、促业务，革命总不能革得使我们的工作瘫痪吧？你们造什么反？如果你们造反把应该进行的业务工作停下来，那就是造错了方向。

讲到这里，周恩来以自己为例说：比如我吧，我每天几乎都要接见学校的

红卫兵，他们是放假闹革命，但我不能放假。我既要革命，还得做工作呀！

针对大庆油田领导干部被揪斗的情况，周恩来扳着指头一一阐述了大庆会战取得胜利的原因。他说：“大庆会战，我们靠什么打了胜仗？首先，靠战无不胜的毛泽东思想，靠‘两论’起家；其次，靠广大会战职工艰苦卓绝的辛勤劳动；再次，就是全国各方，可以说党政军民各方面的大力支持。单单有这三个条件，如果没有组织这次会战的领导人，没有组织这场会战的领导班子，等于说打了一个胜仗没有指挥员，行不行啊？不可能嘛。你得承认他们的功绩嘛！”周恩来又回顾了自己视察大庆的情景，他说：“我曾三次到大庆，都受到深刻的教育和启发，那时候，没有任何一个厂矿像大庆取得这样伟大的成就。所以，我们伟大领袖毛主席提出，除了学习解放军，还要学大庆、学大寨，他们是真正把毛泽东思想学到手了的。”

周恩来正讲的时候，秘书走到他身边，轻声对他说：“主席来电话，要你到他那儿去。”周恩来只得结束这次接见。临走时，他还讲道：“毛主席说，大庆精神是好的，铁人精神是好的，会战很艰苦，应该发扬会战精神，保卫大庆红旗，保卫大庆精神。我相信王进喜同志能和广大革命群众站在一起，把大庆的“文化大革命”和生产搞好。大庆95%以上干部是好的，要解放大庆的干部，大庆生产不能停，停了生产还搞什么革命！”

1月10日，周恩来接见铁路系统代表时又提到大庆。他说：大庆油田一万多人离开大庆跑到北京，使许多油井停了下来，这叫丢生产，跑革命，是假革命。丢开业务，光搞革命，革命不就落空了吗？

1月16日，周恩来接见铁路系统职工造反联络总站和北京石油学院代表。他非常关注大庆的夺权问题，说，夺权只是夺“文化大革命”的领导权，对生产业务还是监督好。大庆这面红旗不能倒。大庆的生产已经受了影响，你们要照顾大局。

2月1日，周恩来在国务院小礼堂同工交口的造反派代表谈话，对大庆的情况表示担忧。他说：大庆最近很乱，反对余秋里，甚至反对铁人王进喜。

这时台下的一个代表插话说：还游了街。

周恩来显得非常激动。他说：我很着急，恨不得飞去看一看。大庆前几年确实不错，很有成绩，罗马尼亚都承认我们先进。这样一面红旗，我们为什么自己要毁掉呢？有错误允许改嘛！我一提起这件事就很激动。

5. 非常措施：军管

2月13日，周恩来在国务院会议室接见“哈尔滨红色造反者联合总部”的代表，他警告说：有人要搞乱大庆，这是很危险的。大庆太重要了，不能不注意。我们不得不准备用军队来接管大庆。

针对大庆的混乱状况，周恩来在1月份就考虑过对大庆油田实行军管。他曾把余秋里、康世恩找去商量起草一个对大庆油田实行军管的决定。决定稿起草出来以后，周恩来亲自作了修改。在决定的开头，周恩来加写了“大庆油田是在伟大的毛泽东思想哺育下成长起来的我国工业战线上的典型”。在另一处，周恩来加上了大庆军管会由石油部、沈阳军区共同领导。

关于大庆军管的问题，周恩来召集了几次会议讨论，最后决定派一个师的兵力对大庆实行军管。这是继鞍钢之后，中央作出的第二个对大型企业实行军管的决定。

3月23日凌晨，周恩来对《关于大庆油田实行军管的决定》稿作最后的审阅。《决定》指出：从3月27日起，由沈阳军区驻各地部队组织大庆油田军管会，对大庆油田实行军管。主要任务是：接管大庆油田的党政权力，统一领导“文化大革命”和生产工作，促进无产阶级革命派大联合，以最后实现革命的三结合。《决定》还指出：广大职工必须坚守生产岗位，遵守劳动纪律。尚在外地串连的职工，要迅速回到生产岗位。要迅速健全和改选各级领导班子，积极恢复各级生产指挥系统的正常工作，保证生

产、建设、科研、设计工作的正常进行。驻大庆油田的外地师生和职工应立即回到本校本单位。

周恩来阅改完毕后，用毛笔在文件首页的上方空白处写下几行意见：

“对于这样一个带全国性的大企业的军管，并由一个师的兵力驻在大庆，我们认为应由中央、国务院、中央军委发布这一决定。现送上请予审批。”

文件连夜速传，天快亮时，送到了毛泽东处。毛泽东阅后批：照办。

当天下午，周恩来接见大庆职工代表。周恩来说：中央关于对大庆油田实行军管的决定等了半个月。今天主席批下来了。这个文件，中央 6 个常委都看了，军委几位副主席也看了，主席亲自批的。文件第一条说大庆是在毛泽东思想的哺育下成长起来的我国工业战线上的一面红旗。这句话，关系到大庆的政治生命问题。这是总体。这个文件是很慎重的，我是不会掉以轻心的。要把这个文件看成是中央的精神。他深情地回顾了大庆会战的历史，说：大庆会战是党中央决定的。1960 年苏联撤走了专家，这是考验。大庆在那样困难的条件下，五年工夫石油年产量由 97 万吨跳到去年的 1060 万吨，这是伟大的成绩。毛主席从井冈山时就讲自力更生，1962 年我去大庆，那真称得起艰苦奋斗，自力更生。谈到下一步大庆的工作，他说：我们要有三个相信，一是相信 95%以上的群众；二是要相信解放军；三是要相信多数的干部是可以信赖的。主席说今年三四月看出个眉目来，现在看来要推后到四五月了。

一些代表反映：在大庆串连的院校学生怎么办？周恩来说：军管会管起来，不让他们来串连，叫他们搞整风。毛主席讲，军管后也要整风。

接见结束时，周恩来又说道：我对大庆是有阶级感情的。

周恩来对大庆油田的特殊关怀和保护，给大庆油田广大干部和职工以极大的鼓舞，使大庆油田在“文化大革命”的浩劫中没有垮掉。对此，康世恩回忆说：“敬爱的周总理保护大庆油田的举动震慑了‘四人帮’一伙破坏大庆的嚣张气焰，给处在困境中的广大干部职工以巨大鼓舞和支持。不少基层干部白天挨批斗，晚上回去抓生产。很多老工人把行李搬到油井上，一连几个月黑夜白天连轴转，坚持采油。”

按照中央的决定，3 月 27 日，沈阳军区派出部队进驻大庆，油田所属各单位都派了军代表，成立了大庆油田军事管制委员会，组织广大职工抓革命、促生产，坚守岗位，完成各项生产任务。

1969 年 4 月，中共“九大”在北京召开。作为大庆的代表，王进喜参加了这次代表大会，而且还成了主席团成员。在选举中央委员的那一天，毛泽东等中央领导投完票后，主席团成员一个接一个地开始投票。当王进喜投票返回自己的座位时从毛泽东面前走过，周恩来起身把他叫住。周恩来对毛泽东说：“主席，这是大庆的铁人王进喜。”

其实毛泽东早就见到过王进喜，在 1964 年他还请王进喜出席过他的生日宴会。听周恩来介绍后他站起来伸出手笑着说：“王进喜我知道，是工人阶级的代表。”王进喜也赶忙伸出自己的双手与毛泽东相握。毛泽东风趣地对王进喜说：“你长得很结实，像个铁人嘛!”这时，正好有一位摄影记者在旁边，按动快门拍下了这历史的瞬间。

这是我们今天所能见到的王进喜与毛泽东的唯一一张握手的照片。

“九大”选举结果公布了，王进喜当选为中央委员。周恩来对他讲：“当了中委就有了责任。大庆地位很重要，回去要抓紧工作，要尽快把工委主要领导干部解放出来。”

▶ 1970 年王进喜抱病参加国庆观礼

1970年4月，“文化大革命”以来的第一次全国石油工作会议在玉门召开，王进喜出席了这次会议。这是他一生中参加的最后一次会议。大会安排王进喜作报告。他精神饱满地讲了自己对全国石油工业发展的设想。他说：毛主席教导我们，人总是要有点精神的，没有艰苦奋斗精神什么也干不成。过去我们说“石油工人一声吼，地球也要抖三抖”，今天我们还应当大吼一声，让世界吃惊。我们有7亿人口，如果能生产3.5亿吨石油，就实现了全国每人每年半吨油。我国是富油国，应当有这个志气，有这个理想！

人们没有想到的是，早已藏在他体内的病魔正在发作。他早就有胃疼的病，会议期间胃疼的突然厉害了，有时疼得豆大的汗珠往下流。玉门医院的大夫给他开设了专门病房，还从酒泉军区、兰州请来大夫。经过会诊，怀疑是胃里有肿瘤，但不敢确诊。

王进喜很快被送回北京，住进了解放军301医院。经多方会诊，最后诊断为贲门癌。

1970年10月1日，中共中央在北京天安门广场举行国庆19周年庆祝活动，王进喜以中央委员的身份登上了天安门城楼。一个半月之后，11月15日，铁人王进喜的心脏停止了跳动。

王进喜有句名言：“宁可少活20年，拼命也要拿下大油田”。他47岁英年早逝，真的比普通人少活了20多年！

11月18日下午，在北京八宝山革命烈士公墓举行了“向王进喜同志告别仪式”。几天以后，周恩来在计委地质局“抓革命促生产会议”上讲话时又一次讲到了铁人王进喜。他说：“说到大庆，我们大家想一想王进喜同志。他的精神值得学习，是全国的一面旗帜，是值得纪念的一个同志！”

6. 恢复“两论”基本功

虽然实行了军管，但运动对大庆的冲击仍很严重。到1970年1季度，已开发的萨尔图油田和1966年新投产的杏树岗油田生产形势陆续恶化，并发展到很严重的地步。据大庆油田对583口油井的调查，平均单井日产量下降了7%，有61%的油井减产。与此同时，油井含水上升率高达6.78%，超过正常速度两倍多。如果这种状况继续发展下去，后果不堪设想。1970年3月18日，周恩来在石油部军管会报送国务院的《关于当前大庆油田主要情况的报告》上批示：“要保护好大庆油田，要加速解放大庆的干部。”并特别强调大庆不要忘本，“要恢复‘两论’起家的基本功”。

在贯彻周恩来这个批示的过程中，大庆油田又恢复了岗位责任制大检查。3月26日，大庆召开了与“文化大革命”以前相连接的第51次岗位责任制检查总结大会。10月，又恢复了由于“文化大革命”而中断的一年一度的油田开发技术座谈会。这年4月，燃化部副部长孙晓峰率领工作组到大庆。为解决地下形势恶化问题，经过研究，决定开展“八四三”会战。到年底，抢建油井682口，注水井190口，全年产量有了回升。从1971年起，恢复了每年一至二次地下情况大调查，加强资料录取和分析研究，使油田调整更有针对性，逐步恢复“两论”起家的基本功。到1973年，地下亏空得到弥补，地下形势恶化的情况得到扭转，油田开发重新走上科学的轨道。1973年，全油田原油产量比1970年增长50%以上。

在大庆油田进行调整的时候，国家能源缺口越来越大，不得不大量烧油。1970年，全国烧油达1075万吨，比1966年的234万吨增加了三倍

半。到1975年，烧油已达3000万吨以上。为了适应当时的紧迫需要，国务院批准大庆油田将原来作为后备的喇嘛甸油田投入开发。

大庆油田于1972年10月开始编制喇嘛甸的开发方案，1973年4月开始钻井。经过两年建设，1975年全部建成投产，原油产量达到1099.2万吨。在此期间，萨尔图、杏树岗油田经过调整，生产能力进一步提高，整个大庆油田原油年产量达到4625.9万吨，为全国原油产量突破1亿吨奠定了基础，并且取得在科学技术和经营管理上建设这类特大油田的丰富经验。

第十章

普及大庆式企业

1. 运动再掀新高潮

1976年10月，党中央代表人民的意愿，一举粉碎了祸国殃民的“四人帮”，持续了10年的“文化大革命”终于结束了。

粉碎“四人帮”以后，一度沉寂了的工业学大庆运动再掀高潮，运动的内容也转为创办“大庆式企业”。1976年12月，国务院在北京召开全国工业学大庆会议筹备会议。会议宣布，为了动员全党，动员全国工人阶级，在深入揭发批判“四人帮”的基础上，掀起工业学大庆运动的高潮，进一步发展革命和生产的大好形势，中央决定于1977年“五一”节前召开全国工业学大庆会议。筹备会议号召全国工业战线的广大干部、工人和技术人员，要在全国进一步开展工业学大庆、普及大庆式企业的群众运动，迅速把它推进到一个新的阶段。12月19日，《人民日报》为此发表题为《狠批“四人帮”，掀起工业学大庆新高潮》的社论。社论说，在革命生产一派大好形势下，国务院召开了全国工业学大庆会议筹备会议。“通过这次会议将进一步动员全党，动员全国工人阶级，把工业学大庆运动推进到一个新的阶段，为党中央即将在明年召开的全国工业学大庆会议作好充分准备。”

此后，全国各地纷纷召开各种会议，传达贯彻全国工业学大庆会议筹备会议精神。云南、陕西、湖南、广东、山东、江西、四川、青海、河北等省先后召开了全省工业学大庆会议。在这些会议上，各地都总结了本省开展工业学大庆运动的经验，命名了一批大庆式企业，表彰了一批学大庆的先进单位和个人，提出了进一步开展工业学大庆运动、普及大庆式企业

▸ 全国工业学大庆会议会场

的规划和措施。

1977 年 1 月，中共中央发出《关于召开全国工业学大庆会议的通知》。《通知》指出，大庆是毛主席亲自树立的我国工业战线的一面旗帜。几十年来，大庆坚持“二论”起家的基本功，在阶级斗争、生产斗争、科学实验三大革命运动中，建设了一个坚持“三要三不要”的基本原则、密切联系群众的团结战斗的领导班子；锻炼了一支反修防修，又红又专，压不倒、摧不垮的铁人式的革命化队伍，造就了一代新人；发扬了敢于斗争、敢于胜利，“有条件要上，没有条件创造条件也要上”的革命精神和“三老四严”的革命作风；坚决贯彻执行社会主义建设总路线，自力更生，艰苦奋斗，在党的领导下大搞群众运动，组织大会战，实行“两参一改三结合”，大搞技术革命和技术革新，建立了一套依靠工人阶级管好社会主义企业的规章制度，创造和运用自己的一套具有世界先进技术水平的油田开发新工艺、新技术，做到了原油产量以平均每年递增 28%的高速度持续跃进，达到了原油年产 5000 万吨的水平，走出了一条全面贯彻《鞍钢宪法》的我国自己的工业发展道路。中央号召：全国工业战线的广大干部和群众，把大庆工人提出的“大干社会主义有理，大干社会主义有功，大干社会主义光荣”的战斗口号化作实际行动。

接到中央的通知后，各地都进行了传达、贯彻。不少地方还将学习中

央通知与学习新近发表的毛泽东《论十大关系》结合起来，并组织企业管理人员和广大职工围绕着学还是不学大庆、真学大庆还是假学大庆的问题，联系本地区、本单位的实际，展开了热烈讨论。广大干部和职工在讨论中发表了不少很好的意见，但在当时特定的情况下，也有不少意见带有绝对化、片面性的倾向。例如，不少代表们在讨论中说，学不学大庆，是执行不执行毛主席革命路线的问题，是坚持不坚持社会主义道路、共产主义方向的问题。大庆，非学不可。不学大庆，办企业就没有正确的方向。我们要横下一条心，大庆能办到的，我们也一定要办到。还有不少人讲，学大庆，首先要抓好阶级斗争。

继云南等省召开工业学大庆会议之后，1977 年 3 月至 4 月上旬，又有北京、广西、甘肃、西藏、辽宁、吉林、黑龙江、福建等省、市、自治区先后召开了工业学大庆会议。从当时各地的报道来看，这些会议的共同任务就是以大庆为榜样，让大庆经验遍地开花。

1977 年 4 月初，全国各地财政金融部门、企业主管部门和重点企业代表在大庆集会，学习大庆经验，特别是大庆油田财务工作的经验。大庆油田的代表在会上介绍了他们办好企业的经验。会议要求各地区、各部门在深入开展工业学大庆的群众运动中，把企业的财务工作整顿好，把经济核算切实加强起来。各地财政金融部门要进一步贯彻执行“发展经济，保障供给”的方针，千方百计支持工农业生产，努力增加收入，提高积累水平。要严肃财经纪律，同一切违法乱纪、随意破坏国家财政制度的现象和行为进行坚决的斗争。

在当时特定的政治形势下，工业学大庆运动不可避免地受到“左”的影响，特别是在关于学大庆的舆论宣传方面，“左”的倾向更为明显。但即使在比较混乱的形势和极“左”思潮的干扰下，大庆人仍坚持生产不放松。用当时的语言讲，叫做“抓革命、促生产”。而各地树立起的学大庆先进单位，多数也在经济建设中取得了比较突出的成绩。

2. 学大庆、赶开滦

开滦煤矿在当时是一个全国闻名的大庆式企业，当时的全国工交系统有一句十分响亮的口号，叫做“学大庆、赶开滦，普及大庆式企业”。

开滦煤矿位于河北省唐山市，是一个有近百年历史的老矿。从60年代中期开始，这个矿坚持开展工业学大庆的群众运动。他们先后两次派出代表团到大庆参观学习，回来后对照检查。通过学习和讨论，这个矿的干部、职工认识到，大庆是学习和运用毛泽东思想的典范，是大学解放军，具体运用解放军政治工作经验的典范。于是，煤矿党委在统一思想的基础上作出了学大庆的决议。他们以大庆为榜样，深入学习毛泽东的哲学思想，矿党委还作出了“大兴调查研究之风”的决定。他们坚持用辩证唯物主义的观点认识老矿，得出了新的结论：开滦是老矿，但不是“死”矿，生产没有到顶，潜力很大，老矿不是无为，而是大有可为。他们像大庆油田那样，加强职工队伍建设，抓思想，练技术，树标兵，定规章制度，建设起了一支以吴旭芝、侯占友为代表的“特别能战斗”的职工队伍。造成了一个大干社会主义有功，争当先进光荣的政治空气。生产一年一个新起点，一年一个新水平，年年都上大台阶。

开滦煤矿认真学习大庆的先进经验，重视抓职工队伍的思想政治工作，注意将思想政治工作做深、做细，做到职工心坎上。他们一是抓先进，立标杆。煤矿每年都进行大总结、大评比、大表扬，评选出一大批先进集体和模范人物，大张旗鼓地进行宣传，造成人人争先进、赶先进的浓厚气氛。二是抓后进，促转化。他们对后进工人不歧视，不怕麻烦，把工

作做到家，同时还认真解决他们的一些实际问题。这样，不断促使后进向先进方面转化。三是人人抓，处处抓，政治工作人人做。由于思想政治工作抓得紧，抓得实，使全矿出现了“好人好事有人夸，不良倾向有人抓，思想工作大家做”的政治局面。

在生产和技术改造方面，这个煤矿以大庆为榜样，坚持自力更生、艰苦奋斗的方针，对老矿山进行改造。在“四五”期间，他们完成了46项矿井延伸和技术改造工程，总长度达200多华里；开拓巷道420华里，对矿井的提升、运输、通风、排水、供电等五大系统，一个环节一个环节地进行了“开膛破肚”式的改造，使矿井综合生产能力翻了一番。工作面单产在1970年为1300多吨，到1975年提高到1800多吨；机械化程度在1970年为30.65%，到1975年提高到了45.39%，使整个矿井向着综合机械化进军。

除了抓技术改造，煤矿还狠抓了职工的技术训练，把提高职工的技术水平作为队伍建设的一项重要内容，抓学，抓练。在这方面，煤矿做了大量细致的工作。矿里层层举办脱产和不脱产的学习班，搞好职工的技术培训。他们在基层队建立了每周一次的技术学习制度，许多单位还组织生产技术经验传播队，开展技术表演。

在工业学大庆运动中，这个矿征服了上万次坍塌冒顶，闯过了几千个流沙断层，打开了上百个“禁区”，战胜了十几起较大的自然灾害，“四五”期间不但使原煤产量翻了一番，洗精煤也翻了一番；老矿翻一番，新矿也翻了一番；其他所有辅助生产单位的产品或产值绝大部分也翻了一番。

总结学大庆运动的经验，这个矿得出的结论是：第一，坚定不移地学大庆。要像大庆那样，造成一个大干社会主义有功，争当先进光荣的政治空气。生产一年一个新起点，一年一个新水平，年年都上大台阶。第二，建设一支“特别能战斗”的队伍。把加强思想政治工作作为队伍建设的中心环节，做深、做细，做到职工的心坎上。抓技术训练，把提高职工的技术水平作为建设队伍的一项重要内容，抓学，抓练、抓过硬。抓基层领导核心，对基层党支部领导班子的建设要下苦工夫，花大气力去抓。第三，依靠工人阶级管理企业。在基层班组成立“群管核心组”，在党支部领导下，管学习，管思想，管生产，管核算，管安全，管生活，管家属工作。依靠工人群众坚持合理的规章制度。第四，发动群众大干社会主义。他们提出，社会主义不是从天上掉下来的，是亿万人民在三大革命斗争中干出来的。不干，半点马列主义都没有。第五，自力更生，艰苦奋斗。他们认为，自力更生，艰苦奋斗，是办社会主义企业的一条基本方针，也是工人阶级的本色。在“四五”期间，他们学大庆精神，依靠自己的力量搞设计，依靠自己的力量搞施工，依靠自己的力量搞改造，依靠自己的力量努力解决材料设备，终于实现了生产的翻番。第六，加强各级领导班子建设。在选拔干部问题上，他们坚持无产阶级党性，反对资产阶级派性；坚持任人唯贤，反对任人唯亲；坚持层层推荐，反复考查，反对突击提拔。对于从基层提拔干部，他们还规定了“三不”，即：不经政审的不提干；不经过培养、考察的不提干；不征求群众意见的不提干。

几十年过去后，人们对于许多问题的看法、提法都发生了重大变化。但回过头来看开滦煤矿学大庆的这些经验，就其基本点来说，仍是值得肯定的。特别是他们学习大庆人自力更生、艰苦奋斗，为国分忧，努力调动群众积极性和创造性的一些做法，即使在今天看来，仍可圈可点。

1976 年 7 月，唐山发生了一次 7.8 级的大地震，百万人口的唐山市顷

▶ 开滦煤矿工人愤怒声讨“四人帮”破坏抓革命、促生产的罪行

刻间变成一片废墟，开滦煤矿的生产陷入全面瘫痪。地震发生后，党中央派出了慰问团，全国各地运来了大批食品和其他物资，大批解放军迅速赶到抗震第一线，矿山救护队来到开滦煤矿。在极端困难的形势下，这个矿的干部、职工，学习大庆工人艰苦创业的精神，不等、不靠，尽可能少地向国家要钱、要物，立足于发动群众，自力更生，艰苦奋斗，打了一场抗震救灾，重建矿山的人民战争。广大职工豪迈地说："开滦虽然遭了灾，大庆红花照样开。"他们像大庆石油会战那样，头顶蓝天，脚踏废墟，日夜奋战。在解放军、全国人民及兄弟单位的大力支援下，他们战胜了一个又一个困难，创造了一个又一个奇迹，夺得了一个又一个胜利，打了一场重建矿山和重建家园的硬仗。

在抗震救灾、重建矿山的行动中，开滦工人吃在露天，睡在露天，日夜奋战。他们感到，现在国家和人民迫切需要煤，煤矿工人不能出煤，比什么都难受。他们不等余震过去，不等厂房盖好，不等生活安排妥当，只争朝夕，排险抢修，千方百计恢复生产。他们提出：地震吓不倒英雄汉，社会主义照样干，就是用手抠、用人背，也是早日产出"抗震煤"。整个矿区展开了一场气壮山河的抗救灾大会战。厂房坏了，就用柱子把它支起来；设备被淹了，就把它捞出来，烤干修复再用；没有照明灯，就打着手电干；没有风就打开自然通风孔；没有洗澡的地方，就在大坑里洗澡；没有休息的地方，就以大地当床，青天当被。为了早出煤，多出煤，他们千难万难脚下踩，争分夺秒往前赶。

地震发生时，唐山矿工会副主任李玉林，家里的人和亲属被埋压，他自己离父亲的住处只有二三百米远。他顾不上抢救自己的亲人，只想要立即将灾情报告给党中央。他开车直奔北京，向党中央、国务院报告了唐山地震灾情。吕家坨矿党委第一副书记贾帮友，当时正在井下参加劳动，强烈地震发生后，电断了，灯灭了，风停了，在危急关头，他与被困在井下的党员组成了临时党支部，紧急研究决定了撤退的路线。这个临时党支部确定的撤退顺序是：群众先上，党员后上；工人先上，干部后上；党委委员最后上。在临时党支部的指挥下，六百多名职工安全返回地面。贾帮友最后一个上了井。

在克服了重重困难，闯过了道道难关之后，在大地震后的第十天，开滦煤矿的马家沟矿就生产出了第一批“抗震煤”。其他矿也陆续出了煤。到当年11月底，整个煤矿已经全面恢复生产，不到一个月就达到了震前水平。

3. “三结合”搞革新

天津自行车厂是一个有几十年历史的老厂，也是全国轻工业系统著名的学大庆先进企业。

新中国成立后，这个厂的发展经历了几次反复。从1949年到1957年的8年间，企业发展平稳健康。1958年及随后几年的“大跃进”，天津自行车厂大搞所谓“破除迷信、解放思想”，大搞所谓“技术革新”，使企业生产设备遭受重大损失。1961年，自行车产量下降了一半。在以后的几年间，随着国民经济调整的步伐，企业的生产能力处于恢复性增长中。从1966年开始的“文化大革命”，严重冲击了自行车厂的正常生产秩序，挫伤了群众的生产积极性，使自行车产量又一度下降。1968年以后，由于广大基层干部、职工对乱批乱斗等错误行为的抵制，企业逐步恢复了正常的生产秩序。1969年，企业达到年产57万辆自行车的生产规模。

1970年初，上级要求这个厂在上年产量的基础上再增产8万辆自行车，即达到65万辆。当时社会秩序还比较混乱，政治运动对企业生产的冲击仍较严重，能不能完成上级下达的生产任务，企业领导成员中也有不同的看法。厂党委决定把这个问题交给全厂职工去讨论，这是当年企业领导常用的方法。

尽管处在比较混乱的社会环境中，广大职工的生产热情仍很高涨。这个厂后来在一份报告中写道：广大职工豪迈地说，有毛主席的“自力更生，艰苦奋斗”的伟大方针给我们引路，困难再大，条件再差，也要坚决完成任务，为国家多作贡献。

工人们说了就干。在厂党委领导下，组成了由干部、工人、技术人员参加的“三结合”小组，他们首先对企业设备情况进行了一番调查摸底，发现全厂主要工序中有百分之二十的环节已经超过年产六十万辆自行车的生产能力，但有些薄弱环节影响了产量的提高。比如，零件车间的“桥式”烤漆炉既笨重又落后，产量低，劳动强度大，是影响整个生产的“瓶颈”工序。找到了薄弱环节，他们就集中主要力量，砍掉了这个“桥式”炉。然后自己设计、自己制造，建成了一条自动化的烤漆生产线，使烤漆产量翻了一番，质量也提高了。随着生产中薄弱环节被这样一个个突破，不利条件逐步向有利方面转化。这一年，他们依靠自己的力量，共搞了二百多项技术革新。到年底，全厂自行车产量达到68.4万辆，超额完成了上级下达的生产任务。厂党委又适时地提出新要求，号召职工再鼓干劲，向年产80万辆自行车进军。全厂职工积极响应党委号召，苦干两年，到1972年又突破了年产80万辆自行车的大关。

1973年以来，这个厂的党委继续贯彻自力更生，艰苦奋斗的方针，发动群众开展学大庆运动，掀起了三次技术改造的高潮，比较有效地动员了全厂的力量。在技术革新中，不仅机修工人、技术人员有用武之地，广大生产第一线的操作工人也大显身手。老工人打头阵，青年工人不示弱，就连科室人员和食堂、托儿所的后勤人员也积极参加会战。由于群众发动充分，这一年共实现技术革新、技术改造项目594项，其中不仅有一般的小革新，还包括一些较大的技术改造项目。比如，准备车间发动群众改造单机切管设备，全车间90%以上的工人都献计献策献技巧。他们搞成的多刀自动切管机，其产量比单机切管提高了五倍。

这个厂车圈车间的磨口工序，一直沿用的是三十年代落后的手工操作工艺，每人一天最多磨600个车圈，磨一个车圈要翻转四次，而且手、腿、头、腰全身都得动作，劳动强度很大。这次技术革新中，磨口工人决心自己动手搞自动磨口机。他们在工余时间凑在一起，把各自的操作手法归纳、分解为机械动作，提出了五个设计方案。先是分别在自己使用的设备上进行试验，然后取长补短，确定了一个设计方案。在技术人员、机修工人的指导与支持下，从设计到投产，他们只用了 7 天时间就制成了一台车圈自动磨口机。有了它，可以一下就完成人工磨口的四个复杂动作，使磨口工人从笨重的手工操作中解放出来，生产效率成倍提高，节省了一半劳动力。

1974 年，“四人帮”利用批林批孔兴风作浪，刚刚出现好转的生产形势再次面临考验。难能可贵的是，天津自行车厂坚持把群众的积极性用在生产上，用在技术革新与技术改造方面。他们发动群众搞会战，二百多名生产技术骨干从家里把行李搬到车间，吃住在厂，上千名职工昼夜奋战不下“火线”。这次会战搞了 25 天，完成了大型卷钢纵剪连续生产线、曲柄加工自动生产线、挡泥板自动画线机、车把高频焊接等一百多个技术改造项目。

由于天津自行车厂在混乱的社会环境下坚持生产，坚持搞技术革新与技术改造，注意在提高自行车产量的同时严把质量关，他们生产的“飞鸽”牌自行车在广大消费者中树立了很好的形象，成为那个时代公认的信得过产品。

4. 调整布局创佳绩

上海第五印染厂是一个新中国成立前创办的老厂。1965 年曾被评为上海市学大庆先进单位。“文化大革命”开始以后，这个厂与其他企业一样，生产秩序受到很大冲击。但全厂基层干部和广大职工，发扬主人翁精神，坚持生产。从 1971 年开始，随着社会秩序的相对平稳，这个厂开始搞了一个五年全面进行企业改造的规划，决心把发展生产和改变老厂面貌结合起来。

这个创办于旧上海的老企业，生产布局很不合理，一个厂被一条马路分割成南北两部分，由此造成了企业生产工艺不合理和运输上的麻烦。但是，要把两部分合到一起困难也不小。在制订工厂改造规划时，厂党委反复听取群众的意见，和群众一起，结合当时国内外市场对印染布的需要和发展方向，对全厂的厂房和设备作了调查，决定对漂练车间厂房进行翻建，对漂练、染色、成品三个车间的设备进行技术改造，并且发展印花新技术、新设备，使高中档产品达到全部产品的百分之七十，把单一的棉布印染厂改造成为棉布和化纤混纺产品的全能印染厂。

总的改造目标确定之后，他们采取集中力量打歼灭战的方针，先易后难，分期分批地进行，根据需要和可能，每年安排一批技术改造的重点项目。

工厂改造的目标确定之后，职工看到了企业的发展前景，干劲也就鼓起来了。他们发扬自力更生，艰苦奋斗的精神，学习大庆工人不靠天，不靠地的意志，不但自己动手改造了绝大多数旧设备，还自己动手制造了一些新型设备。

早在六十年代中期，上海印染五厂就曾设想过生产的确良。这在当时还是一种比较新的化纤产品。但由于“文化大革命”的影响，此议一直未能付诸实施。1973 年，这个厂在学大庆运动中再次提出上马生产的确良，而且说干就干。他们在厂里组织起一支由 260 多人组成的技术改造大军，提出“厂举大庆旗，人学王进喜”的口号。他们把一台报废的拉幅机改造成了生产的确良的关键设备——热定型机。这台设备的改装，需要八百多只针夹，是马铁制品，比钢还硬。工人们克服重重困难，在五天内就完成了这些针夹的生产任务。他们共用了 46 天时间，制造出了一批专用设备，开始生产的确良印染布。随后，他们对这些设备进行不断地改进、完善，使的确良达到了批量生产能力。

由于受到“文化大革命”的影响，当时工厂的产品质量普遍下降。难能可贵的是，上海第五印染厂坚持对待产品质量的高标准。这个厂有一句深入人心的口号，叫做：“用户的要求，就是检验我们质量的标准。”他们意识到，工厂面临的生产任务越重，越要坚持好字当头。为了对消费者负责，宁愿自己辛苦一些，也要按规定分等，按要求检查，没有达到国家质量标准的产品坚决不出厂。开始，由于生产工艺中使用的一种黄色还原染料会使的确良发脆，影响了产品的使用寿命。为了解决这一问题，他们学习大庆人把高度革命精神同严格科学态度相结合的作风，会同科研部门，翻阅了16年的技术档案资料，取得了大量第一手数据，证明问题出在一种二级光脆性染料上。于是他们就找来其他染料代替，果然解决了问题，提高了产品质量。由于他们一丝不苟的精神，产品质量得到保障，商业检验部门对他们的产品实行质量免验制度。

在印染行业中，生产高档产品难度大，要求高，用人工多。如印花精梳府绸、印花线绢、深色印花的确良、多层次印花等，在当时都属于高档产品，被同行业称为“硬骨头产品”。这个厂的工人以啃“硬骨头”为荣，承做了大量难印花样。为了增产消费者喜爱的品种花色，产品设计人员还深入农村体验生活。有一种大花白孔雀花样，就是产品设计人员三下农村征求消费者意见后创作的。产品一推出，就赢得了消费者的广泛好评，创造了订货的最高纪录。

5. 远学王铁人，近学秦启文

宁夏燃化局基建公司建井队，是矿山建设领域的“大庆式企业”。这

个队自1970年建立以来，一直转战在“五月飘雪，九月冰封”的海拔两千多米的贺兰山上。

数九寒天，这支建井队的工人们每天上下班都要往返十多公里。饿了，就啃几口冻馍；渴了，就往嘴里填把雪。工程急需用水，工人们抡锤凿井，开挖地下水源。大家硬是用钢钎大锤，啃掉了一万多立方米土石方，修通了公路，架设了高压输电线路，安装了设备，盖起了房子，在荒山秃岭上安下了家。

当时的生产和生活条件都十分艰苦。井巷工程开工后，设备工具不全，连台矿车也没有。为了坚持生产，他们从兄弟单位买了十几台废矿车，七拼八凑组装成三台能用的矿车。工人们推起这三台矿车，拼命大干，不断加快掘进速度。后来，他们又制造了翻车器等设备，提高了排矸能力，只用十个月的时间，就开凿了一条全长1900多米的大断面运煤平峒。

为了提高工作效率，这个队的职工，还采用“蚂蚁啃骨头”的办法，三年间制造了液压钻装机等70多台施工设备，基本实现了下山和平巷掘进机械化。他们使用这些自制的设备，穿过了100多米断层破碎带，战胜了淋水，创造了下山岩巷独头掘进月成井361.1米的好成绩。在当时的条件下，这个成绩不仅在国内是最好的，就是在世界上也是比较好的成绩。

河南省辉县化肥厂也是一个学大庆先进单位。这是一个成立于1969年的小厂，企业的工人和干部绝大多数都是来自农村的“泥腿子”。建厂初期没有一个懂化工生产的技术人员。但是，工人们坚信能够学会原来不懂的东西，企业坚持岗位练兵制度。经过一段时间的努力，全厂工人基本上做到了“三懂四会”：懂设备性能，懂工艺流程，懂岗位技术；会操作，会维修，会安装，会开车。

共产党员秦启文是1969年第一批进“辉化”的工人。他坚持以“王铁人”为榜样，担子拣重的挑，脏活累活抢在先。数九寒天，安装设备时，他抱着喷枪，钻进滴水成冰的炭化塔里打砂，手冻裂了，脚冻肿了，两眼熬红了，一干就是十几个小时。由于他工作踏实，任劳任怨，干活有股拼命精神，被工人们称为“秦铁人”。这个企业在深入开展工业学大庆运动中，还结合自己的实际情况，开展了“远学王铁人，近学秦启文”的活动。

辉县化肥厂在全体职工中广泛开展了学习大庆人“三老四严”、“四个一样”的活动，工人们都能自觉遵守劳动纪律和生产纪律，即使在“四人帮”横行的时候，也没有人去搞“停产闹革命”。全厂 600 多名工人每年平均出勤 349 天。

需要指出的是，上述事例所涉及的企业在当时全国工业系统中只占极少数。就大多数企业而言，由于“文化大革命”混乱局面的影响，生产形势严峻，经济效益不佳。就是上面涉及的几个企业，也并非光明无限。对于这些企业来说，在生产特别是职工生活方面照样面临着许多难题在当时无法解决。从全国总体上讲，当时的工业学大庆、普及大庆式企业的运动，由于受“左”的思想影响，不仅在舆论宣传上讲了大量标语式、绝对性的话，放了些“空炮”，而且在实际工作中，也大多是提出一些不切实际的高指标，在运动进行中走过场，搞了一些形式主义的东西。至于不注重经济效益，忽视职工群众的物质利益和生活需要，则更是带有普遍性的问题。这些问题在当时的历史条件下，既不可避免，也无法解决。

6. 全国工业学大庆会议

1977 年 4 月 20 日，全国工业学大庆会议在新建成的大庆体育馆开幕，来自全国各地的 7000 多名代表参加了会议。李先念代表中共中央致大会开幕词。他说，这次会议的任务，就是要动员全党、全国工人阶级，更高地举起毛主席的伟大旗帜，掀起学习毛泽东思想的新高潮，进一步深入揭批

“四人帮”，把工业学大庆的群众运动推向新的阶段，普及大庆式企业，为尽快地把我国建设成为社会主义的现代化强国而奋斗。他号召大家，以新的战斗姿态投入到社会主义革命和社会主义建设的伟大斗争中去，作出更加优异的成绩。

全国工业学大庆会议提出，要加快工业发展，必须狠抓企业整顿，要求1977年首先把那些关系国民经济全局的重点企业领导班子整顿好。各个企业要以大庆为榜样，认真学习解放军的经验，建立健全政治工作机构和政治工作制度，切实加强企业的政治思想工作，同时要像大庆那样抓好社会主义企业管理。要广泛开展劳动竞赛，掀起增产节约新高潮，使各项技术指标在最短的时间内达到本企业的历史最高水平，在两三年内达到本行业的目前国内先进水平。已经达到的要向更高的目标进军，努力赶超世界先进水平。会议认为，大庆从理论和实践的结合上，回答了怎样按照无产阶级的面貌和社会主义原则改造和建设企业的问题。因此，学不学大庆，是走不走自己工业发展道路的问题。会议要求在第五个五年计划期间，按评比大庆式企业的六条标准，把全国三分之一的企业建成大庆式企业。要求中央各有关部门和地方各级党委，都要作出把所属企业建成大庆式企业的具体规划，定出有效措施，并组织落实。

4月23日，《人民日报》为全国工业学大庆会议的开幕发表社论。社论指出，这个大会不同寻常。大会开得空前盛大、劲头十足，开得喜气洋洋，热气腾腾。社论满怀激情地说：“大庆的同志们已经立下誓愿，要把这次大会作为新的起点，走向新的境界，夺取新的胜利，创造新的水平。全国工业战线的同志们，特别是各省、市和大企业的同志们，让我们听听、看看、比比、算算、想想、谈谈，自己应该怎么办？不学大庆行不行？不行。假学大庆行不行？也不行。是下定决心，认真大学的时候了！对于大庆的革命精神和一整套经验，学四分之一行不行？不行。学一半行不行？也不行。一定要力争百分之百地学到手。磨磨蹭蹭地学行不行？不行。马马虎虎地学行不行？也不行。一定要只争朝夕，迎头赶上，并且像大庆人那样高标准、严要求。学了就要干，要大干，拼命地干。”

大庆油田党委书记宋振明代表大庆党委在大会上作了《高举毛主席的

▲ 1978 年 6 月在大庆召开石油工业学大庆会议，康世恩等人和劳模合影。

伟大旗帜，走我国自己工业发展的道路》的报告。这个报告总结了石油会战以来 17 年间大庆取得的主要成就，总结了大庆的基本经验。

关于大庆取得的主要成就，报告概括为三个方面，即：第一，独立自主、自力更生，高速度、高质量地开发建设了一个大油田。第二，大搞综合利用，初步建成一个现代化的石油化工联合企业。第三，打破旧传统，建设起“工农结合，城乡结合，有利生产，方便生活”的社会主义新型矿区。关于大庆的基本经验，报告概括为：第一，学习马克思主义，批判修正主义，坚持毛主席的革命路线。第二，学习解放军的政治工作经验，建设一支反修防修，又红又专，压不倒、摧不垮的铁人式的革命化队伍。第三，坚持独立自主、自力更生、艰苦奋斗、勤俭建国的方针，多快好省地发展生产。第四，全心全意依靠工人阶级，建立一套严格的科学的社会主义企业管理制度。第五，坚持“五七道路”，建设工农结合、城乡结合的社会主义新型矿区。第六，加强党对企业的一元化领导，搞好领导班子革命化。

与会代表在会议期间还参观了大庆油田的许多标杆单位，访问了各条

战线的英雄模范人物。代表们珍惜在大庆的每一分钟，白天参观访问，晚上回到驻地，就认真地定规划、找差距。河北、山西、甘肃等省的许多代表还深入到钻井队、采油队、井下作业队和后勤部门，和大庆工人实行“三同”，在生产现场学习大庆人的好思想、好作风、好经验。代表中的许多领导干部，参观了大庆党委机关、大庆领导干部的办公室和宿舍后，受到很大触动。他们说，大庆的领导干部，至今还住在六十年代盖的“干打垒”土房里，经常深入基层，参加集体生产劳动，这反映他们保持了党的艰苦奋斗的优良传统。我们回去后，一定要像大庆的领导干部那样，保持过去革命战争时期的那么一股劲，那么一股革命热情，那么一种拼命精神，带领本地区、本单位的群众，把大庆经验真正学到手，把大庆红旗扛到底。

第十一章

渐渐尘埃落定

1. 把大庆建成美丽的油田

在中国改革开放的前夕，1978 年的 9 月，邓小平在结束了对朝鲜的友好访问回国时，由平壤乘车来到大庆。这是他第三次来大庆视察工作。陪同他前来的是沈阳军区司令员李德生。

邓小平这次视察大庆距他第二次来大庆已经 14 年了。这期间，我国经历了太多的风风雨雨，特别是经历了长达 10 年的“文化大革命”。在这场波及全国的内乱中，大庆红旗被人为地歪曲了。从 1978 年 5 月开始，一场声势浩大的关于真理标准问题的大讨论在全国兴起，中国的历史将要翻开新的篇章。在这个伟大转折的前夕，邓小平又一次来到大庆。

9 月 14 日早晨 8 点，邓小平一行在萨尔图车站下车。尽管连日旅途疲劳，但他兴致很高。他望着眼前的油井、厂房，深情地说：“十多年没来了，大庆变化很大!”

大庆党委书记陈烈民走上前去，握着邓小平的手激动地说：“邓副主席，大庆人很想念您，早就盼望您来视察大庆。”

邓小平首先来到大庆研究设计院地宫。这个地宫是在 1960 年石油会战时全党抓地质、人人办地质的背景下创办的，是一个有井史、图表和实物的丰富生动的地质资料室。邓小平以前曾来过这里，因此一上楼就有旧地重游的感觉。他很有兴致地说：“这是老地方，我来过。”

大庆设计院副院长马启富向邓小平汇报工作。他先是汇报了陈列馆收集的全国各油田的油样，又汇报了各地的打井情况。邓小平听得很有兴趣。他详细询问了钻井的钻头行不行，有没有大钻头，用的钻机是哪个国家的，地质勘探中用没用电子扫描这项新技术。当听说罗马尼亚的钻机不太好使时，他直率地说：“向美国买，它厉害，要快！”

马启富还汇报了石油工业理论研究的情况。当汇报到陆相生油理论时，他说：我国地质有好几派，有六种不同的观点。邓小平听后表态说：“百家争鸣嘛！不能把人家否掉，在找矿中大家都起了作用的。”

当时，我们国家刚刚从十年浩劫中挣脱出来，可以说是处在百废待兴的局面中，科学技术、学术研究尤其需要挣脱枷锁，轻装上阵。在这种形势下，邓小平重提百家争鸣，并且肯定了各种不同学派在国家建设中都发挥了积极作用。他的话，对在场的人和全体科研工作者都是一个巨大的鼓舞。

邓小平一行又来到新技术馆，他们参观了那里的电子计算机。邓小平问大庆的电子计算机每天工作多少小时，并建议说：“要搞电子计算中心，一天 24 小时工作，不然就是浪费。”

随后，邓小平一行又视察了采油现场、大庆展览馆、二号院、三号院，还参观了大庆人种的三块“大寨田”。在喇二联，邓小平视察了展览台、电岗、注水岗、污水岗、输油岗和脱水岗。他与工人们亲切交谈，详细询问生产情况，认真查看了污水处理情况。在电岗，几名女工正在值班，邓小平关切地对她们说：“你们一天几个班？这劳动可不轻啊！整天站着。”有关部门领导汇报说，现在实行三班倒。邓小平建设说：“三班半可以倒着休息。”接着，他翻阅了工人记录下来的采油资料。他指着资料本对当班的女工说：“这可不能出差错啊！”

在采油一部中 6—17 井。邓小平望着墙上挂的油井综合图、锦旗、奖状和岗位责任制，不住地点头称赞。采油一部的领导人汇报说，这口井开发 18 年来，高产稳产，如今产量比原来翻了一番。邓小平听后高兴地连着说了两个“好，好！”

走出值班房，迎面遇到 20 多名女工，邓小平主动与她们打招呼并与她们合影留念。

将近中午，邓小平一行来到大庆机关二号院，800 多名职工、干部前来欢迎。邓小平与部分英雄模范及当年石油会战时的老领导亲切握手。他

走到失去双臂的耿玉亭面前，关切地问候他："不容易啊！你的身体怎样？"一句问候，令耿玉亭这位铁骨铮铮的硬汉双眼潮湿。

下午，邓小平等人来到萨尔图仓库视察。在工具组门前，他向欢迎的群众频频招手致意。接待员高杰向邓副主席汇报了萨尔图仓库担负的主要任务和管理情况，重点汇报了他们的岗位练兵情况。高杰汇报说："我们保管员管啥练啥，这个组的保管员刘金柱管砂轮，他可以用手代替尺，蒙上眼罩能摸出每个砂轮的直径、厚度、内孔和粒度。"

陪同邓小平视察的李德生补充说："蒙上眼罩就像黑天一样，啥也看不着。"邓小平听后非常高兴。他顺手拿起一个砂轮，放在已蒙上眼罩的刘金柱手里。刘金柱摸了摸，平静地回答："这个砂轮的直径是 150，厚度是 32，内孔是 65，粒度是 60。"

邓小平看了看砂轮上的标签高兴地说："对了！好！"

在大庆 30 万吨乙烯工程会战指挥部，邓小平指示他们一定要把污水处

► 开发新油区

理好。在详细了解大庆的蔬菜、肉食供应及职工住宅情况后，邓小平提出："大庆贡献大，房子要盖得好一点，要盖楼房。"

临离开大庆时，邓小平再次指示大庆的领导干部："要把大庆油田建设成美丽的油田。"

领袖的关怀使大庆人备受鼓舞。大庆人按照总设计师规划的蓝图，在松嫩平原上续写着中国石油工业的新辉煌。邓小平第三次视察后不久，大庆人便再绘宏图，把大庆从矿区规划转向城市规划。根据让开油田、占领两厢的方针，重点发展油田外居住区，开始了大规模的住宅楼和城市基础结构建设。随之，一幢幢高楼拔地而起，使大庆逐步成为一座以东风新村为中心，由让胡路、龙凤、卧里屯、乘风庄等城镇群落构成的新型城市。

2. 继续学"两论"

1978年12月18日至22日，中共十一届三中全会在北京举行。全会重新确立了党的马克思主义的思想路线，批判了"两个凡是"的错误方针，果断地停止使用"以阶级斗争为纲"和"无产阶级专政下继续革命"的口号，作出了把党和国家的工作重点转移到社会主义现代化建设上来的战略决策。

中共十一届三中全会精神传到大庆后，大庆职工群情振奋。在各级党委的领导下，大庆油田人人学公报，队队议公报。经过深入讨论，大家表示：党的工作重心由多年的阶级斗争转到经济建设上来，这个决策太伟大，太符合民意了！对于咱大庆，就是要多出石油，为国家多作贡献。

党的十一届三中全会以后，随着农业学大寨运动中一些问题被揭露出

来，社会上对于工业学大庆运动也有这样、那样的议论。为了澄清认识，搞好企业整顿和加强企业管理，国家经委副主任袁宝华就工业学大庆运动的一些问题对《工人日报》记者发表谈话，《工人日报》在1979年4月4日刊登了这个谈话的主要内容。

袁宝华说，1978年开展工业学大庆、普及大庆式企业的群众运动，主要抓了五个方面的工作：一是深入揭批林彪、“四人帮”，在肃清流毒、治内伤上下了功夫；二是突出抓了企业整顿工作，特别是把一批大型骨干企业促上来了；三是各行业、各地区基本上都有了影响较大的排头兵——自己的大庆，社会主义劳动竞赛更加蓬勃开展；四是三大革命一起抓，推动了生产的持续增长；五是加快了普及大庆式企业的步伐。总的来看，去年工业学大庆、普及大庆式企业的群众运动，成绩很大，发展是健康的，主流是好的。

袁宝华说：1978年开展工业学大庆运动的主要经验是：第一，学大庆运动必须紧密围绕党的中心工作，把企业各项工作捆起来，形成统一的群众运动，推动力强，效果好。第二，必须把整顿企业作为普及大庆式企业的基础来抓。第三，抓领导班子的整顿和建设，是整顿好企业的关键。第四，学大庆必须突出重点，抓好典型。第五，领导作风必须有一个大的转变。

袁宝华还谈道，过去一年，在实际工作中，也出现了一些问题和缺点，主要是两个方面。一是有些单位有急于求成和降低标准的倾向。二是有些单位出现某些形式主义的东西，主要表现是会议多，检查多，参观多，条块结合不好，重复太多，加重了企业不应有的负担，分散了企业领导的精力。有的单位学大庆没有很好结合自己的实际，提出“大庆怎么办，我们就怎么办”，这就有点绝对化了。对大庆的基本经验，都应当学；对大庆的具体经验，要看本单位的实际情况，不能照搬。

袁宝华指出，随着全党工作着重点转移到社会主义现代化建设上来，根据党中央和国务院关于调整工作的统一部署，工业学大庆运动的指导思想和实际工作都要适应新的形势。总的要求是，以生产为中心，以企业管理为重点，继续深入开展工业学大庆、普及大庆式企业的群众运动，推动和加快社会主义建设的步伐。为此，要抓好以下几项工作：一是坚持学习大庆的基本经验，扎扎实实地把普及大庆式企业的工作做好。大庆的基本经验，如“两论”起家的基本功，自力更生、艰苦奋斗的精神，实事求是、“三老四严”的作风，革命化统帅工业化，建设一个好班子、好队伍，实行严格的科学管理，以及多快好省发展生产等经验，绝不能丢掉。二是继续整顿企业，加强企业管理，大力提高企业管理水平。三是抓好按专业化协作原则改组工业和企业性公司的组织试办工作，总结交流试办的经验。四是加强干部培训。五是加强政治工作。六是继续抓社会主义劳动竞赛。

袁宝华的这个谈话有两点内容值得特别关注：一是明确提出学大庆要坚持学习大庆的基本经验，而对于大庆人在具体工作中的一些具体做法不能照搬照抄，这就在一定程度上克服了学大庆运动中的绝对化倾向。二是强调工业学大庆运动要适应党的工作重心转移到社会主义现代化建设上来这一新形势，运动要以生产为中心，以企业管理为重点。这就克服了在这一个较长时期里存在的学大庆运动以阶级斗争为纲的偏向。

3. 新形势，新认识

在新的形势面前，大庆人也在认真总结历史经验，深入研究大庆所面临的新形势、新任务。1979 年 10 月上旬，大庆油田广大干部群众结合学习叶剑英在国庆三十周年庆祝大会上的讲话，就大庆如何坚持“两分法”前进，如何进一步解放思想，如何为加快四化建设作出新贡献等问题进行了广泛的讨论。

油田党委通过学习和讨论一致认为，大庆油田靠“两论”起家，用辩证唯物主义指导会战，取得了一定成绩，党中央给了大庆极高的荣誉。大庆油田获得的荣誉、受到的表扬只能说明过去，不能说明将来。党中央过去表扬大庆是根据过去大庆在发展石油工业中作出的成绩，创造的经验。在新的历史时期，大庆能否先进，不是以谁肯定或否定为标准，标准是实践。大庆如果继续坚持走我国自己工业发展道路，为四个现代化创造了新成绩，作出了新贡献，总结了新经验，那就可能继续保持先进；否则，实现油田现代化步子不快，对国家贡献不大，就不能学大庆，也不应该学大庆。

大家说，党中央表扬大庆并不等于大庆一切都好，肯定大庆经验并不是说大庆每一条具体经验都适应变化了的新情况。在新形势、新任务面前，大庆也存在着新矛盾以及新的问题，我们的工作还有许多薄弱环节。由于林彪、“四人帮”的十年干扰破坏，我们的技术水平和管理水平，同国内外先进水平比较，在不少方面还有差距。即使是党中央肯定的大庆经验，也不是永远不变。一些具体经验，当然要随着形势的发展而不断完善。就是对基本经验，也要在实践中不断赋予新的内容，做出新的结论，以适应新的情况。要坚持解放思想，不断创新，防止故步自封，更不能听到批评就不高兴。

在学习中，大家表示，大庆要继续前进，就要坚持学先进，必须学人之长，补己之短，特别是在伟大的四个现代化建设高潮中，必将涌现出大批的先进单位和个人。大庆要向这些先进单位和先进个人学习。同时，还要向国外学习，大胆学习和引进他们先进的东西。

1980 年 9 月，中共大庆市委召开常委扩大会议。会议的主题是：总结历史经验，肃清“左”的影响，恢复“两论”起家传统。大庆市委副书记、大庆石油管理局局长王苏民代表大庆市委在会上讲了话。在讲话中，他一方面肯定了大庆已经取得的成绩，同时也实事求是地分析了大庆在工作中的不足和面临的新挑战。他强调指出：由于滋长了骄傲自满的思想，我们没有根据变化了的情况，对过了时的经验和一些已经不适应现在情况的做法加以清理，而是把这些东西当做了普遍的经验。他列举了大庆在领

▶ 工余时间举办篮球比赛

导工作中一些“左”的表现：

——在组织生产建设方面有时强调革命精神多，强调科学态度少，片面强调革命加拼命，习惯于猛打猛冲，满足于大干苦干。尤其是在时间紧迫、任务繁重的时候，要求职工不怕“脱皮掉肉”，鼓吹所谓的“死打硬拼”，“苦战恶战”，搞突击，拼设备，拼体力，甚至不适当地提倡加班加点，搞连轴转。

——在制订计划、安排工作中，往往考虑需要多，考虑可能少，片面夸大主观能动作用，满打满算，甚至超打超算，干了一些超越客观可能性的事情。在资金、运输等条件不具备的情况下，上大项目，贪大求全，不量力而行。

——在油田开发和基本建设等方面存在着违背客观规律，不严格按正常程序办事的情况，造成一些方面的比例失调，市政建设、职工生活方面欠账很多。在油田开发上，曾搞过边勘探、边开发、边生产，特别是基本建设搞边设计、边施工、边投产，结果造成地面工程不够完善。为了完成生产任务，一些钻机超负荷打井，油田至今还在超越实际生产能力采油。有时讲生产指标多，考虑安全方面措施少，曾发生不少事故，其中有的是严重事故。在企业管理的其他方面也都不同程度地存在着不科学、不正规、不严格的问题。

——在领导工作中，搞了一套形式主义的东西，只图形式，不讲实

效，动不动就兴师动众，搞“人海战术”，“出工一窝蜂，干活大呼隆”，搞什么“零点起步”、“大会战套小会战”，满足于出工人数、会战次数，不讲工作效率。不愿作细致的科学分析，习惯于大轰大嗡甚至搞打擂比武，在大会上抢喇叭筒，调门喊得很高，实际上有不少做不到，反而挫伤了群众积极性。

王苏民说，大庆肃清“左”的思想影响和形式主义的东西，一个十分重要的问题是要科学看待大庆经验。大庆经验是在大庆油田这个具体环境中产生的，一些做法也是在一定历史条件下形成的，在当时是对的，起了积极作用。随着情况的变化，必然有一些东西不那么适用了，或者不能处处适用了。比如大庆油田开发建设中群众提出的一些口号，有很多是起了振奋精神，激励斗志的作用，但也有一些口号，虽然反映了群众的良好愿望，反映了职工加快发展石油工业的迫切心情，但提法不太准确，或者对少数先进分子可以，而对大多数群众来说一时还办不到，超越了现实可能性。因此，我们对大庆过去总结的经验有一个进一步科学总结、重新认识的问题，必须在实践中坚持正确的东西，不断修正那些过了时的东西，坚决纠正那些不大科学甚至违背客观规律的东西，摸索、总结出符合现代化建设要求的新的经验来。

4. 中央作出正式结论

1981年12月18日，中共中央转发国家经委党组《关于工业学大庆问题的报告》，以中央文件的形式肯定了国家经委党组对大庆精神的概括，即发愤图强、自力更生、以实际行动为中国人民争气的爱国主义精神和民族自豪感；无所畏惧、勇挑重担、靠自己双手艰苦创业的革命精神；一丝不苟、认真负责、讲究科学、三老四严、踏踏实实做好本职工作的求实精神；胸怀全局、忘我劳动、为国家分担困难、不计较个人得失的献身精神。

中共中央在转发这个报告的通知中肯定了大庆的基本经验，明确指出：“大庆油田在生产建设实践中，创造了许多宝贵经验，其中最可贵的，是他们从油田的实际出发，认真学习和运用毛泽东思想，在实际斗争中培育出来的大庆精神。”指出：“过去我们靠这种精神，甩掉了石油工业的落后帽子；今后还要靠这种精神，推进社会主义现代化建设。”通知强调：“大庆的许多宝贵经验，仍然有着重要的现实意义，中央希望，全国工交战线的领导干部和广大职工，都要从自己的实际情况出发，学习和发展包括大庆在内的一切先进典型的好经验，以改进领导作风，建设职工队伍，加强企业管理，推进四化建设。”中央在通知中还分析说：“大庆石油职工所以能够创造出那样的英雄业绩，为国家作出那样大的贡献，最重要的就在于他们继承和发扬了我国工人阶级的革命传统和优良品德，就在于他们有强烈的爱国主义精神和民族自豪感，有不怕困难、勇挑重担的革命英雄主义气概，有高度的国家主人翁责任感。他们的这种精神，充分体现了我国工人阶级的本色，在社会主义现代化建设的新时期，应该进一步发扬光大。”

中央的通知在充分肯定大庆精神和大庆基本经验的同时也实事求是地指出，过去在“左”的思想影响下，把大庆有些经验绝对化、模式化，这是在特定历史时期所出现的问题，主要责任在当时的党中央。

随着我国经济体制改革的步步深入，随着对外开放步伐的加快，特别是随着社会主义市场经济体制的逐步建立，我们已经改变了依靠群众运动推动经济建设的做法，中央不再推广工业学大庆运动，学大庆的口号也不再继续宣传了。从 1964 年以来持续了十几年的工业学大庆运动至此尘埃落定。

尾章

大庆精神有传人

1. 摆脱单一生产模式

党的十一届三中全会以后，随着我国改革开放的不断深入，作为计划经济年代的石油工业基地，大庆可以说是机遇与挑战并存。

在计划经济时期，大庆是政企合一，这种状况显然不再适应改革开放的新形势。1979 年 12 月，国务院批准成立大庆市。随后，中共黑龙江省委批准成立大庆市委。1984 年 1 月，根据经济体制改革的要求，大庆政企分开。大庆市政府负责市政工作，隶属黑龙江省政府领导；大庆石油管理局负责油田生产建设，隶属国家石油工业部领导；大庆石化总厂已于 1983 年 9 月划归中国石化总公司领导。

作为中国最大的油田，大庆占据了中国石油工业的“半壁江山”，大庆保持原油稳产对于国家经济建设具有重要意义。为了做好原油高产稳产这篇大文章，大庆人注意以科技领先。为寻求一条既能保持稳产又经济可行的油田开发新路子，广大科技人员系统总结了以往的经验，认真研究了国内外的先进科技资料，提出了高含水期开发结构调整新概念、新方法和新技术，进一步扩大水驱开发效果。为此，他们狠抓了以聚合物驱油技术为重点的科研攻关，在三次开发上做好文章。特别是近年来在大面积推广科研成果开发油田方面取得了突破性进展。到 2002 年底，大庆油田已将连续年产原油 5000 万吨以上的纪录保持了 27 年。为国家上缴税金 4000 多亿元，是国家总投资的近 90 倍。

作为一座新兴的石油城市，石油和石油化工是大庆的主干产业。石油作为一种深埋于地下的矿藏资源，具有不可再生性。尽管人们可以利用高科技手段延长油田的寿命，但随着油田的开发、建设，地下可采储量必然要逐年减少，这是不以人的意志为转移的客观现实。世界上没有取之不尽的油田。纵观世界大势，石油城的发展前景无非是两大类：一类是随着地下石油资源的枯竭而停滞或衰退，苏联的巴库就是这方面的代表。巴库是苏联的一个著名石油城市，由于产业比较单一，多元产业发展缓慢，随着石油开采业的大幅度衰退直到完全消失后，城市也就处于停滞、衰退的状态。第二种前景是保持持续繁荣。这类城市在油田开始衰退、石油可开采量枯竭后，仍然能够保持着较快的发展速度，美国的休斯敦市可算是典型之一。休斯敦市由于在石油开采业缓慢下降时，抓住时机由单一的石油、石化产业转向发展多元化产业，从而使石油城逐渐发展成为综合性的城市，保持了经济与城市发展的持续繁荣。

大庆油田自1976年登上年产5000万吨原油的高峰以后，已持续稳产了很长时间。在为整个国家的国民经济作出巨大贡献的同时，大庆油田自身的储采失衡的矛盾也在加剧，油气资源接替不足，持续稳产、高产的难度越来越大。由于油田密集储量的主力油层、好油层动用程度很高，剩下的储量大都比较分散，油层浅薄，特别是那些低渗透和稠油油田，开采难度很大。为了保持稳产、高产，还必须找到新的可采储量。为此，大庆油田的石油勘探每年都要向沙漠、戈壁、沼泽、黄土源和海滩扩展，向更加复杂隐蔽的油气矿藏进军。另外，经过几十年的开采，油田含水率升高，

▶ 大庆市人民政府办公楼

特别是高含水和特高含水油田，产水量很高，加大了污水处理、供电等地面系统工程建设的工作量，增加了生产难度。由于油田作业难度加大，设备维修量也随之增大，增加了挖潜改造和增产措施的工作量，致使原油生产成本上升，经济效益自然递减幅度较大。随着国家改革开放的不断深入，国内和国际两个市场的压力越来越明显，复杂多变的市场形势增大了石油生产的风险性。而且，考虑到资源型城市的可持续发展问题，大庆油田应该逐年减少产量，以休养生息。

严酷的现实告诉人们，石油城市如果单纯依靠石油开采业和石油加工业，是不能够持久繁荣的。于是，可持续发展就成为摆在大庆人面前的一个现实而紧迫的问题。其实这也不单单是大庆自己面临的问题。如果我们从一个更加广阔的空间来考察这个问题的话，就不难发现，随着人口的增加，资源的减少和环境污染的加剧，世界上所有资源型城市乃至整个世界都将面临着可持续发展的严峻考验。

对于大庆的发展前景，还在 1987 年 10 月，黑龙江省委、省政府就适时提出，大庆要改变“三个单一”状况，大力发展替代产业。1990 年 2 月，江泽民视察大庆时又意味深长地指出：作为一个城市来讲，总还是有一个长远的将来，大庆要“未雨绸缪，考虑长远发展问题”。1994 年 4 月，朱镕基视察大庆时指出，要把大庆建设成为北国江南。1996 年 7 月，李鹏视察大庆时，要求把大庆建设成为中国北方高科技的现代化城市。

为了落实中央领导和黑龙江省委、省政府的指示精神，大庆人从实际出发，经过认真调查研究，提出了以油为主、多元开发、多种经营、全面发展的战略思想，1991 年，他们提出“发展规模经济、实施名牌战略、技工贸一体化”的发展思路和经营思路。

20 世纪 90 年代初期，大庆人抓住邓小平南行讲话后中国改革开放的第二个浪潮，抓住东北亚经济的开发和崛起的历史性机遇，制定了战略转变的总体方案。在指导思想上，通过大开放、大市场、大协作促进产业向高级化、多元化发展，逐步把大庆建设成为以石油和石油化工为基础的、以高新技术产业为导向的第一、第二和第三产业都比较发达的现代化城市。在内容上提出四个调整，这就是：产业结构调整，由单一产业逐步转为多元产业；运行机制调整，由高度的计划经济逐步转为社会主义市场经济；经营战略调整，由半封闭的内向型经济转变为开放的外向型经济；发展方向调整，由传统产业逐步转变为发展高新技术产业。

为了做好多元发展这篇大文章，大庆油田采取了一系列措施，加快了以三次产油助剂为龙头的石化工业，带动了下游产品的开发，形成了发挥油田优势的工业群。他们大力发展石油化工、建材、机械、电子等规模型企业，不断增加开发起点高、附加值高、技术含量高的新的经济增长点；继续发展农业和第三产业，增强油田的综合经济实力；积极开发对外石油技术和劳务输出，拓展国际石油市场。

1994 年，在党的十四届四中全会期间，江泽民在与黑龙江省委书记岳岐峰和代省长田凤山谈话时又一次谈到了大庆，他说：大庆给我的印象最深，大庆过去给国家作出了很大贡献，现在仍然给国家作贡献。可以说，大庆支撑了半个中国的石油工业。他还请岳岐峰代表他向铁人的子女和油田的职工表示问候。

在 90 年代，李鹏、朱镕基等党和国家领导人也曾前往大庆视察或听取大庆的工作汇报，对于发扬大庆精神，搞好大庆的二次创业作出了重要指示。李鹏在视察大庆时说曾说过：“大庆油田是祖国最大的油田，为国家经济发展作出了巨大贡献。希望大庆油田永葆青春，出更多的油，为社会主义建设作出更大的贡献。”他还为铁人王进喜同志纪念馆题词：“铁人精神代代相传”。朱镕基视察大庆时充分肯定了大庆的三个历史功绩。一是大庆以实际行动真正改变了中国贫油历史，树立了中国人民的信心；二是大庆体现了自力更生、艰苦奋斗的中华民族精神；三是大庆也体现了改革开放、自强不息、不断进取的精神。

1995 年，大庆人迎来了油田开发建设 35 周年、年产 5000 万吨原油持续稳产 20 周年的日子。为鼓励大庆搞好二次创业，江泽民亲笔为大庆题词：“发扬大庆精神，搞好二次创业。”也是在这一年，大庆人正式提出“二次创业”的战略构想，提出要“发扬大庆精神，搞好二次创业，实现长久繁荣，把大庆建设成为高科技现代化城市”的奋斗目标，制定了确定一个首要任务，抓好三个战场，发展六大支柱产业，实现三个重点突破，

实施三项保证的“13633”发展战略。确保一个首要任务，就是保证石油、石化企业稳步发展。这是事关全国经济发展的大局，也是大庆继续发展前进的基础和前提。抓好三个战场，就是要抓好开发区、区街经济和县域经济。发展六大支柱产业，就是要发展石油产品深加工，农副产品深加工，乳品及畜产品深加工，建筑及建材加工，电子信息业，机械及仪器仪表业。实现三个重点突破，就是要使地方国有工业企业改革有新突破，外向型经济发展有新突破，非公有制经济发展有新突破。实施三项保证，就是要大力加强社会主义精神文明建设，加强领导班子建设，维护社会稳定。

1998 年，中国石油行业进行了大规模的重组改造，对原油、成品油价格体制进行了改革，开始与国际市场接轨。当年 4 月，世界欧佩克 10 个成员国和墨西哥等国达成协议，从 4 月 1 日开始，每天减少 210 万桶原油产量。与此相适应，大庆也制定了自己的减产计划：原油年产量指标由 1998 年的 5570 万吨，下调为 5450 万吨。当时，大庆油田已经实现高产稳产 23 年，但下调产量还是第一次。这是我国石油企业与国际石油市场接轨的具体表现，它标志着我国石油企业的观念和机制开始由计划经济向市场经济转变。从这一年开始，大庆油田的开发指导方针也由“持续高产稳产”向“高水平、高效益、可持续发展”转变。实践证明，这一转变是及时、有效而且是成功的。1999 年，大庆原油产量下调 120 万吨，经济效益却由 86.3 亿元上升为 115 亿元。

新兴的大庆市既体现了“工农结合，城乡结合，有利生产，方便生活”的原则，又具备了一般中等城市应有的诸多功能。这种城市格局，顺应了当今世界城市建设中的卫星城市、田园城市理念，避免了人口过于集中的城市通病。由于坚持走多元化产业发展道路，注意保持经济的可持续发展，近年来，在原油产量逐年下降的情况下，大庆市连续 5 年 GDP 年均增长 8%以上。2002 年，大庆还成为我国内陆地区首家环保模范城。

2. 今日“铁人”钻井队

1205钻井队是铁人王进喜生前工作过的钻井队，他曾长期担任这个钻井队的队长。这个队自1953年在玉门组建以来，在王进喜的带领下，1958年钻井打出了“月上五千，年上双万”的当时全国最高纪录；大庆石油会战期间，1205钻井队又以“不上十万非好汉，不夺冠军心不甘”的精神，创造了15小时38分钟打成一口小“三一井”，22小时钻一口1221米中深井，班进尺721.64米的新纪录。后来王进喜被提拔到领导岗位上，但他“当了干部，还是个工人”，仍在关心着1205钻井队。1966年，1205钻井队在铁人精神鼓舞下，年进尺突破10万米大关，超过了当时美国的“王牌”钻井队和苏联的格林尼亚“功勋”钻井队，成为世界顶尖级的钻井队。70年代，为完成老队长未竟的事业，这个队全体职工继承发扬铁人“有条件要上，没有条件创造条件也要上”的精神，于1971年底，实现了老队长生前提出的“日上千、月上万，一年打它12万”的奋斗目标，并首创月进尺16201米、年进尺12.7万米的当时全国最高纪录。

改革开放以来，在新的历史时期，1205钻井队继续走在时代的前列。1982年，他们成为全国第一个累计钻井进尺逾百万米的井队；1989年，他们的钻井总数在全国率先突破1000口大关。自1990年起，1205钻井队已连续13年实现年人均交一口井的奋斗目标。截止到2003年，这个队已累计为国家交井1530多口、钻井进尺195万余米。

对于1205钻井队所取得的成绩，各级领导给予了充分的肯定。他们先后被石油工业部授予“铁人钻井队”、“钢铁钻井队”、“卫星钻井队”等荣誉称号；1995 年被中华全国总工会授予全国“五一”劳动奖状；2003 年被中国石油天然气集团公司授予青年文明号、“百面红旗”单位称号。

从大庆石油会战到今天，几十年过去了，1205 钻井队的队长换了一任又一任，但每任抓学技术和岗位练兵都一样认真。大庆钻井二公司近几年举办了两次岗位技能大赛，总共设 9 个单项，1205 钻井队一次拿了 9 个第一，一次拿了 7 个第一。

1205 钻井队不仅技术过硬，更重要的是作风过硬。大庆人常说，越是到关键时刻，就最能看出 1205 钻井队的那种铁人精神，那种“有条件要上，没有条件创造条件也要上”的英雄气概。

大庆采油六厂所辖喇嘛甸区块，人称“气老虎”。这个区块开发过多次，每一次，再有经验的钻井队也会遭遇井喷。2002 年 8 月，1205 钻井队所在的钻井二公司，把在这个区块打一口定向井的任务交给了 1205 钻井队。

1205 钻井队接受任务后，组织全体干部职工研究防止井喷的办法。泥浆是钻井的血液，要防止井喷，就要把住泥浆关。为此，他们充实泥浆管理小组住井督岗，泥浆大班实行 24 小时住井，对容易出问题的开钻前的基浆处理和打开油层前、完钻电测后、固井前的泥浆处理四大关口勤观察、勤测量、勤维护。结果，不仅没有发生井喷，还创出了井身合格率和固井优质率两个 100%的好成绩。

面对市场经济的新形势，1205 钻井队以“面向市场争一流，跨出国门站排头”的发展战略目标和“与时俱进敢为先，永葆队旗更鲜艳”的开拓进取精神，大力实施“建设集调整井、定向井、水平井等多种井型于一身的多功能钻井队”的总体工作部署，不断创出新的业绩。为掌握当今国内外领先钻井技术，加快向海外市场的挺进步伐，努力开拓国际市场，这个队常年组织职工学习外语、涉外工程承包知识和特殊工艺井技术，增强了职工队伍掌握核心技术的能力，形成了自己的核心竞争优势。近年来，全队职工以要上就上高水平，要创就要创一流的干劲，先后完成了丛式定向井、取芯井、小井眼井和阶梯式水平井等特殊工艺井型的施工，实现了向多功能钻井队的重大转变。如今的 1205 钻井队，人人都能用计算机操作，人人能用英语记录报表，他们的下一个目标就是要走出去和国际先进钻井队一比高低。

其实，1205钻井队如今已经走出了大庆，走遍国内各油区，并走出了国门。在委内瑞拉、印度尼西亚、埃及等国的油田，都有过1205钻井的轰鸣。

今天的1205钻井队只是今日大庆的一个缩影。大庆钻井技术服务公司，按照“标准化施工、文明化言行、军事化作风、规范化操作”的要求，固井工程施工打入国内外油田，工程产品打入苏丹、哈萨克斯坦，赢得了“最信得过的固井队伍”的赞誉。基建施工队伍干一项工程，树一块丰碑，在陕京管线、西气东输等国家重点工程中，赢得了信誉，树立了形象。油田建设有限责任公司，以质量求生存，以信誉占市场，2002年外拓市场总产值达1.02亿元，被称为“善战之师，扬威江南，铁人后代，名不虚传”的铁军。由大庆制造的不少产品已成为国内外市场的名牌。其中大庆生产的电泵除牢固占领国内市场以外，还打入苏丹、美国、印度尼西亚、秘鲁等国家。

3. 新时代的“铁人”王启民

在发展经济的同时，大庆还狠抓了队伍建设，形成了以王启民为代表的新一代“铁人”队伍。

王启民于1937年出生于浙江省湖州市，1961年于北京石油学院毕业后分配到大庆油田。1964年，大庆油田出现了“注水三年，水淹一半”的严重局面，王启民奉命到油田中区西部搞注水开发试验。他根据大量的调查研究所得，结合大庆油田油层多、厚层薄层的渗透率差异较大、呈典型非均质分布的特点，向国际上肯定的“温和注水”理论发起了挑战。他大胆实践，反复摸索，认真总结经验教训，为大庆创造了一批日产百吨以上的高产井，从而闯出一条我国自己的注水开发油田的新路子。

70年代，由于受“文化大革命”的严重冲击，大庆油田中区西部试验区的油井平均含水上升到54%，地下形势恶化。王启民带领试验组奔赴一线，用10年时间，进行“分层开采、接替稳产”的试验。他们收集整理了8种、近10000个数据，绘制出油田第一张高含水期地下油水饱和度图，从而揭示出油田不同含水期开发的基本规律和稳产办法，有力地指导了油田开发实践。

党的十一届三中全会以来，大庆油田迎来了第二个春天。1986年，王启民领命承担大庆油田1986至1995年第二个年产5000万吨稳产10年的规划编制任务。此时，油田综合含水已超过85%，要使油田保持10个年产5000万吨的目标，难度可想而知。

为了完成党和人民赋予的光荣使命，王启民把目光投向了被同业人士称为禁区的表外储层。他们通过对1500多口油井的地质剖析、研究，对四个实验区45口井试油、试采，终于打开禁区的大门，实现了世界油田史上一个新的突破。

进入90年代，大庆油田全面进入高含水开发阶段，如果继续采用世界上惯用的提液稳油的老办法，油田的经济效益将会大为降低。此时，年过半百的王启民再挑重担，率领科技人员投入到稳油控水的系统工程研究与开发中。他们经过多次试验，组织科研攻关，终于以“三分一优”的结构调整方法拿下这个工程，从而使大庆油田实现了三年含水上升不超过1%，有力地保证了油田的稳产高产。

与铁人王进喜一样，王启民在取得一个个辉煌成就的背后，也伴随着巨大的自我牺牲。他有一句名言：“宁肯把心血熬干，也要让油田稳产再高产。”为了实现自己的诺言，他顽强地与疾病搏斗了30多个春秋，一直带病坚持工作，坚持搞科研。妻子临产，他没能护送，以致他的女儿在路途中降生；母亲病危，他没能赶回去最后看亲人一眼，老人是拿着儿子的照片离开人世的。

在发展市场经济的进程中，追求享受、追求待遇的倾向在一些地方和部门有所抬头。对此，王启民说，尽管时代不同，岗位不同，但做事情都要靠艰苦奋斗和顽强拼搏，铁人精神不能丢，现在提出的“突破瓶颈，挑战极限”就是铁人精神在新时期的具体体现。

大庆石油会战时期，“铁人”王进喜是一面旗帜，在他的鼓舞和带动下，会战大军奋勇拼搏、克服困难，夺取了石油会战的辉煌成就。今天，新时代的“铁人”王启民也是一面旗帜，他同样鼓舞和带动了今天的大庆人在二次创业中顽强拼搏，去夺取更加辉煌的成就。

大庆炼化分公司 100 万吨/年 ARGG 装置安装过程时，由于工期紧、任务重，很多人昼夜奋战在工地上。高峰时期 23 台吊车、5 个施工单位、1200 多人在一万余平方米的工地上协同施工。正常需要两年才能安装成功的设备，他们只用 200 多天就安装完成了。该公司党委副书记张振在投产前夜连续 24 小时没合过眼，投产成功了，他也累倒了。有的焊工连续多日每天工作十六七个小时。采油二厂二矿 48 队资料员王玉薄，患有严重的颈椎病，右手发麻，她就用左手操作鼠标。她从事资料分析 15 年，整理资料数据达千万个，无一差错。井下作业分公司作业一大队 102 队队长王宏志，在采油六厂施工时，被高速喷出的压裂液和油气冲下操作台，撞到油管接箍上，当场昏迷过去。待醒来后又强忍剧痛，冲上井口，和大家一道制止井喷，避免了一场更大的事故。

1997 年 1 月 17 日，正是北京的隆冬时节，但人民大会堂里却春意盎然。下午 3 点，江泽民、李鹏等党和国家领导人在人民大会堂亲切接见了大庆石油管理局勘探开发研究院院长王启民。

江泽民微笑着同王启民握手，当他得知王启民患有僵直性脊椎炎等多种疾病时，亲切地告诫他：“要注意身体。”

四天之后，在中国石油天然气总公司 1997 年工作会议上，总经理周永康将“铁人科技成就奖”的唯一金奖连同 10 万元奖金奖给王启民。王启民激动地接过奖牌，他表示要以更大的热情投入科研工作，以报答各级领导的关怀与厚望。对于那 10 万元奖金，他全数上交给了组织，决定作为勘探

开发研究院的科研奖励基金，以鼓励更多的年轻人多出成果，为大庆二次创业作出更大的贡献。

1999年6月9日，大庆石油管理局举行科技工作总结表彰暨三项配套技术攻关动员大会，王启民在会上被任命为进行油田三次加密调整、三元复合驱油和外围“三低”油藏有效开发三项配套技术攻关队总指挥。从此，他更加忘我地投身到大庆油田的科技攻关和开发建设中去。

▶ 坐落在“第一口井”原址上的“铁人王进喜同志纪念馆”

王启民的先进事迹不仅在大庆，在全国石油系统也产生了重大影响，全国各大油田普遍开展了学习新一代铁人王启民的活动。

胜利油田在学习、宣传王启民先进事迹时，把学习的内容作为油田政治工作的一部分，在全油田开展以学习、宣传新“铁人”为主线的“四个教育”活动：学习王启民的新“铁人”精神，深入开展爱国主义教育；深入开展艰苦奋斗教育，引导职工在二次创业中迎难而上，埋头苦干；深入进行现代科技教育，引导职工刻苦钻研技术，全面提高技术素质；深入进行主人翁意识、责任感、使命感教育，引导职工立足岗位，兢兢业业，勤奋工作。

辽河油田把学习王启民的活动确定为当前和今后一个时期全局思想政治工作的中心任务，提出以学习新“铁人”精神为核心，加强职工队伍思想政治建设，并要求各级干部自觉对照王启民找差距，公开述职，增强学习新“铁人”的自觉性和责任感。局党委专门组织职工收看王启民事迹报告会，全局共有 6 万人收看了报告会实况。局党委和下属各二级单位都专门召开了学习王启民事迹的知识分子、管理干部、劳动模范座谈会。在此基础上，他们还在全局选树了一百多个先进典型，提出“远学新‘铁人’，近学身边典型”的口号。

江苏油田结合实际开展学习王启民的活动，全油田的科技工作者表示，要向王启民那样，解放思想，注重实践，力争在三大勘探领域尽快取得突破。局党委提出，利用二至三年的时间，全油田在精神文明建设方面要实现“四个走在前面”，即上级走在下级前面，党员走在群众前面，领导机关走在基层前面，油田走在地方前面。

塔里木石油探区在学习王启民先进事迹的活动中，通过举行座谈会、讨论会，提高干部群众的思想政治觉悟。大家纷纷表示，王启民精神就是“铁人”精神在新时期的集中体现，在塔里木石油会战面临许多世界级难题的情况下，更要发扬新时期的“铁人”精神，要像王启民那样艰苦奋斗，顽强拼搏，锲而不舍，勇于探索，不断向未知领域进军，不断攻克勘探技术难关，创造出第一流的工作业绩，为在塔里木寻找大油田，建设大油田作出新的贡献。

玉门油田广大干部职工通过学习一致认为，“铁人”王进喜是老一代石油工人的代表，王启民是我国陆上石油工业的新时期涌现出的先进典型。玉门油田在二次创业的艰难时期，尤其需要新时期“铁人”精神。

长庆油田把学习王启民与学习身边先进人物结合起来，以王启民的先进事迹为教材，教育干部职工发展油田的大好形势，把爱国热情转化为科研攻关的激情。

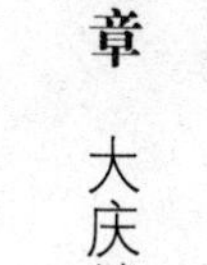

4. 大庆精神不能丢

大庆精神产生于上个世纪六十年代初期那场艰苦卓绝的石油大会战。进入改革开放的历史新时期以来，在国家经济建设快速发展的同时，我们曾一度放松了对人民进行马克思主义世界观、人生观的教育，放松了爱国主义、民族精神的宣传，放松了精神文明建设，出现了邓小平所批评的“一手硬、一手软”的现象。于是，社会上有了这样一种观点，认为时代变了，经济在发展，社会在开放，自力更生、艰苦奋斗已经过时了。还有人开始批判“新三年，旧三年，缝缝补补又三年”的“传统观念”。因此，在一段较长的时间内，大庆精神也少有人提及。在一些人的头脑中，似乎大庆精神已经过时了。

大庆精神真的过时了吗？回答当然是否定的。

进入 20 世纪 90 年代以来，中国所面临的国际、国内形势十分复杂，实现民族复兴任重道远，各方面的工作千头万绪。以江泽民同志为核心的第三代中央领导集体十分清醒地认识到，形势越复杂、越严峻，越是需要振奋民族精神，越是需要动员全国各族人民继承和发扬自力更生、艰苦奋斗的精神，越是需要凝聚全国人民的力量，同心同德，共同奋斗。

20 世纪 90 年代的第一个春天，江泽民来到大庆。他带来了党中央对大庆在过去几十年所取得成绩的充分肯定，也带来了党中央继承发扬大庆精神，团结带领全国人民建设中国特色社会主义的坚定决心。

2 月 25 日上午，江泽民乘坐的列车停在大庆车站。他下车后顾不上休息，即驱车前往离市中心 30 多公里的八百垧，去看望铁人王进喜的家属。

在途中，江泽民向随行人员详细询问了王进喜逝世后家人的情况。他满怀深情地说：王进喜同志为中国石油工业的发展立下了汗马功劳，我们吃水不能忘记掘井人啊！

听说江总书记要来家中看望，王进喜的老伴王兰英和儿子、儿媳都很兴奋。他们像过年一样，将地板拖了又拖，桌椅擦了又擦，全家人都换上了最好的衣服，兴奋地等待江总书记的到来。大庆的一些职工和家属听到这个喜讯，也纷纷来到王兰英住的4—3号楼前。尽管大庆的2月正是天寒地冻，但人们心中却充满了暖意。

上午10点30分，江泽民乘坐的汽车停在了4—3号楼前，在场的群众自发地站在道路两侧，向江泽民鼓掌欢迎。江泽民面带笑容地向欢迎的人群招手致意。此时，王兰英及家人已在门外迎接。有人向江泽民介绍说："这是铁人的老伴王兰英。"江泽民拉着王兰英的手，询问了她的身体和子女们的工作、生活情况，他深情地说道："王进喜同志为我们中国石油工业立下了汗马功劳，人民永远忘不了他。"他把右手按在心口上说："我们都很怀念他。"

江泽民对王进喜的子女说："你爸爸那时实在是苦啊！我看了电视连续剧《铁人》，这部剧拍得好，很成功，充分体现了中国石油工人的精神风貌。"在场的中国石油天然气总公司总经理王涛插话说："这部剧放映后，在我们石油系统反应也很强烈。"江泽民接着说："那个时候，要把一台钻机搬进来，没有相当的毅力，是根本不可能的。我看现在还要发扬这种精神。"

人们谈话间，王进喜的孙女王文静走过来，施了礼，把崭新的笔记本打开，对江泽民说："想请江爷爷给我题个词，这是我的笔。"江泽民爽快地说："好，题一个。"于是，他提笔写道："继承发扬铁人精神，做铁人的好后代。"

从王进喜家出来，江泽民又视察了大庆的22个基层单位。在座谈中，他希望同志们要继承大庆创业精神，向铁人王进喜学习，保持大庆的光荣传统，为油田稳产5000万吨原油发挥自己的聪明才智。

视察过基层单位以后，江泽民又认真听取了大庆领导的汇报并作了重

要讲话。他在讲话中将大庆精神总结归纳为四种精神。这就是：为国争光、为民族争气的爱国主义精神；艰苦奋斗、自力更生的创业精神；讲究科学、尊重科学的求实精神；胸怀全局、为国分忧的奉献精神。他指出：这几个精神正是我们现在非常需要的。不仅工业部门，各行各业还是要学习这种大庆精神，因为它展示了我们中国工人阶级的本色。

江泽民在讲话中还高度概括了大庆对中国经济建设和社会发展的巨大贡献。他指出：大庆油田的发现与开发建设，打破了中国贫油论之说；在三年最困难时期，大庆在能源上支援了各地，为国家作出了贡献；在“文化大革命”中，为支撑濒临崩溃的经济作出了贡献……

最后，江泽民又总结说：大庆在给国家创造物质财富的同时，给我们党、给我们国家、给我们工人阶级创造了一个很宝贵的精神财富，也就是中央再三肯定的那四个精神，我们应该珍惜它。而且在今后实现四化的过程当中，它是非常重要的。

江泽民还挥笔为大庆题词：“发扬大庆精神，自力更生、艰苦奋斗，为建设有中国特色的社会主义而努力。”

1997年1月，江泽民在人民大会堂接见大庆石油管理局勘探开发研究院院长王启民时，又一次讲到大庆精神。他说：今天，我要特别给你们坦率地亮一个思想，就是中央认为，我们建设有中国特色的社会主义，不单单是要把经济搞上去，还有一个很重要的，就是要把精神文明建设搞上去。大庆精神、艰苦奋斗、“三老四严”等传统作风，是我国工人阶级的优秀品质，大庆是我国工业战线的一个好榜样，大庆职工和石油队伍是我国工人阶级的英雄队伍。

党的十六大以后，以胡锦涛为总书记的中央领导集体，在带领全国人民全面建设小康社会的新的历史征程中，高度重视教育和动员全党和全国各族人民发扬艰苦奋斗的精神。在20世纪90年代，胡锦涛在一次听取有关大庆工作的汇报后指示：“要珍惜大庆的光荣历史，再创大庆新的辉煌。”他说：“石油能否保持稳定增长，是国民经济发展的重要条件，事关国家大局。”党的十六大闭幕后不久，胡锦涛总书记来到革命圣地河北省平山县西柏坡学习考察。他在西柏坡回顾了党带领人民进行伟大革命斗争的光辉历史，重温毛泽东同志在党的七届二中全会上的重要讲话，特别是其中关于“两个务必”的重要论述，号召全党同志特别是领导干部大力发扬艰苦奋斗的作风，为深入贯彻“三个代表”重要思想、全面落实党的十六大确定的目标和任务，开拓进取、团结奋斗。胡锦涛指出，历史和现实都表明，一个没有艰苦奋斗精神作支撑的民族，是难以自立自强的；一个没有艰苦奋斗精神作支撑的国家，是难以发展进步的；一个没有艰苦奋斗精神作支撑的政党，是难以兴旺发达的。在我们党80多年的历程中，艰苦奋斗的精神始终激励着我们顽强进取、百折不挠，在各种困难和考验面前巍然屹立、敢于胜利。我们党是靠艰苦奋斗起家的，也是靠艰苦奋斗发展壮大、成就伟业的。艰苦奋斗作为我们党的优良传统和作风，作为我们马克思主义政党的政治本色，是凝聚党心民心、激励全党和全体人民为实现国家富强、民族振兴共同奋斗的强大精神力量，是我们党保持同人民群众血肉联系的一个重要法宝。越是改革开放和发展社会主义市场经济，越要弘扬艰苦奋斗的精神。即使将来我们的国家发达了，人民的生活富裕了，艰苦奋斗的精神也不能丢。

2003年是王进喜80周年诞辰。10月8日，中国天然气集团公司在大庆隆重集会，纪念中国工人阶级的杰出代表、石油工人的光辉楷模铁人王进喜同志。中华全国总工会、国务院国资委、黑龙江省委和中国石油天然气集团公司的负责同志，大庆石油石化企业和社会各界近3000人参加了大会。受胡锦涛总书记的委托，正在黑龙江省考察工作的中共中央政治局常委李长春专程到王进喜曾经工作过的大庆1205钻井队，代表党中央、国务院亲切慰问奋战在采油一线的石油工人。他高度赞扬大庆石油工人为共和国建设发展作出的巨大贡献，鼓励他们继续发扬“铁人精神”，赋予“铁人精神”以新的时代内涵，在全面建设小康社会的征程中再立新功。

当然，我们要继续弘扬大庆精神，并不意味着我们也同时肯定以往工业学大庆运动中的一整套做法。历史已经证明，依靠政治运动、群众运动来推动经济建设的办法并不成功。我们要坚持依靠市场配置生产要素，依靠法制维护经济秩序，同时又要充分发挥社会主义政治文明、精神文明在经济建设中的保障和促进作用，把中国特色的社会主义伟大事业不断推向

前进。

在新的历史条件下，大庆精神也有一个与时俱进的问题。与前人相比较，我们应当站得更高，看得更远，视野更加开阔，胸襟更加豁朗。要赋予大庆精神以新的时代内涵，弘扬民族精神，凝聚全民意志，使我们的路线、纲领、政策、行动能够始终代表先进生产力的发展要求，代表先进文化的发展方向，代表最广大人民群众的根本利益，艰苦奋斗，万众一心，全力建设惠及十几亿人口的全面协调发展的小康社会。

再版后记

《工业学大庆始末》和《农业学大寨始末》两本书，自2005年由湖北人民出版社出版以来，曾引起过业界和读者的热议。仅在新浪网读书频道，就有近百万的点击量。这个数字虽然不好与畅销文学作品比，但对于严谨的历史著作而言，也算是引人关注了。如今，仍不时有读者通过各种途径寻找这两本书。在这样的背景下，九州出版社提议再版本书，我自然乐意配合。

历史是现实的母版。读者喜欢《工业学大庆始末》和《农业学大寨始末》，实际上反映了人们渴望了解那段历史，并从中获得启迪的心情。作为两场群众运动，工业学大庆、农业学大寨已经与我们渐行渐远。但当年人们在运动中表现出来的英雄主义精神，如自力更生、艰苦奋斗、以国为怀、无私奉献等等，让今天的读者仍感热血澎湃；而当年在运动中出现的种种弊端，如形式主义、强迫命令、埋头蛮干、掠夺资源等等，即使在今天仍与我们不时邂逅相逢。从这样的角度看问题，《工业学大庆始末》和《农业学大寨始末》这两本书，不仅有自身的学术价值，也有一定的现实意义。

近年来，回顾工业学大庆、农业学大寨运动的话题时隐时现，我本人也参加过一些相关的写作与访谈活动。但从总体上讲，人们对这两场运动议论多，研究少，新披露的资料更少。受客观环境的限制，加以时间紧促，在本书再版的时候，作者只调整了书中的个别表述，未添加重要内容，亦未作大的修改。这是要向读者讲明白的。

宋连生

2011年5月

主要参考书目

大庆油田工人写作组：《大庆人的故事》，上海人民出版社 1971 年版。

工业学大庆经验汇编：《发动群众制订长远规划，促进当前生产》，石油化学工业出版社 1975 年版。

轻工业部研究室编：《大庆红旗处处飘——轻工业学大庆经验选辑》，轻工业出版社 1975 年版。

大庆油田科学研究设计院编写：《以“两论”为指导，夺取油田开发长期高产稳产》，石油化学工业出版社 1977 年版。

大庆油田等：《用大庆精神办企业财务》，中国财政经济出版社 1977 年版。

《工业战线的鲜艳红旗——大庆油田代表在全国工业学大庆会议上的发言汇编》，人民出版社 1977 年版。

《学大庆经验，办大庆式企业——河北省工业学大庆会议典型经验汇编》，河北人民出版社 1977 年版。

《人民文学》编辑部、人民文学出版社编：《怀念敬爱的周总理》，人民文学出版社 1977 年版。

于光远主编：《对大庆经验的政治经济学考察》，人民出版社 1979 年版。

中共中央文献研究室编：《三中全会以来——重要文献选编》，人民出版社 1982 年版。

陈群等著：《李四光传》，人民出版社 1984 年版。

大庆市政协文史资料研究委员会编：《大庆油田的发现》，黑龙江人民出版社 1987 年版。

张万欣主编：《当代中国的石油化学工业》，中国社会科学出版社 1987 年版。

焦力人主编：《当代中国的石油工业》，中国社会科学出版社 1988 年版。

田润普主编：《大庆石油会战》，中国文史出版社 1990 年版。

夏国治等主编：《当代中国的地质事业》，中国社会科学出版社 1990 年版。

胡绳主编：《中国共产党的七十年》，中共党史出版社 1991 年版。

《当代中国》丛书编辑部编辑：《当代中国的科学技术事业》，当代中国出版社 1991 年版。

薄一波著：《若干重大决策与事件的回顾》下卷，中共中央党校出版社 1993 年版。

陈建新等主编：《当代中国科学技术发展史》，湖北教育出版社 1994 年版。

张海陆主编：《铁人王进喜》，黑龙江人民出版社 1994 年版。

《宋任穷回忆录》，解放军出版社 1994 年版。

《余秋里回忆录》，解放军出版社 1996 年版。

安红岗著：《孙越崎》，花山文艺出版社 1997 年版。

中共中央文献研究室编：《建国以来重要文献选编》第 15、16、17、18、19 册，中央文献出版社 1997、1998 年版。

周永康主编：《康世恩传》，当代中国出版社 1998 年版。

张海陆主编：《创业年代》，哈尔滨出版社 1998 年版。

乔东光等著：《亲切的关怀，永远的激励——党和国家领导人与大庆建设纪实》，中央文献出版社 1999 年版。

中共中央文献研究室编：《毛泽东文集》第七卷，人民出版社 1999 年版。

刘荣兴等主编：《共和国的脊梁：献给中华人民共和国五十周年》，河

北大学出版社 1999 年版。

陈扬勇著：《苦撑危局——周恩来在 1967》，中央文献出版社 1999 年版。

孙宝范等著：《铁人传》，石油工业出版社 2000 年版。

贺耀敏等主编：《五十年国事纪要·经济卷》，湖南人民出版社 2000 年版。

孟庆德等主编：《市场经济条件下大庆精神研究》，红旗出版社 2001 年版。

于建坤著：《科学巨匠——李四光》，河北教育出版社 2001 年版。

陈道阔著：《余秋里与石油大会战》，解放军文艺出版社 2002 年版。